L'OBSCURANTISME VERT

YVES ROUCAUTE

L'OBSCURANTISME VERT

La véritable histoire de la condition humaine

LES ÉDITIONS DU CERF

Ouvrage apporté
par
Christophe Bourseiller

www.editionsducerf.fr
24, rue des Tanneries
75013 Paris

ISBN : 978-2-204-14769-9

Avant-Propos

« Sauver la planète » ? Sauver l'humanité me convient mieux. Hélas ! au nom de l'écologie, l'obscurantisme éteint peu à peu les lumières, falsifiant la mémoire des millénaires, diabolisant le présent, vendant de l'apocalypse à tout-va. La haine de soi ronge mes contemporains, la désespérance emporte la jeunesse et la tentation est grande de fuir quand règne pareille imposture. Si j'avais été Voltaire, j'aurais ironisé avec un Candide déambulant entre séismes et volcans, tsunamis et inondations, bêtes sauvages et coronavirus, prêchant la culpabilité de l'humanité et remerciant la Terre-Mère de ses bienfaits. Si j'avais été Molière, j'aurais réécrit son *Malade imaginaire* et inventé une armada de médecins vêtus de vert, pérorant au chevet de Gaïa-la-Terre, déterminés à vendre leurs potions dormitives pour rendre verte cette planète bleue. Le rire est le propre de l'homme, paraît-il, le ridicule aussi, mais dans le pire des mondes possibles inventé par l'obscurantisme vert, le rire a mauvaise presse et le ridicule ne tue plus. Face à cette vague, j'oppose le seul antidote possible : la vérité sur la condition humaine.

L'heure est venue de démontrer le caractère exceptionnel de cette espèce humaine qui n'est ni un écosystème de la planète, ni un maillon de la biosphère et qui se trouve au centre de l'univers. De mettre à nu sa nature qui est de dominer la nature. De défendre le productivisme et la course à la croissance, la société de consommation et la liberté de création. De remettre de la joie et de l'espérance sur ces terres dévastées par l'obscurantisme, quadrillées par la résurgence totalitaire du vieil animisme.

Dans le procès qui est fait à l'humanité, pour la défendre, j'appelle à la barre mes témoins : son histoire et celle de la Terre, les sciences et l'expérience, les grandes spiritualités et le bon sens. Chacun examinera les arguments et décidera en conscience.

Au lieu de l'harmonie perdue, vendue sur les étalages verts, ce sont 4,5 milliards d'années de changements climatiques incessants, glaciations et réchauffements plus importants qu'aujourd'hui, éruptions volcaniques, séismes, tsunamis, inondations, cyclones, virus, bactéries, champignons, parasites, et j'en passe de ce pain quotidien offert sur cette douce planète, tantôt serre, tantôt glaciaire.

Non, les réchauffements ne sont pas dus aux gaz à effet de serre, eux-mêmes dus d'abord au CO_2, lui-même dû aux humains. Et hors glaciations, depuis 460 millions d'années, son taux a été sensiblement plus élevé qu'aujourd'hui. Et même durant certaines glaciations, ce qui est cocasse et rend les écologistes moins loquaces.

Et si la planète était un être, elle serait un *serial killer*. Avec ses charniers, en veux-tu en voilà. Extermination de 99,9 % des espèces vivantes, de 99 % des espèces humaines, dont 21 des 22 espèces du genre *Homo*. Sauver la planète disent-ils ? Se sauver me paraît plus raisonnable. Pourquoi y a-t-il encore des humains plutôt qu'aucun ? Telle sera bien la question.

Dans cet univers impitoyable, la nature a offert à l'humanité un atout : la créativité. Une triple créativité même :

envers la nature, pour en arracher les inépuisables potentialités ; envers son corps naturel, pour accroître sa puissance ; envers les autres humains, pour construire des civilisations.

Envers la nature ? Voilà une caverne d'Ali Baba aux ressources infinies à condition de les lui prendre. Des déforestations qui l'ont sauvée et dont le bilan carbone est neutre, à la découverte quotidienne de nouveaux sites d'énergie fossile qui, hier inaccessibles, deviennent disponibles, l'humanité survit. Et puisque tout est composé d'atomes et que ceux-ci sont de l'énergie, celle-ci est inépuisable et permet de créer à gogo : hydrocarbures, hydrogène… jusqu'à l'énergie nucléaire par fission ou, demain, par fusion d'atomes. Le CO_2 lui-même, au lieu d'être une molécule satanique, devient une formidable source d'oxygène et d'énergie. Les pollutions ? Utilisables par les biotechnologies jaunes et les nanotechnologies, extirpant même l'énergie des corps tandis que les biotechnologies bleues se lancent à l'assaut des fonds marins.

Les prétendues énergies « alternatives » ? Elles ne sont des « alternatives » à rien. Beaucoup sont du vent et des sources de pollution, comme les éoliennes qui devraient être démantelées d'urgence. Et celles qui présentent un intérêt, comme les panneaux solaires, sont seulement un complément accessoire qui exige l'appui des nanotechnologies. La guerre de la Russie en Ukraine, en février 2022, révéla l'irresponsabilité des idéologues verts qui avaient conduit nombre de pays européens à faire passer par-dessus bord industries fossiles et nucléaires, et à se méfier de la croissance et des innovations technologiques au nom du diabolique CO_2. Du coup, pour assurer le bien-être des Européens, que les énergies « alternatives » ne pouvaient et ne pourront jamais assumer à moins de retourner dans les abris sous roche, l'Europe prit conscience, mais un peu tard, de sa dépendance au gaz, au pétrole et au charbon russes ; près d'un quart de la consommation de pétrole et 40 % de celle du gaz, dont 65 % pour l'Allemagne, 100 % pour la Finlande ou l'Autriche archéo-écolo. Les Verts avaient saboté toute possibilité d'indépendance énergétique. Agir contre la Russie ? Tenue par la barbichette, l'Allemagne eut quelques difficultés à condamner l'invasion puis, si elle admit de sévères mesures de rétorsion économique, avec ses autres compères qui priaient les dieux des vents et du soleil, elle refusa néanmoins l'embargo sur les importations d'énergie en provenance de la sainte Russie. Ces importations finançant l'armée russe, celle-ci put donc continuer son avancée. Face à la nature, verdir, c'est s'asservir. Vivre libre, c'est se servir. Oui, la condition humaine l'exige, ce n'est qu'un début, la course à la croissance infinie doit continuer !

Créativité pour transformer non seulement la nature mais le corps naturel humain aussi ? La course à la croissance est la course pour la vie. Jamais l'espérance de vie n'a été aussi élevée, jamais la mortalité infantile n'a été aussi faible, quand famine et malnutrition sont en passe d'être abolies. Et la démographie n'est pas un problème. Le modèle de croissance ? Il n'est pas plus « occidental » que les mathématiques ne sont indiennes ou arabes. Seulement un modèle universel pour sortir l'humanité de la misère.

Transition agricole ? Un mythe. Courir au magasin « bio » du coin pour acheter un produit « naturel », « non chimique » ? Tout dans la nature est chimique, y compris l'eau de la source avec ses atomes d'oxygène, d'hydrogène et quelques autres selon les terrains traversés par l'eau de pluie. Et tout produit « bio » est contrôlé, préparé, distribué selon de strictes procédures sanitaires totalement artificielles. Les OGM ? Ils existent depuis 6 000 ans et les Verts les croquent à pleines dents quand ils ingurgitent leur pain. La « souffrance animale » ? Bientôt abolie, comme le montrent le Frankenburger. Et il est drôle de voir végétaliens, frugivores et autres granivores, ingurgiter du vivant tous les jours sans le savoir.

Grâce à la croissance, les maladies génétiques sont pourchassées, tout comme celles dues aux virus, bactéries, champignons et parasites bien naturels. Merveilleux ciseaux des dentellières qui détruisent les virus et réparent les gènes, formidables nanorobots nageurs et leurs potes des *CAR-T cells* qui s'attaquent aux cancers. Et, au lieu de rêver de décroissance, l'humanité rêve de l'empereur Qin Shi Huang qui voulut l'immortalité cellulaire.

Cette créativité s'exerce aussi sur les relations humaines. Il est curieux de voir certaines tribus écologistes attribuer à la course à la croissance esclavagisme, colonialisme, malheur social et tenter de vendre leur « alternative » d'harmonie universelle qui passerait par une humanité qui copinerait avec la planète. Grâce à la croissance, il n'y a jamais eu aussi peu de conflits, jamais autant de démocraties respectueuses des droits individuels, de progrès social, de traque à l'aliénation au travail. Et la course vers la société de consommation permet toujours plus de bien-être.

Colonialisme et esclavagisme ? Ils existaient partout dans le monde depuis 12 000 ans, des empires noirs africains aux empires asiatiques, des empires turcs ou arabes aux empires amérindiens. Que ces accusateurs montrent une population dont les ancêtres n'ont pas été esclavagistes ! Cause de ces ignominies ? Précisément, l'esprit vert : la croyance aux divinités naturelles de la terre qui justifiaient ethnicisme et nationalisme. Et, un jour, il y eut un lieu où des humains décidèrent l'abolition universelle de l'esclavage. Et ce fut dans cette Europe qui croyait en un Dieu qui mettait l'humanité au centre de l'univers et qui se lançait, par les Lumières, dans la course aux sciences et à la croissance. Et nulle part ailleurs.

En mettant l'humanité au centre des Cités, se construisit le meilleur des mondes possibles, celui qui permit à Aristote et Churchill de chanter ensemble l'hymne à la joie d'une condition humaine qui libère sa libre créativité. Non seulement l'humanité n'est pas un écosystème de la planète mais nous démontrerons qu'elle est au centre de l'univers.

Le prétendu crime d'« écocide » ? Il révèle la bataille idéologique qui se livre. Une guerre sans merci. Car toute l'histoire de l'humanité a été la lutte de la libre créativité contre l'esprit magico-religieux. Et cette histoire arrive à son terme.

Les petits bonshommes verts portent logiquement la guerre au cœur des spiritualités. D'où ces attaques des courants de l'« écologie profonde » et révolutionnaires contre ce Dieu de la Bible qui, pour la première fois dans l'histoire des grandes spiritualités, a mis l'humanité au centre de l'univers, en position de dominer la nature et non en « gardienne » ou « intendante » des mottes de terre. D'où cette tentative d'« Église verte » pour tenter de saboter les fondements anthropocentristes et humanistes des spiritualités qui en sont issues.

Ces obscurantistes portent aussi la guerre idéologique dans les sciences. Pour imposer l'idée d'une humanité « écosystème » de la planète et inventer une seconde révolution copernicienne alors que la première n'a jamais eu lieu. Pour imposer l'idée que l'humanité serait un maillon de la

« biosphère », fort d'une « révolution darwinienne » qui n'a pas eu lieu non plus.

Mais l'obscurantisme n'a pas d'avenir. Le vieux carcan animiste explose. Jusqu'à cette idée d'une humanité « terrienne ». Le sens caché de la voiture dit le désir instinctif d'arrachement au sol. Voitures autonomes de niveau 5 à sustentation, voitures volantes, navettes, fusées, stations orbitales, tout fait sens avec la convergence des technologies, de l'intelligence artificielle, de la robotique, des ordinateurs quantiques.

L'instinct de conservation rejoint les découvertes de la science. Car cette planète idolâtrée est condamnée à disparaître dans la fusion de la Voie Lactée avec la galaxie d'Andromède, ou, avant, par le heurt d'une météorite ou, avant encore, faute d'hydrogène du Soleil. Et, dans peu de temps, elle va offrir à l'humanité, par une nouvelle glaciation, son linceul gelé si elle ne part pas à la conquête de l'univers.

Oui, il y a urgence : sauver l'humanité de la planète. Mais l'espoir est là, car l'humanité est créatrice et au centre de l'univers. Au cœur de cette énergie qui l'a créé depuis le Big Bang, et le tient dans son expansion. Déjà, elle transforme ce qui se trouve à sa périphérie et chaque jour cette zone périphérique s'accroît. Pour elle seule, l'univers est un jardin à cultiver.

Et la créativité rejoindra la plus haute moralité. Car, par elle, chacun se réalise lui-même. Il apprend ainsi à s'aimer, condition pour aimer les autres comme soi-même. Ainsi, s'ouvre le chemin du respect universel de l'amour des autres pour eux-mêmes et de l'amour partagé. Ainsi, convergent le savoir avec ce chant humaniste de la Bible et des psaumes sacrés de l'hindouisme, du sage des monts enneigés et de

Confucius, de Lao Tseu et des « Quatre incommensurables » du bouddhisme. Si un peu de science nous éloigne de la plus haute spiritualité, beaucoup nous en rapproche.

Un dernier mot sur l'écologie. Oui, je défends l'« écologie » mais la vraie, pas celle de ces faux prophètes. S'en réclamer pour condamner l'humanité et idolâtrer la planète, voilà le simulacre des obscurantistes, des petits bonshommes verts. Le mot « écologie » est formé par « éco », du grec « *oikos* » (*οἶκος*) qui signifie « maison » et non « planète » ; et « logie », renvoie au « *logos* », au discours raisonnable, non au spiritisme. Or, une « maison » n'a rien de naturel. Une maison est une construction artificielle, créée à partir d'éléments arrachés à la nature, pour se protéger de cette nature, de ses rayons solaires, du froid, du chaud, de la pluie, des inondations, des séismes, éruptions volcaniques, attaques animales... Elle est, plus globalement, le lieu de vie humanisé par la créativité humaine. Et de la hutte aux stations orbitales, des exploitations agricoles aux extractions minières, des chemins dans les prés aux voies spatiales, l'humanité étend chaque jour davantage ses « maisons », ses espaces domestiqués. Voilà ce que défend et salue l'écologie véritable : ces artifices conquérants. Elle est productiviste, anthropocentriste et humaniste. Ou elle est l'humanité en route vers son bel avenir, ou elle n'est qu'un simulacre, le cache-sexe de l'obscurantisme sur Terre.

Allons à présent à la découverte de la condition humaine.

PREMIÈRE PARTIE

SAUVER L'HUMANITÉ ET NON LA PLANÈTE

Où l'on entrevoit que l'environnement et les experts en apocalypse ne sont pas ce que l'on dit

« Environnement », vous avez dit « environnement » ? S'en préoccuper, d'accord, mais de l'environnement tout entier, selon la vérité, non en procureur de l'humanité. Par quel coup de baguette magique, cet environnement devrait-il être réduit à cette planète, elle-même réduite à sa croûte terrestre et à son atmosphère… et son atmosphère au CO_2 dont par quelque maléfice l'humanité serait coupable. Je crains de ne pouvoir relayer pareille comédie.

L'univers a 13,75 milliards d'années, le Soleil, 4,567 milliards, la Terre 4,55 milliards. S'agissant de la Terre, tout a débuté par l'explosion d'une supernova. Puis, ce nuage moléculaire immense, étendu sur des centaines d'années-lumière, s'est effondré sur lui-même en se comprimant et en produisant le Soleil. C'était il y a 4,567 milliards d'années. Par agrégation de particules, des amas plus denses se forment alors dans le disque de poussières, pour former des protoplanètes, et, par collisions et fusions, des planètes. Ainsi se forma la Terre. C'était il y a 4,55 milliards d'années.

Son environnement ? C'est celui du système solaire dont elle n'est qu'un élément. Dès le commencement, tout ce qui se passe sur cet amas moléculaire est incompréhensible sans son environnement tout entier. Non, elle n'est pas et ne fut jamais un « écosystème » ou un « empire dans un empire ». On nous vend des prières à Gaïa au nom des saisons ? Prions alors plutôt la planète Théia, dont le choc avec la Terre, il y a 4,53 milliards d'années, a créé la Lune, ce qui a incliné son axe de rotation, ralentit sa vitesse, permit les saisons... On nous vend sources et eau des rivières ? Prions alors les météorites de la « ceinture d'astéroïdes », situées entre 350 et 500 millions de kilomètres, entre Mars et Jupiter qui l'ont apportée, il y a 4,4 milliards d'années.

Oubliée l'influence du Soleil, ses éruptions nucléaires, ses vents qui soufflent à 1 million de km/h, arrachant chaque seconde quelques kilos d'atmosphère, ses radiations[1] qui produisent réchauffements et glaciations mais aussi vitamine D et cancers, accroissements et disparition des vivants ? Oublié cet environnement céleste, des météorites aux champs magnétiques ? Oubliée la Lune, qui, hélas ! s'éloigne, avec ses effets sur les marées, les végétaux, les humains, sur l'axe de rotation de la Terre même avec son influence sur les vents et courants marins ?

Il y avait plus de sagesse parmi les populations amérindiennes qui construisaient des pyramides aux dieux du Soleil et de la Lune, que chez nos animistes verts qui idolâtrent la Terre.

Oubliés, sur cette planète, le noyau et sa chaleur où se trouvent du nickel et du fer à gogo, avec un zeste de silicium, de soufre, d'oxygène ? Oublié le manteau de 2 900 km d'épaisseur environ, avec ses minéraux composés de fer, magnésium, dioxyde de silicium, aluminium, titane, calcium ; oubliée la croûte terrestre, avec oxygène, silicium, aluminium, fer, calcium, sodium, potassium, et d'autres éléments bien chimiques, bien naturels, bien énergétiques ? Oubliés, en conséquence, tous ces phénomènes électriques, magnétiques, physiques qu'ils produisent. Donc oubliés, tsunamis et cyclones, séismes et volcans producteurs de ces monstrueux gaz à effet de serre, dont la vapeur d'eau, qui compte de 65 à 90 % de son taux, et méthane, azote, dioxyde de soufre, sulfure d'hydrogène… Oubliés les contrecoups des variations de l'angle de l'orbite et de l'axe de rotation de la Terre, eux-mêmes dus au Soleil et à la Lune, pourtant autres facteurs majeurs d'explication des glaciations et des réchauffements dont les petits bonshommes verts se sont fait une spécialité pour accuser l'humanité ?

Oubliés virus, bactéries, champignons, parasites, maladies génétiques ? Oubliés désordres naturels et attaques animales ? Oubliés l'histoire de l'humanité, les holocaustes naturels subis, ses souffrances, son admirable courage, ses merveilleuses créations.

Allons, quittons la scène de cette *Commedia dell'arte* où ces écologistes jouent aux annonciateurs d'apocalypse en trafiquant les faits, effaçant ce qui les gêne, valorisant ce qui les arrange, mentant et manipulant pour tenter de conquérir du « pouvoir » au mépris de la vérité, à la façon des prétendus spécialistes du Groupe d'Experts Intergouvernemental sur l'Évolution du Climat (GIEC) qui, depuis 1988, tiennent le haut de l'affiche dans les spectacles d'apocalypse. Allons à la découverte de l'environnement de l'humanité, le vrai, pour mettre à nu la condition humaine.

D'où ce qui suit.

Où l'on voit, avant l'apparition de l'humanité, changements climatiques, des réchauffements monstrueux et des taux de CO_2 plus élevés qu'aujourd'hui

Nous vivrions un « changement climatique » sans précédent dans l'histoire de la Terre, un « réchauffement » jamais vu, dû à des gaz à effet de serre jamais connus, eux-mêmes dus à des taux de dioxyde de carbone (CO_2) jamais entrevus depuis les « niveaux préindustriels » dit l'Accord de Paris de 2015, et répètent les Conférences sur les changements climatiques qui se succèdent. Oui, jamais. Et nous irions droit vers l'enfer, où l'on dit qu'il fait si chaud. Coupable ? L'humanité, sa course à la croissance, sa société de consommation, son mode de vie. Vite ! des lois et règlements, taxes carbone et procès en « écocide », des accords pour limiter le réchauffement à 1,5°, car 2° serait « une condamnation à mort[2] », pour retrouver l'équilibre naturel perdu, épurer ciel et villes de la diabolique molécule carbonifère et punir les maléfiques comportements humains qui font si mal à Gaïa-la-Planète[3]. Vite, « sauvons la planète ! » s'époumonent les militants et leurs bambins de deux ans embrigadés dans la cause verte.

Au pays des petits bonshommes verts, la pénurie de lunettes est criante, voilà sans doute pourquoi mesurer le climat à l'aune de sa date de naissance, est devenu le nec plus ultra. Hélas ! Je crains de fâcher. Car si l'harmonie a existé sur une planète, ce fut peut-être sur celle des petits bonshommes verts, mais jamais sur Terre. Et si une augmentation de 2° annonçait la mort de la planète, elle aurait disparu depuis belle lurette. Quant à penser que les humains pourraient influencer le climat, il faut imaginer Greta Thunberg et ses potes en superhéros de Marvel, jouant à Hulk, le « Titan Vert ».

Partout, avant l'apparition de l'humanité, soit durant 99,8 % du temps de formation de la Terre, au lieu de l'harmonie perdue, je vois changements climatiques, glaciations et réchauffements plus importants qu'aujourd'hui, éruptions volcaniques, séismes, tsunamis, inondations, cyclones, virus, bactéries, champignons, parasites, et j'en passe de ce pain quotidien offert sur cette douce planète, tantôt serre, tantôt glaciaire.

Le premier âge de la terre ? Il se termine il y a 3,85 milliards d'années. Il ne fut pas sans raison appelé « Hadéen » par le géologue Preston Cloud, du nom du dieu Hadès, dieu des enfers où il ferait diablement chaud. Les températures ? 4 700 °C. Vers –4,1 milliards d'années, un refroidissement tout relatif, favorisé par un Soleil 30 % moins rayonnant. Mais jusqu'à 1 000 mètres de profondeur, la planète reste un océan de roches en fusion. Dans l'atmosphère ? Jusqu'à 350°. Cela a peut-être permis le début de la formation d'une croûte dans un environnement magmatique et l'apparition des premiers vivants.[4] À la fin de cette période, il faisait encore environ 250° environ.

Quelle est la cause des monstrueuses chaleurs ? L'humanité ? Non, elle n'existait pas encore. Seulement les variations de l'angle de l'orbite et de l'axe de rotation de la Terre, les rayonnements et éruptions nucléaires solaires, les champs magnétiques de la Terre et les mouvements de l'écorce terrestre, les météorites, la Lune. Bref, le véritable environnement. Les gaz à effet de serre ? Une conséquence de cet environnement, pas une cause.

Durant la période qui suit, appelée « Archéen », de –3,85 à –2,5 milliards d'années ? Les températures ? De 55° à 85 °C. Les taux de gaz à effet de serre ? 1 000 fois supérieurs à ceux d'aujourd'hui. Responsable : le même environnement.

Puis, voilà le Protérozoïque, de –2,5 milliards à –541 millions d'années. La croissance de l'oxygène permet le développement de vies multicellulaires. Pour le meilleur, et pour le pire aussi. Car trop d'oxygène tue. Et Gaïa n'ayant jamais eu le souci de la moindre harmonie, on lui doit la catastrophe majeure d'il y a 2,4 milliards d'années, appelée la « grande oxydation » : l'oxygène massif produit par certains organismes rencontre le fer des océans, et tout se teinte d'une couleur de rouille, avec la destruction massive des jeunes organismes vivants. Et les monstrueux déséquilibres continuent entre périodes chaudes, bien plus chaudes qu'aujourd'hui (oui, j'insiste), avec des gaz à effet de serre bien plus importants aussi (j'insiste tout autant), appelées « *hothouse* » ou « *greenhouse* », agrémentées de longues séquences froides, très froides, glacées, « *icehouse* », qui durent 450 millions d'années.

La planète connaît même trois situations où la Terre est entièrement gelée, dites « Terre boule de neige » (« *Snowball*

Earth[5] »). La première, appelée « le grand événement d'oxydation », débute il y a 2,4 milliards. Durée ? 225 millions d'années. Les deux suivantes eurent lieu vers –720 et –650 millions d'années[6]. Oui, des centaines de millions d'années de glaciation totale. Conséquence : effondrement des gaz à effet de serre. Enfin un air pur, digne de la vie rêvée par les petits bonshommes verts ? Non : la disparition de la vie sur terre.

Vous voulez dire que sans gaz à effet de serre, il n'y a plus de vie ? Oui. Je sais, c'est dommage, ce n'est pas conforme au dogme vert. Ces gaz produisent cette « couverture chauffante[7] » qui protège les vivants en arrêtant les rayons naturels radioactifs gamma et les rayons X du Soleil et en laissant passer les infrarouges qui transportent la chaleur. Sans gaz à effet de serre, la mort. C'est ce qui arriva. Aujourd'hui, cela arriverait aussi.

Ensuite, depuis –541 millions d'années ? La planète continue la fête verte. Encore des réchauffements plus élevés qu'aujourd'hui. Du CO_2 ? Oui. Et même des taux diantrement plus élevés qu'aujourd'hui. Plus élevés, vraiment ? Oui, vraiment. Et cela n'a pas tué la planète ? Non. La moyenne du CO_2 dans l'atmosphère sur Terre jusqu'à l'apparition de l'humanité ? De 3000 à 7000 ppm[8]. Soit près de 8 à 17 fois plus qu'aujourd'hui ! Rappelons que la teneur du CO_2 est chiffrée en « partie par million », en abrégé « ppm ». Aujourd'hui ? Il y aurait environ 415 ppm de CO_2 dans l'air. Oui, je sais, 415, voilà un chiffre qui fait toujours son petit effet auprès des élus niais, moins si l'on dit que cela représente 0,0415 % de CO_2 dans l'air… et encore moins si l'on apprend que sous 1 200 ppm, il n'y a aucun danger pour la vie et même sous 4 000 ppm.

La preuve d'ailleurs, durant l'ère primaire, dite Paléozoïque, de –541 millions à –252 millions d'années, apparaissent les premiers animaux marins, malgré des températures sensiblement plus élevées qu'aujourd'hui. Mais aussi des glaciations en nombre, comme celle de l'Ordovicien, il y a 444 millions d'années, ou du Carbonifère, qui dura de –320 à –255 millions d'années. Tout cela pour dire que Gaïa n'est pas très écolo.

Et le CO_2 ? Toujours pas le principal gaz à effet de serre, très loin de la vapeur d'eau et du méthane. Pis encore : il est peu en relation avec les réchauffements. Ainsi, de –419 à –359 millions d'années, il baisse de 6300 à 2100 ppm, et cela sans refroidissement sensible de la planète.[9] Il y eut même des taux de CO_2 plus élevés qu'aujourd'hui durant les glaciations, au moins à leur début, bien que celles-ci aient conduit ensuite à les faire baisser.[10] Ainsi, durant celle qui commence il y a 460 millions, et qui dure plus de 20 millions d'années, la teneur en CO_2 dans l'atmosphère est de 4500 ppm.[11] Donc, plus élevé qu'aujourd'hui. Le phénomène se reproduit lors de la glaciation qui dure de –360 à –260 millions d'années, qui commence avec un taux de CO_2 important, et lors de celle de la fin de l'ordovicien, qui s'étend sur une dizaine de millions d'années, avec un taux de CO_2 quatorze fois supérieur à aujourd'hui.

Dans la période qui suit, dite secondaire ou Mésozoïque, de –252 à –66 millions d'années, les chaleurs sont encore plus importantes qu'aujourd'hui. Pourtant la planète ne meurt pas, la vie non plus puisque les reptiles se multiplient. Prenons le Crétacé qui s'étend de –145 à –66 millions d'années, temps où vivaient ces dinosaures qui amusent les enfants et ont permis quelques films d'horreur réalistes, type *Jurassic*

Park, montrant aux amis des animaux ce qui advient face à certains de leurs copains. Ce fut une période de réchauffement intense qui dura près de 79 millions d'années, avec une petite glaciation imprévisible au passage. La température était si élevée que les pôles étaient dénués de glaces. Moyenne de la température des océans ? 30°, supérieure même à 35° lors du pic climatique qui dura de –93,5 à 89,3 millions d'années. Sur le sol ? 30° en moyenne à l'équateur, 16° aux pôles, en particulier au Groenland où les dinosaures s'installèrent[12]. Et il y avait 2 000 à 4 000 ppm de CO_2 dans l'air, soit cinq à dix fois plus qu'aujourd'hui.

Il serait tentant d'en conclure, notez bien, que la faute du réchauffement revient au dinosaure puisque, par dogme vert, la planète et son environnement ne peuvent être responsables. Je voudrais néanmoins me faire l'avocat de ces bestiaux. Je signale donc que 10 millions d'années après leur disparition, il y a 56 millions d'années, les températures montèrent en moyenne globale à plus de 32 °C. Les climatologues, les vrais, appellent cette période le « maximum thermique du Paléocène-Éocène[13] ». Ils attribuent la faute aux volcans, geysers, vapeurs d'eau, mouvements tectoniques, rayonnements solaires – pas aux dinosaures.

D'ailleurs, pour continuer le plaidoyer sur leur innocence, cette versatilité planétaire entre glaciations et réchauffements a continué comme le démontre cet « optimum de l'Éocène », entre –54 et –49 millions d'années. Température moyenne de 29 °C, des mers tropicales à 40 °C, un taux de CO_2 atteignant 1 600 ppm, soit cinq fois plus qu'aujourd'hui. Je me permets d'ajouter que les périodes chaudes, dites « hyperthermales » se sont encore poursuivies jusqu'à la naissance de l'humanité.

Mais alors, qui pourrait bien être responsable des bouleversements climatiques incessants faute de boucs émissaires humains ? « Qui », je ne sais pas, mais « quoi », oui : variations de l'angle de l'orbite et de l'axe de rotation de la Terre, rayonnements et éruptions solaires, Lune et météorites, champs magnétiques et plaques tectoniques... Bref l'environnement, le vrai, celui qu'ignore l'écologie punitive. Et je voudrais dire, avant de poursuivre que l'humanité n'étant pas apparue, je la crois aussi innocente que nos dinosaures. C'est aussi pourquoi, je suis un peu étonné par ce qui suivra le petit arrêt au stand CO_2 où se tiennent nos bonimenteurs écologistes.

Où l'on résume le rôle du CO_2 et où l'on félicite les dinosaures de n'avoir pas inventé la taxe carbone

D'une nature un tantinet espiègle, à l'usage des tartuffes habillés en vert, je me permets de résumer ce que nous avons vu à propos du CO_2 durant 4,5 milliards d'années.

Loin d'être diabolique, il permit la vie. Principal gaz à effet de serre ? Jamais. Les écologistes les plus militants chiffrent eux-mêmes l'effet CO_2 à 26 %. Ils admettent donc qu'il n'est pas le plus important. Le principal gaz à effets de serre ? La vapeur d'eau : au moins 60 %, plus de 80 % si l'on étudie l'effet des nuages, jusqu'à 90 % lors des éruptions volcaniques intenses. Car nos petits bonshommes verts non seulement sous-estiment systématiquement les effets des éruptions volcaniques violentes, des séismes, des rayonnements solaires sur le CO_2, mais ils feignent d'ignorer leurs conséquences sur la production de vapeur d'eau, d'anhydride sulfureux, de monoxyde de carbone, de sulfure d'hydrogène, d'azote, de méthane même, ce dernier étant devenu lors de la réunion des pays ayant participé à la COP26, en 2021, par l'opération du Saint-Esprit vert, un effet des seules activités humaines.

Ce CO_2 serait-il coupable du réchauffement ? Hors glaciations, son taux fut toujours plus élevé qu'aujourd'hui, et ce, même durant certaines glaciations, ce qui est cocasse. De –2,5 milliards à –541 millions d'années, les périodes chaudes, appelées « *hothouses* », sont bien plus chaudes qu'aujourd'hui, avec des gaz à effet de serre plus importants aussi. Et le CO_2 joue un rôle mineur, à la différence de la vapeur d'eau et du méthane.

C'est durant cette période qu'apparaît cette loi naturelle anti-écologiste : sans gaz à effet de serre, pas de vie. Il y a ainsi eu, durant cette période, de longues séquences glacées (« *icehouse* ») qui durèrent des millions d'années, avec trois situations de Terre entièrement gelée durant lesquelles, cette fois, oui, il y a moins de gaz à effet de serre qu'aujourd'hui. Soufflés les gaz à effet de serre, donc soufflée la vie, faute de la « couverture chauffante » qui empêche de mourir de froid et protège des rayons gamma et X destructeurs comme nous l'avons vu[14].

De –541 millions à –252 millions d'années, encore des réchauffements, plus élevés qu'aujourd'hui. Et le CO_2 ? Des taux plus importants qu'aujourd'hui même durant certaines périodes glaciaires. Ainsi, à partir de –460 millions, durant 20 millions d'années, la teneur en CO_2 est de 4 500 ppm[15]. Dix fois plus qu'aujourd'hui ! Et le phénomène se reproduit plusieurs fois.

De –252 à –66 millions d'années, 79 millions d'années de réchauffement intense. Et Le CO_2 ? Des taux plus importants qu'aujourd'hui, jusqu'à dix fois, de 2 000 à 4 000 ppm. La faute aux humains ? Ils n'existent toujours pas. La faute aux dinosaures qui n'auraient pas inventé la taxe carbone ? Nous avons vu qu'ils avaient bien fait : les taux sont restés plus élevés après leur disparition. Ils n'étaient donc pas responsables comme on l'a vu lors du « maximum thermique du paléocène-éocène[16] », où il est cinq fois plus élevé qu'aujourd'hui. Oui, cinq fois. Et la Terre a continué à tourner, me dit-on. Et les réchauffements ont continué, les taux de CO_2 sont restés élevés. Et l'humanité est arrivée.

Ce qui arriva alors ? Nous allons le voir avant un petit intermède qui nous permettra de juger de l'admirable souci des vivants de la part de Gaïa-la-Terre-Mère.

Où l'on voit qu'avant la naissance de l'humanité, 99,9 % des espèces vivantes furent exterminées sur la planète

Innocents les animaux des changements climatiques qui ont précédé l'arrivée de l'humanité ? Du diabolique CO_2 même ? Mais alors pourquoi cette extermination de 99,9 % des vivants ? Où est donc cette « chaîne » harmonieuse des espèces animales et végétales ? Ce fameux équilibre naturel qui aurait, un jour, été rompu par l'humanité ? Cette bienheureuse danse des « écosystèmes », mieux que la danse des canards, protégés par l'écosystème en chef, la Terre-Mère nourricière ? Et, finalement, on en viendrait à douter de cette « biodiversité » à protéger des méfaits humains, vendue comme du pain moisi au magasin des idées fausses, celui des écologistes.

Depuis 2,5 milliards d'années, avec l'apparition des micro-organismes, nous constatons leur extermination et leur renaissance au gré des changements climatiques, des effets du méthane, de l'éthane, du dioxyde de carbone. Une disharmonie totale. Un déséquilibre global.

Avec l'apparition des premiers animaux marins, il y a 542 millions d'années, Gaïa serait-elle devenue plus maternelle ? Il y eut au moins sept exterminations monstrueuses du vivant, appelées « extinctions massives ». Probablement plus car si les holocaustes du vivant sont une constante de la planète, la science les découvre seulement depuis peu. Ainsi, l'extermination du Permien moyen, il y a 259,8 millions d'années, n'a été observée qu'en 2019. D'autres le seront assurément dans les années qui viennent[17].

La première extermination massive connue eut lieu il y a 444 millions d'années (fin de l'Ordovicien), elle dura un million d'années. Excusez à nouveau du peu. Après un terrible âge glaciaire et la baisse dramatique des gaz à effet de serre, 86 % des espèces vivantes furent exterminées[18]. Ce qui confirme que si trop de gaz à effet de serre peut tuer, pas assez tue aussi.

Puis, il y a environ 375 millions d'années (époque du Dévonien), 75 % des espèces disparaissent. Les plantes terrestres et la croissance des algues[19] réduisent la concentration de dioxygène, asphyxiant les autres vivants[20]. Notons au passage, que cet holocauste suit une autre extermination massive, qui avait duré de –387 à –382. On me pardonnera de les associer.

Ce qui prouve, au passage, que la planète n'est pas plus naturellement en harmonie avec les vivants qu'ils ne le sont entre eux. C'est ce qu'on appelle, chez les écologistes, le mystère de la sainte harmonie.

Quelques millions d'années plus tard, il y a 359 millions d'années, les vivants subissent un réchauffement climatique violent dû aux éruptions volcaniques, à la glaciation d'un super continent (le Proto-Godwana) et à la destruction de la couche d'ozone par l'explosion, à 65 millions d'années-lumière, d'une gigantesque étoile transformée en supernova[21]. Conséquence : l'extermination de 70 % du vivant. Ce qui prouve qu'évoquer l'environnement nécessite de s'intéresser au Soleil, à la Lune, aux météorites et à tous les astres qui nous entourent et pas seulement à l'humanité.

Puis, il y a 259,8 millions d'années, les éruptions volcaniques de la terre conduisent à un réchauffement monstrueux qui produit une extinction de 90 à 95 % des espèces marines et de 75 % des espèces terrestres. Ce qui prouve qu'évoquer l'environnement nécessite de s'intéresser à la structure interne de la planète et pas seulement aux œuvres humaines.

Puis, il y a 252 millions d'années, la conjonction d'explosions volcaniques, de production de gaz à effet de serre, des rayonnements destructeurs du Soleil et d'une pluie de météorites produit des températures de 50 à 60 °C dans l'air et de 40 °C dans les eaux équatoriales. Cette conjonction exceptionnelle dans l'histoire de la terre entre son sous-sol, son atmosphère, son Soleil et les astres a été appelée « extinction du Permien » ou « la Grande Mort » (« *Great Dying*[22] »). Elle a produit l'extermination de 96 % des espèces vivantes[23]. Ce qui prouve que lorsque les forces naturelles s'harmonisent enfin, du sous-sol aux astres, la Grande Mort est plus sûrement à l'horizon que la protection de la vie.

Puis, il y a 200 millions d'années environ, à la fin du Trias, 80 % des espèces disparaissent sans que l'on sache encore pourquoi[24]. Mais les humains n'étant toujours pas nés, voilà un coupable possible de moins. Ce qui prouve que plus la science avance, plus, hélas ! elle découvre des charniers au lieu de l'Éden terrestre perdu promis par les idolâtres de la planète.

Puis, il y a 66 millions d'années, 76 % des espèces sont exterminées[25]. La disparition des dinosaures, apparus il y a 230 millions d'années, et celle de la plupart des espèces animales à sang chaud, est survenue dans une période chaude à la suite d'une activité volcanique intense en Sibérie et du choc d'un astéroïde venu, lui aussi, de Dame nature[26]. Ce qui démontre que nulle espèce ne peut espérer vivre en harmonie avec cette Terre, quand bien même elle y aurait proliféré 164 millions d'années et aurait résisté à nombre de ses outrages.

Je pourrais, dans un mauvais poème à la Prévert, rapporter les milliers d'exterminations moins massives qui ont accompagné l'histoire de l'amas terrien. Car elles sont innombrables. Certaines furent très importantes, comme l'« extinction d'Olson », il y a 270 millions d'années, qui précéda la « Grande Mort », ou celle d'il y a 56 millions d'années, quand, à la suite d'un réchauffement important (+ 8 °C) et d'une forte concentration de dioxyde de carbone, la majeure partie des espèces marines disparut. D'autres furent plus clémentes, comme celle qui extermine « seulement » 20 % des espèces marines et la plupart des vertébrés,[27] il y a 201 millions d'années.

La loi de la planète est indubitable : il n'existe aucune harmonie et tout équilibre y est instable et occasionnel. Gaïa-la-Terre-Mère n'est ni une mère, ni un écosystème au sein duquel vivraient en copains les vivants. Seulement le fantasme idolâtre d'une pensée obscurantiste qui a pour obsession la condamnation de l'humanité.

Et puisque de condition humaine il s'agit dans cet essai, poursuivons notre enquête sur ce qu'il advint de l'humanité quand elle surgit dans un tel environnement.

Où l'on constate que l'humanité nomade a été anéantie sur la planète et que l'état de nature n'est pas à regretter

Sauver la planète des humains ? Sauver les humains de la planète me paraît plus judicieux. Et plus conforme à la réalité de ce qu'est la condition humaine. Car je crains de devoir révéler aux bateleurs qui encensent la nature et ont la nostalgie du temps d'avant la course à la croissance, d'avant l'industrialisation, d'avant les premières sédentarisations, que de toutes les périodes, la plus meurtrière pour l'humanité, fut sa vie dans l'état de nature.

Il était une fois… quelques dizaines de milliers d'individus, peut-être un peu plus, chasseurs, pêcheurs, cueilleurs, charognards aussi, souvent anthropophages sans doute. Des nomades. Nos ancêtres. Pas d'industrie. Pas de société de consommation. Pas d'usage de pesticides et très peu d'utilisations des fameuses « énergies fossiles ». Donc, l'harmonie avec Gaïa ?

Hélas ! ni l'archéologie, ni la paléontologie, ni l'anthropologie, ni aucune autre fouille de site ou enquête auprès des dernières populations nomades, n'ont permis de rencontrer cette belle harmonie préétablie vendue dans les supermarchés des idolâtres de la planète. Nulle part, dans cet état de nature, les humains ne purent se sentir libres et égaux, vivant en paix entre eux et avec leur environnement, à la façon dont le postulait un John Locke[28]. Nulle part, nous n'avons rencontré cet « état de nature » où de « bons sauvages », innocents et égaux, vivraient en copains avec la planète, portés par la pitié et l'instinct de conservation, comme l'imaginait un Jean-Jacques Rousseau[29]. Et si un petit bonhomme vert, venu d'une autre planète, s'était précipité vers eux pour applaudir leur souci de protéger la Terre, vanter l'absence de pollution et de taux de CO_2 autour de leurs campements et leur nourriture bio, charognes incluses, peut-être auraient-ils ri de cet insensé, plus sûrement, ils l'auraient occis et, innocemment, ils l'auraient bouffé tout cru.

Vie harmonieuse avec la planète ? Où ? Quand ? À moins d'appeler « bonheur » les peurs et charniers. Que reste-t-il de ces premières espèces d'humains, appelés « hominines », du type *Shelanthropus*, apparues il y a 7 millions d'années au Tchad, auxquelles appartenait Toumaï, le plus ancien de nos ancêtres connus ? Rien. Rien des *Orrorin Tugensensis*, qui ont vécu au Kenya, il y a 5,9 millions d'années. Rien des *Ardipithecus ramidus* du Kenya et d'Éthiopie, apparus il y a 5,8 millions d'années, dont la fameuse Ardi, qui a vécu il y a 4,4 millions d'années. Rien des *Kenyanthropus tchadensis*, ces « hommes à face plate » du Sahel tchadien, exterminés il y a 3,5 millions d'années. Rien, seulement des traces sur les sites[30].

Après ces 4 millions d'années, combien de nos ancêtres hominines encore vivants ? 18 000 disent certains paléoanthropologues, une centaine de milliers croient les plus optimistes. Des Australopithèques pour la plupart[31]. Le bilan dit le désastre : les holocaustes ont succédé aux holocaustes. Pourtant, ni usines, ni supermarchés.

Alors, commence le Paléolithique, il y a environ 3,3 millions. Et le massacre continue. Que reste-t-il de ces 8 espèces d'Australopithèques ? La nature les ensevelira toutes. En particulier cette espèce *Australopithecus afarensis*, si merveilleuse, avec ses outils, ses habitats, ses modes de vie si évolués, découverte sur un site, à Hadar, en Éthiopie. Elle nous offre le modèle de ce que signifie la vie proche de la nature, bien écolo, bien bio, par le célèbre fossile appelé « Selam », mort il y a 3,3 millions d'années. Qui était-ce ? Un bébé de trois ans, décédé à la suite d'une de ces innombrables inondations destructrices produites par la généreuse planète[32]. Oui, des inondations. Et pas d'industrie, je le répète, seulement la nature, pure et destructrice. C'est aussi de cette espèce splendide qu'est née « Lucy », morte il y a 3,2 millions d'années, à 25 ans. Oui, 25 ans, une longévité exceptionnelle quand l'on songe que la plupart de ces hominines mouraient avant 20 ans. Oui, quelle admirable harmonie quand on ne pille pas, ou peu, la planète.

Et après ? Le jeu de massacre continue. Peut-être partiellement issues des Australopithèques, on voit se développer 3 espèces du genre Paranthrope et 22 espèces du genre *Homo*. Ah ! Merveilleux Paranthropes, habiles bipèdes fabricateurs d'outils d'il y a 1,3 million d'années : il n'en reste pas un survivant[33].

Et des 22 espèces du genre *Homo* ? 21 sur 22 sont détruites sur la planète bienfaitrice. Détruit, l'*Homo ergaster*, ou « homme artisan », apparu en Afrique il y a 1,9 million d'années, disparu il y a 1 million d'années. Détruit le merveilleux *Homo habilis*, lui aussi d'Afrique, apparu il y a 2,3 millions d'années, disparu il y a 1,5 million d'années, qui a laissé des traces de sa prodigieuse créativité en Tanzanie, dans les Gorges de l'Olduvai. Détruit l'*Homo erectus*, descendant de l'*Homo ergaster*, détruit l'« Homme de Denisova » de Russie et d'Asie nord-orientale, détruit l'*Homo heidelbergensis* d'Allemagne, détruit l'*Homo floresiensis* d'Indonésie, détruit l'*Homo naledi* d'Afrique du Sud… Et même l'admirable Homme de Néandertal d'Europe, si ingénieux, considérablement plus robuste que l'« Homme moderne », oui, détruit lui aussi. « Sauver la planète », avez-vous dit ? Vraiment ?

Seule a pu survivre à la dernière glaciation, terminée il y a près de 12 000 ans, l'espèce « homme moderne », parfois appelé « *Homo sapiens* ». Elle a d'ailleurs rencontré certaines des autres espèces du genre *Homo*. Ainsi des gènes néandertaliens sont aujourd'hui décelés chez 2,1 % des Eurasiens et 6 % des Mélanésiens,[34] et des gènes de l'« Homme de Denisova » chez les Aborigènes d'Australie et dans l'Est asiatique[35]. Nos ancêtres ne se faisaient donc pas toujours la guerre entre eux mais se sauver de la nature était toujours leur premier souci avec la crainte des esprits.

Et quand arrive le néolithique, à la fin de la dernière glaciation, il y a 12 000 ans, combien de survivants ? 500 000. Oui, 500 000 seulement après 7 millions d'années ! Je laisse les écologistes adorateurs de Gaïa à leurs calculettes, s'ils en disposent. Et seuls 12 % peuvent espérer dépasser 40 ans[36].

Si la planète est un être, qui mériterait le procès ? Gaïa l'exterminatrice, la *serial killer* des espèces vivantes, ou l'humanité ? L'assassin ou la victime ? Mais Gaïa n'existe pas. Elle est seulement un amas moléculaire indifférent qui tourne autour du Soleil. Et l'humanité n'est pas coupable d'avoir lancé la course à la survie et à la croissance par la connaissance et la domination d'un tel environnement.

Cherchons donc à connaître les causes de ces holocaustes pour mieux appréhender la véritable condition humaine et mettre un terme aux affabulations des petits bonshommes verts.

Où l'on voit l'extermination de l'humanité nomade due aux changements climatiques, glaciations et réchauffements

Mais d'où vient donc cette extermination massive de nos ancêtres nomades ? Seraient-ils coupables de leurs propres massacres par de mauvaises prières à Gaïa ou par une course à la croissance intempestive ? Hélas ! elle vient d'abord des changements climatiques de la Terre-Mère, de ses réchauffements plus élevés qu'aujourd'hui, de ses glaciations et cela alors qu'il n'y a ni industries, ni supermarchés, pas même une centrale nucléaire. Pis encore : le CO_2 n'y est pour rien, ce qui démontre la perfidie de la molécule.

Quand nos ancêtres hominines apparaissent en Afrique de l'Est lors du « Messinien », qui dure de –7,2 à –5,33 millions d'années, au début, cette période est sensiblement plus chaude qu'aujourd'hui. Oui, plus chaude. Puis, au lieu de l'harmonie, arrive un terrible refroidissement : glaciations dans l'Antarctique et au Groenland, banquises jusqu'en Armorique, baisse de température des océans… Cerise sur le gâteau offert par Gaïa-la-Douce : intensification du volcanisme, séismes et un mouvement tectonique impressionnant qui ferme le passage profond entre l'océan indien et le Pacifique, le détroit de Balboa et même le détroit de Gibraltar, avec salinité, eaux profondes froides, diminution de la nourriture, baisse des eaux[37]. Résultats : charniers humains à gogo.

Durant cette même période, entre deux glaciations, arrive à –5,96 millions d'années, la « crise messenienne[38] ». Un réchauffement violent qui dure 630 000 ans avec montée des températures méditerranéennes de surface de 19 à 27 °C, chute de 150 mètres du niveau de la mer dans un premier temps, puis de 1 500 mètres ensuite, salinité qui détruit toute vie marine et ceux qui en vivent, humains compris[39]. Ainsi, voilà 630 000 ans de réchauffement plus élevés qu'aujourd'hui, oubliés par nos benêts experts en culpabilité humaine[40]. Et, pas d'utilisation des « énergies fossiles ». Pas même de CO_2 dû aux feux de bois car ils ne connaissaient pas le feu.

Durant la période qui suit, celle du Pliocène inférieur (–5,32 à –4,7 millions d'années), les survivants ont la joie d'affronter une période sensiblement plus chaude qu'aujourd'hui. Oui, encore une fois. Il paraît que chez les Verts, 500 000 ans cela ne compte pas, puisqu'ils n'étaient pas nés. Puis, vient une période froide, entre –4,7 et –4,0 millions d'années, puis un nouveau réchauffement plus élevé que le précédent, entre –4,0 et –3,5 millions d'années… Oui, je le sais, encore 500 000 ans, c'est vraiment très osé.

Causes de ces déséquilibres permanents ? Les variations de l'axe de rotation de la Terre, comme le prouva le mathématicien Milutin Milankovitch, hypothèse confirmée depuis par l'analyse des sédiments marins. Que nos ancêtres nomades aient déplacé par leurs sottes migrations l'angle d'inclinaison de la terre (obliquité) et la direction dans laquelle pointe son axe (précession astronomique) n'a pas encore été envisagé même si les recherches se poursuivent aux comptoirs verts des idolâtres de la planète.

Sautons donc les millénaires comme un cabri curieux de voir surgir le fameux bouc émissaire de nos écologistes, le genre *Homo* et retrouvons le Paléolithique. Hélas ! de –3,4 à –3,2 millions d'années, les températures sont supérieures de 8 °C à celles d'aujourd'hui, jusqu'à 15° en Arctique, puis, vers –3 millions d'années, supérieures de 3 °C. On vit même le niveau des mers monter de 25 mètres et, dans l'hémisphère nord, la glace fondre et devenir éphémère[41]. Incroyable, 200 000 ans d'incorrection planétaire ?

Et le CO_2 ? Encore plus sournois que Gaïa. Figurez-vous que même lors des pics du réchauffement, son taux fut scandaleusement inférieur à celui d'aujourd'hui : entre 300 et 400 ppm contre 412 ppm de nos jours. Oui, il fit plus chaud qu'aujourd'hui avec un taux de CO_2 plus bas ? Mais alors, il n'y aurait pas de relation nécessaire entre réchauffement et CO_2 ? Quelle indélicatesse !

Ensuite ? il y a 2,8 millions d'années, l'humanité entre dans l'ère des glaciations. Et encore des monstrueux changements climatiques inconnus des petits bonshommes verts. C'est l'entrée dans le temps des glaciations[42]. Et voilà l'humanité massacrée avec allégresse dans un environnement où se succèdent de longues périodes glaciaires suivies de courtes périodes chaudes, appelées interglaciaires, comme celle de l'Holocène que nous connaissons à présent[43]. Les causes : mouvements de la planète et rayonnements solaires. Quelle harmonie ! Quelle stabilité ! Quel formidable équilibre de la

« biodiversité » avec Gaïa. Songez : 4 formidables glaciations, 13 importantes et d'innombrables « petites glaciations » en sus. Et des réchauffements avec leurs inondations et leurs sécheresses. For-mi-dable.

Pour saisir la nécessité d'idolâtrer la planète, imaginez la dernière glaciation qui a duré 100 000 ans et s'est terminée il y a 12 000 ans. Fuir vers Montréal ou Vancouver quand les premiers signes de sa venue arrivent ? Bientôt recouverts de 2000 mètres de glace. Vers New York ? 1 500 mètres de glace. En Europe, à Dublin, Berlin, Moscou, dans les pays baltes, en Norvège, en Finlande, en Suède ? Des glaces, vous dis-je, sur des centaines de mètres de profondeur. Dans ce monde qu'aucune pollution humaine ne trouble, les glaciers continentaux occupent jusqu'à 30 % de la Terre lors des pics climatiques et les icebergs monstrueux détachés de la calotte glaciaire se promènent sur les eaux non gelées de l'Atlantique[44] et du Pacifique sud. Car l'extrême sud est lui aussi pris par les glaces, de l'Antarctique au sud de la cordillère des Andes. Et des glaciers s'étendent, de la Nouvelle-Zélande au cœur de l'Afrique, comme ceux du Kilimandjaro et du mont Kenya, comme ceux des Alpes qui piègent les humains jusqu'à Lyon et leur certifient une mort certaine et très bio.

Et sur des centaines de kilomètres en bordure de ces glaciers, le permafrost gèle le sous-sol, avec des températures moyennes de –6° à 0 °C, emportant les humains vers un destin naturel funeste. Ainsi, en France actuelle, la vallée de la Garonne, encadrée par les glaciers des Alpes et du Massif central, et la banquise du golfe de Gascogne, avait été abandonnée par l'humanité. Si certains humains avaient réussi à fuir dans les abris-sous-roche au bas des Pyrénées ou dans les Causses du Quercy, il n'existait aucun sanctuaire dans le couloir alluvial. Et impossible de se réfugier dans les Landes, qui, sous l'effet de ce bouleversement climatique, étaient devenues un désert. Qu'il y ait eu encore, auprès des glaciers, une rare vie humaine, comme le montre le site de Creswell Craggs révèle l'exceptionnalité humaine dont nous allons percer le mystère bientôt.

Plus loin ? La chute spectaculaire des mers, de plus de 100 mètres, laisse peu de place à la vie tandis que, par l'effet de ces glaciations, les températures sont extrêmes dans les vastes steppes devenues arides, que les déserts s'étendent, tempêtes de sable et que les vents soufflent en Asie septentrionale à plus de 1 000 km/h, ce qui aurait rendu même difficile d'y planter des éoliennes. À l'arrivée : le grand effacement humain.

Et quand viennent ces courtes périodes de réchauffements, les populations subissent alors la montée brutale des eaux, les inondations, les tempêtes, les cyclones, les débâcles et déluges, comme à la fin de la dernière glaciation, il y a 12 000 ans[45].

Les températures ? Durant 2,8 millions d'années, elles sont sensiblement supérieures à celles que nous connaissons actuellement. Oui, supérieures. Et nul nomade n'a l'idée de sauver la planète, seulement sa vie. Et nul écologiste n'a encore surgi. Et les taux de CO_2 durant ces réchauffements ? Gaïa est injuste pour ses adorateurs : ils sont inférieurs à ceux d'aujourd'hui ! C'est le syndrome de l'hippopotame.

Car durant la période qui a précédé la dernière glaciation, commencée il y a 115 000 ans, figurez-vous qu'il y avait moins de CO_2 qu'aujourd'hui et pourtant, il faisait plus chaud. Et du coup, les hippopotames se baignaient dans le sud de l'Angleterre, dans la Tamise, la Cam, et en

Europe continentale, dans le Rhin même[46]. Cela au grand dam des humains qui les craignaient à juste raison. Plus d'une centaine de gisements de ces bestiaux ont été trouvés mais on me dit qu'ils sont trop loin des pubs fréquentés par nos experts en climatologie culpabilisante.

Dans un tel environnement, la grande question pour le genre humain fut bien de savoir comment survivre. Et si nos ancêtres furent nomades durant sept millions d'années, migrant parfois sur milliers de kilomètres, ce ne fut pas pour rechercher un club de vacances où l'on pourrait célébrer les bienfaits de la Terre mais le signe du sauve-qui-peut général de la jeune humanité face à une nature peu hospitalière.

Où l'on voit, depuis 12 000 ans, changements climatiques et réchauffements plus élevés qu'aujourd'hui qui détruisent l'humanité et qui prouvent que le CO_2 n'est pas ce que l'on dit

Et après la dernière glaciation, il y a 12 000 ans, quand nos ancêtres nomades sortent de l'état de nature pour se sédentariser, voit-on enfin une humanité coupable de produire la diabolique molécule de CO_2 et le réchauffement de la planète ?

Hélas ! dès le début, rien ne va comme les petits bonshommes verts le disent. La planète entre dans une nouvelle période « interglaciaire », appelée Holocène. Oui, « interglaciaire », une courte période chaude entre deux glaciations. Vous voulez dire que la glaciation est notre horizon ? Une certitude. Et que le réchauffement, commencé alors, n'était dû ni à l'humanité, ni au CO_2 ? Déroutant. Mais alors, quelles sont les causes ? Toujours les mêmes, rayonnements et éruptions solaires, orbite et rotation de la Terre, Lune, champs magnétiques et plaques tectoniques, effets sur les gaz et dynamique… Bref, des forces titanesques que même un Hulk, sorti des bandes dessinées n'aurait pu empêcher.

Les températures augmentent de 10 °C dans l'hémisphère nord. De quoi faire paniquer les militants de la COP26. Augmentation violente qui détruit bien des tribus et la majeure partie de la mégafaune, par la fonte des glaces, les débâcles, l'élévation du niveau des mers, la transformation en îles de territoires auparavant unis aux continents, comme la Grande-Bretagne, l'Indonésie, la Tasmanie…

Néanmoins, une bonne nouvelle : quelques tribus d'Anatolie profitent du réchauffement pour descendre près des fleuves Tigre et Euphrate, puis vers le Jourdain. Elles enclenchent, après bien des hésitations, les sédentarisations de l'humanité. Enfin, on aurait la fameuse harmonie regrettée au café du commerce vert ? Hélas ! arrive un changement violent, cette fois un refroidissement. Puis, encore un réchauffement, puis un nouveau réchauffement. Et, à chaque fois, des tribus sont englouties. Responsable l'humanité ? Elle ne connaît même pas la bombe Chantilly.

Ensuite ? De –9 000 à –5 000 ans av. J.-C. ? Des températures toujours supérieures à celles que nous connaissons aujourd'hui : de + 2 à 3 °C en Alaska[47], peu ou pas de glaces sur l'Arctique[48], Sahara vert, désert de Gobi devenu forestier… Inondations, débâcles, cela veut dire aussi tribus ensevelies, d'autres affamées, charniers humains. Le train-train habituel de Gaïa-la-Terre-Mère.

Ce réchauffement serait-il dû à la hausse du CO_2 ? Hélas non. Responsable : une nouvelle variation de l'oblique de la planète, une augmentation de 2 % de l'irradiation solaire et le passage de la Terre au plus près du Soleil (périhélie) alors que l'hémisphère nord entre dans l'été.

Le pire de l'incorrection ? Au cours de cette période chaude, il y a 8 200 ans, la planète s'offre une gigantesque catastrophe froide de 400 ans. Car la calotte glaciaire des Laurentides cède. Résultat : baisse des températures jusqu'à –3 °C au Groenland, hausse de l'Atlantique, jusqu'à 4 mètres. Et, conséquence étonnante pour des militants verts : sécheresse en Afrique de l'Est, aridité en Afrique du Nord. Moins étonnant : les bords maritimes se désertifient à l'exception de la porte de Fer, le pourtour méditerranéen connaît une chute démographique sensible[49], de nombreux villages disparaissent[50], bref, des charniers humains. Banal. Ce qui suit ? Des changements climatiques, évidemment. Tout cela devient presque lassant.

Sautons donc à –2 200 avant notre ère, tel le Chat botté. Enfin l'harmonie ? *Nenni.* Une terrible vague de sécheresse développée en moins de 20 ans se déverse sur la planète. Elle touche même la forêt amazonienne et rend désertique le Sahara, auparavant fertile.

La faute au CO_2 ? Non. Pour cet « évènement climatique de 4 200 BP », à nouveau, le CO_2 est inférieur à celui que nous connaissons aujourd'hui. Et il fait plus chaud. Plus chaud et moins de CO_2 ? Oui, je sais, inconvenant. Et la responsabilité humaine ? Pas même un sèche-cheveux.

Mais si la planète est bien sauve, encore des civilisations effacées par Gaïa-la-douce. Comme celle de l'empire d'Akkad, dont les plaines agricoles devenues incultivables sont abandonnées par une population affamée qui tente de fuir vers le sud, hélas ! encore plus aride, tandis que les tribus des alentours, crevant de faim tout autant, croient s'en sortir en se jetant à l'assaut du centre d'Akkad pour piller ce qui reste avant de le raser[51]. Comme celle de l'ancienne Égypte, où la baisse spectaculaire et rapide des crues du Nil a produit de terribles famines qui font s'effondrer le système politique[52]. Comme celles de Liangzhu, de l'Indus… Oh ! La belle harmonie quand on n'utilise pas les « énergies fossiles » !

Et les changements climatiques se poursuivent, comme les refroidissements de –535 et –536 à Rome. Le premier est dû aux éruptions volcaniques du Krakatoa, en Indonésie, le second à des météorites[53], aucun à la décision de baisser le CO_2. Néanmoins efficace pour réduire l'« écosystème » humain de nombreuses vies inutiles.

Et depuis le Moyen Âge et la révolution industrielle ? Enfin l'humanité se serait-elle rendue coupable de réchauffements jamais vus, de taux de CO_2 inconnus ? Il n'en est toujours rien.

Ainsi, un réchauffement plus important qu'aujourd'hui, commence vers l'an 950 et se termine vers 1270, celui de l'« optimum climatique médiéval » ? Certains « experts » en militantisme vert nient le fait mais puisqu'ils ont effacé 4,5 milliards d'histoire, un peu plus, un peu moins, nul ne leur en tiendra rigueur. On doit supposer, avec eux, que le Groenland est devenu en partie vert par magie, puisqu'il ne peut y avoir fait plus chaud qu'aujourd'hui, et que les Vikings, qui y avaient installé deux colonies de plusieurs milliers d'individus, ce qui était, à l'époque, de belles villes moyennes, ont été télé-transportés par la Fée Verte, qui a aussi fait apparaître les vignobles du nord de l'Europe, fondre les glaces, produit inondations et famines qui allégèrent la charge humaine de l'Afrique équatoriale au Japon[54].

Et après ? La Terre continue à tourner, donc encore des changements climatiques. Ainsi, elle offre un « petit âge glaciaire » dans l'hémisphère nord, qui commence vers 1270 et se termine vers 1 500 (minimum de Sporer), suivi d'un réchauffement, de 1500 à 1560, suivi d'un nouveau « petit âge glaciaire» (minimum de Maunder), de 1560 à 1830, suivi d'une période chaude, puis d'une période que l'on va dire «fraîche», de 1870 à 1910, suivi enfin d'une période plus chaude. En attendant le prochain «petit âge glaciaire» qui devrait arriver vers 2030-2040.

Causes principales? Affaiblissement de l'activité solaire, variations de l'orbite terrestre et de son obliquité, éruptions volcaniques. Conséquence: avancée des glaciers, baisse des températures de 1 à 2 °C par rapport à ce qu'elles sont aujourd'hui, hausse de 25 % des chutes de neige, icebergs plus loin sur les mers, gels de certains cours d'eaux, comme ceux des fleuves anglais[55], des canaux néerlandais, de la mer Baltique… Ainsi, les colonies vikings du Groenland sont détruites, occupées par les glaces de 1410 à 1720, tout comme certains villages suisses envahis par la descente des glaciers. La moitié de la population islandaise disparaît aussi. Les froids freinent ou détruisent les récoltes, favorisent la famine et les crises sociales et politiques jusqu'au XVIIe siècle en Europe. Phénomènes que l'on retrouve en Amérique du Nord[56] ou en Chine où se multiplient en même temps les typhons et où la famine conduit à la disparition de la dynastie Ming[57]. Et même en Afrique[58], où les inondations meurtrières se multiplient comme à Tombouctou, où les lacs principaux s'assèchent faute d'eau bloquée dans les glaces, produisant noyades, famine, migrations sans lendemains.

Et depuis? Ce n'est qu'un début, le changement climatique continue! Les affabulations aussi. Il fait plus chaud? La faute aux humains. Il fait moins chaud? On efface les données. Ainsi, à en croire les écologistes, Madagascar n'aurait jamais subi de chaleurs si intenses en 2021. Les chaleurs de 1928 ou de 1931, pires que 2021? Effacées. La grande famine de

1941-1944 ? Effacée. Pourtant cette crise est appelée en malgache « *maro taola* », qui signifie « beaucoup d'ossements », cela à cause des morts. Oui, mais les experts en culpabilisation humaine ne parlent pas malgache. Le réchauffement de 1956 ? Effacé. Celui de 1980, appelé « *santira vy* » (« ceinture de fer ») ? Seulement un million et demi de personnes touchées, donc effacé. La crise climatique de 1982, appelée « *malalake akanjo* » (« on est large dans ses vêtements ») en raison de la famine ? Effacée, le GIEC a cru que c'était une crise de l'industrie du textile. Celles de 1986 ou de 1989-1992 avec ses autres milliers de morts ? Effacées.

Que penser des records de froid de plus de 100 ans enregistrés à New York, en janvier 2014 ? Jusqu'à –15,5 °C. Avec des rafales de vent qui produisent un ressenti de –22 °C tandis que dans le Minnesota les températures descendaient à –37 °C. Faut-il oublier les froids polaires sur l'hémisphère nord-américain, en 2019 ? Des températures qui descendent jusqu'à –48 °C sur les grands lacs… avant qu'une autre tempête glacée ne balaye le Nord-Est l'année suivante. Et la terrible baisse des températures, fin décembre 2020, en Sibérie, avec –10 °C sous les moyennes saisonnières ? Partout : –50 °C. À Ojmakon : –55 °C. Quelques minutes à l'air, et vous voilà mort gelé ou handicapé comme des centaines d'humains le furent. En mars 2021, au lieu du début du printemps avec pâquerettes et papillons, –44 °C en Sibérie. À Moscou, –15 °C. À Oslo, –38,9 °C. Du jamais-vu de mémoire de Sibérien. Jamais vu non plus par les « experts » verts. Et, pas vu, pas pris, donc, pas surpris.

Et ces « experts » se sont lancés dans une surenchère comique lors des grands feux de Grèce de l'été 2021. La fin du monde arrivait, la catastrophe était imminente, le crime des humains producteurs de chaleurs *via* leur CO_2, évident. Et cela alors que la Crête connaissait un été sensiblement plus froid que d'habitude et que, de l'hiver jusqu'à l'été 2021, dans l'hémisphère nord, de Paris à Vienne, de Londres à Moscou, jamais les températures n'avaient été aussi basses depuis une vingtaine d'années.

Et les mêmes, quelques mois plus tard, expliquaient que l'une des causes principales de la crise énergétique mondiale de 2021, était le manque d'énergies alternatives, type éoliennes, qui, sinon, auraient pu remplacer les ressources en énergies fossiles, dont les stocks étaient devenus insuffisants en raison… des grands froids exceptionnels de l'hiver précédent.

Allons, je ne nie pas la possibilité d'un réchauffement climatique, pas même celle d'une élévation des gaz à effet de serre, voire du CO_2. Mais, l'histoire de la planète le prouve : le réchauffement fut durant des centaines de millions d'années plus élevé qu'aujourd'hui ; les gaz à effet de serre sont une conséquence et non une cause des mouvements terrestres, souterrains et célestes qui refroidissent ou réchauffent la Terre ; le CO_2 n'est pas nécessairement corrélé au réchauffement et n'est qu'une part de ces effets de serre ; quant à la part de l'humanité dans ces gaz, elle est infime eu égard aux forces titanesques à l'œuvre dans son environnement.

Et que des experts en voyance aient vu, dans leur boule de cristal verte, un siècle de météo, prévisualisant qu'elle serait de 2,7 °C supérieure à 2021, si on ne les écoutait pas, mais 1,5 °C si on les écoutait un peu, voilà qui est comique. Mais moins que ces dirigeants politiques, réunis à Glasgow, en 2021, lors de la COP26, qui se virent en superhéros dotés de superpouvoirs et se sont persuadés d'y arriver. Il est vrai que dans un monde où l'on croit que l'humanité menace une planète transformée en être vivant, l'univers des bandes dessinées de Marvel paraît bien fade. Et nul ne s'étonne de les voir, avec Greta Thunberg, la Reine d'Angleterre et la Première Ministre de la Barbade, se prendre pour Hulk, le gentil Titan Vert.

Hélas, l'humanité n'est pas composée de superhéros. Et pourtant, elle fut réellement héroïque. Car pour survivre, elle ne dut pas seulement affronter les changements climatiques. La planète avait d'autres cordes naturelles à son arc. Donc d'autres façons de l'exterminer.

D'où ce qui suit.

Où l'on voit que les éruptions volcaniques sont une autre cause des holocaustes humains depuis 7 millions d'années, et comment les obscurantistes trafiquent les faits

« La planète brûle », me répète-t-on. Certes, j'adore Jules Verne et je me souviens de son *Voyage au centre de la Terre* mais la lecture des écrits des petits bonshommes verts ne me procure pas une pareille joie. Oui, elle brûle la Terre, elle brûle des humains, détruit des populations, raye du monde des vivants villes et villages depuis 7 millions d'années. Je le confirme pour m'être promené près de quelques volcans, du Kilauea hawaïen au Piton de la Fournaise réunionnais jusqu'à Agung, le mont sacré de Bali. Je me souviens, en 1975, lors de la montée sur les pentes du Merapi, parti de Yogyakarta au lever du Soleil, avoir rencontré des villageois qui apportaient leurs offrandes aux dieux qui y siègeraient. Il s'était établi entre eux et le volcan une relation spirituelle caractéristique de l'animisme qui imagine toute éruption comme une punition des dieux irrités par l'action humaine et qui culpabilise ainsi en s'attribuant la responsabilité des maux dont elle souffre[59]. Ils voyaient en ce volcan « le cimetière des ancêtres du royaume de Mataram[60] », royaume disparu au XIe siècle, enseveli par les laves des dieux colériques.

Ainsi va l'humanité ignorante qui imagine des esprits pour comprendre ce qui la meurtrit. Le nom même de « volcan » vient du nom du dieu Vulcain, dieu du feu qui, jaloux du dieu Mars, serait responsable des coulées meurtrières de lave de l'Etna dans la mythologie romaine. Il est bien toujours, pour toutes les civilisations, la « porte des morts[61] », comme les Incas appelaient le Coronica péruvien, signal de la menace mortelle qu'il fait planer sur l'humanité.

Au lieu de compatir au malheur humain et de célébrer les moyens qui permettent de prévenir ces risques volcaniques qui ont détruit tant de vies, au lieu de prendre en compte la réalité des pollutions et des gaz à effet de serre produits par les volcans, les Verts nient le réel pour vendre leur planète fantasmagorique. À les en croire, les éruptions volcaniques ne seraient pas graves car leurs gaz à effet de serre seraient « négligeables » pour la planète[62]. Tant pis pour la vie humaine qui n'a pas de place dans leurs calculs. Et ils manipulent les chiffres et la variabilité des effets des gaz à effet de serre, pour prouver leurs fantasmagories et éviter de dire la vérité quant à la condition humaine sur cette planète.

Ainsi, chamane en chef des études comparatives des effets de serre des volcans et des humains, Terrance Gerlach[63] a commencé par juger inutile de parler des victimes humaines puisque c'est la souffrance de Gaïa qui l'intéresse et que son objectif est de la « sauver ». Puis, il a effacé les 4,5 milliards d'années passées durant lesquelles il doit penser que les volcans n'étaient pas nés. Puis, il a réduit la production totale des volcans à celle d'une cinquantaine d'éruptions importantes les années où elles ne sont pas massives en tenant pour négligeables les 1 500 volcans terrestres actifs et le million et demi de volcans sous-marins. Puis, ainsi allégé, à son habitude, il a écarté la vapeur d'eau, pourtant massive lors des éruptions, mais qu'il a jugée insignifiante bien qu'elle contribue à plus de 60 % de l'effet de serre, et, plus encore lors des éruptions. Puis, il a décrété négligeables les autres gaz produits en masse par les volcans : anhydride sulfureux, monoxyde de carbone, sulfure d'hydrogène, méthane… Puis, il a éliminé cendres, lapilli et roches, peu concluants dans le procès de l'humanité. Jugeant que cela ne suffisait pas, il a ajouté du côté de la balance humaine à peu près tout ce qu'il pouvait. À l'arrivée, il a trouvé 250 millions de gaz à effet de serre pour les volcans contre 36,8 milliards de tonnes de CO_2 par an pour les humains. Le volcan ? Finalement, on en ferait toute une histoire pour rien.

Des gaz à effet de serre produits par les volcans réduits à 250 millions de tonnes de CO_2 par an ? Diantre ! Moins que la respiration des humains ? Car l'humanité émet environ 2 250 millions de tonnes de CO_2 par an[64]. Évoque-t-on des volcans ou des grille-pains ?

En vérité, si les volcans firent leurs ravages avant l'apparition de l'humanité, pourquoi auraient-ils cessé après ? Ainsi, la quatrième éruption connue du volcan Toba, en Indonésie, il y a environ 73 000 ans, a été équivalente à 40 millions d'Hiroshima, avec une colonne de 40 km de haut, 2 800 km^3 de magma, des cendres sur 2,5 millions de km^2 et la dispersion de dioxyde de soufre (SO_2), dioxyde de carbone (CO_2), chlore, vapeur d'eau dans les premières heures sur 40 millions de km^2. Excusez du peu !

Nous avons déjà vu plus haut ce phénomène inconnu des écologistes : à cause des gouttelettes d'acide sulfurique produites par la rencontre de l'oxyde de soufre avec les gouttelettes d'eau, les rayons du Soleil ne peuvent plus passer. Résultat de ces aérosols : un refroidissement et non un réchauffement sur l'ensemble du globe, jusqu'à –15 °C., qui aurait duré 1 800 ans et supprimé une grande partie de la vie humaine. Un exemple parmi d'autres depuis 7 millions d'années, de destruction et de gaz, dont l'humanité n'a évidemment jamais produit d'équivalent. Même avec ses grille-pains.

Pas retenues non plus par les petits bonshommes verts, les autres innombrables éruptions volcaniques, comme celle du Vésuve, en 79 après J.-C. qui a enseveli Pompéi ? Oubliées les éruptions volcaniques de 1257 et 1258, causes majeures, par leurs gigantesques gaz, du refroidissement des XIIIe et XIVe siècles, du « petit âge glaciaire » auquel on doit l'avancée des glaciers, la multiplication des inondations destructrices et des famines ? Et celle du volcan indonésien Samalas qui a enseveli, en 1257, des villages par des nuées ardentes très naturelles, dont la capitale Pamatan, enfouissant adultes et bambins dans une des régions les plus pauvres du globe ? Ont-ils été punis préventivement, avant toute recherche de croissance ?

Trop loin dans le temps, la troisième éruption du Krakatoa, en 1883[65], équivalente à 13 000 bombes d'Hiroshima, qui projeta ses cendres à des milliers de kilomètres, audible jusqu'en Australie, déclenchant un tsunami dont les vagues atteignent 40 mètres de haut, sensible jusqu'au Gascogne, rasant des villages, tuant des dizaines de milliers d'humains ? Ou bien, celle du Novarupta, en 1912, qui projeta 12,5 km^3

de cendres dans les airs et rasa allègrement quelques villages d'Alaska ?

Il faut donc oublier l'éruption du volcan du Mont Saint Helens, dans l'État de Washington, 3 000 fois plus violente que toutes les éruptions aux États-Unis depuis deux siècles, qui a brûlé les animaux par centaines de milliers sur 650 km^2 tandis que cendres et gaz avec les coulées de laves de 800 °C. ont tout détruit sur leur passage à plus de 800 km/h, vitesse pourtant non autorisée quand on lutte pour des véhicules « propres » ? Quarante-huit États touchés par la pollution de ce volcan, 1 600 fois Hiroshima ? Et ces gaz seraient-ils dus à la société de consommation ?

Chaque année, des éruptions massives rappellent à ceux qui croient en Gaïa, la terrible réalité de ces volcans. Ainsi, en avril 1991, le volcan philippin Pinatubo[66] a relâché 5 km^3 de débris magmatiques et un nuage de 125 000 km^2 qui a atteint à son maximum 40 km de hauteur produisant 17 millions de tonnes de dioxyde de soufre dans l'atmosphère. 17 millions serait-ce « négligeable » pour l'environnement et les effets de serre ? Négligeables, les aérosols d'acide sulfurique qui se sont répandus par la suite et qui durant trois ans sont retombés avec les pluies ? Et les 2 000 km^2 recouverts de 25 cm de cendres dont la chute durera jusqu'en septembre ? Et le refroidissement de 0,5 à 0,6 °C d'après le Centre de volcanologie d'Hawaï ? Et la mort de milliers de personnes, notamment après l'effondrement de leurs toits sous le poids des cendres ? « Négligeable », vraiment ? Une éruption suivie par d'autres dans les années suivantes, jusqu'en 1995, avec une colonne de gaz de 9 km de haut.

Si le volcan Eyjafjallaljökull était un être, il rirait assurément de ces candides pour avoir balancé à lui seul, en un jour, deux fois la norme annuelle annoncée de gaz à effet de serre. Ainsi, lors de l'éruption qui commence le 20 mars 2010 et se termine le 27 octobre, il envoie 150 000 à 300 000 tonnes de CO_2 par jour. Oui, par jour. Mieux que l'Autriche. Et je passe sur les dizaines millions de tonnes de vapeur d'eau, de gaz et d'éléments divers que notre volcan a généreusement distribué dans les airs. Rirait aussi le Stromboli qui, en période normale, envoie 6 000 à 12 000 tonnes de gaz à effet de serre dans l'air à 700 °C. par jour ouvrable, soit plus de 3,5 millions de tonnes[67]. Cela hors périodes éruptives paroxysmiques de plusieurs jours, trois fois par an avec de forts taux de CO_2. Ses panaches qui peuvent monter à 10 km d'altitude seraient-ils invisibles ? Et il est loin d'être le plus actif. Le Great Sitkin, le Yasur, Popocatepeti, le Fuego, le Santiaguito, le Shilevuch, le Dukono, le Merapi : tous riraient aux éclats en entendant les statisticiens animistes proclamer que leurs effets sont « négligeables » pour l'environnement.

Et tous s'amuseraient de voir que le premier souci de l'humanité est le CO_2 et le réchauffement, alors que chaque jour, la menace d'un hiver rôde autour des volcans. La planète tue et pollue, voilà qui est avéré, l'humanité est innocente, voilà qui est prouvé, et si la planète appelle une action, ce n'est certes pas une génuflexion.

Où l'on voit que séismes et tsunamis sont une autre cause des anéantissements humains depuis 7 millions d'années et comment les obscurantistes trafiquent les faits

Célébrer l'équilibre naturel sur Terre et critiquer l'humanité qui ferait chanceler ce tas de mottes moléculaires ? Le *Candide* de Voltaire se moquait déjà de ceux qui célébraient l'harmonie naturelle sur Terre. Car s'il est bien un élément incontournable pour qui s'intéresse un peu à l'humanité, ce sont les malheurs dus aux tremblements de terre et aux tsunamis. L'humanité coupable ? Le changement climatique dû au CO_2 des humains pourrait provoquer des séismes et des mini-tsunamis, et bientôt des « météotsunamis », précisent quelques niais chamanes de Gaïa. Diantre ! Les humains seraient-ils donc capables de pousser du pied des plaques tectoniques, ou d'un coup de CO_2 briser la croûte terrestre ? Et un sacré cynique pour ne jamais avoir de compassion pour tous ces humains détruits par la planète.

Le comportement humain serait-il responsable du mouvement des plaques tectoniques, formées il y a 4 milliards d'années, tout comme leurs compères les volcans, auxquels, comme Aristote l'avait compris, ils sont liés, tel celui qui détruisit la civilisation minoenne, en Grèce, vers –1 600 av. J.-C.[68] ? Et les molécules de dioxyde de carbone pourraient-elles influencer ces plaques ?

Faut-il répondre, sans rire, à de telles billevesées ? En vérité, plus le pays est pauvre, donc moins il a de croissance, et plus les séismes tuent. Un phénomène qui n'a rien de nouveau. En 1556, en Chine pauvre et rurale, au Shaanxi, 830 000 personnes sont ensevelies par Gaïa-la-Douce. Trop loin de certaines dates de naissance peut-être ? En 1755, à Lisbonne, celui dont parle Voltaire dans son *Candide*, un quart de la population de la capitale et 85 % des bâtiments furent détruits par des vagues qui mesuraient jusqu'à 15 mètres de haut. Ce tsunami alla ensuite frapper l'Afrique du Nord par des vagues de 20 mètres et s'abattit jusque sur les côtes des pays nordiques. Des morts par milliers. Le CO_2 ? Où ça ? En 1999, en Turquie ? 17 400 morts. Au Népal, l'un des pays les plus pauvres de la planète, où l'industrialisation est faible et la nature puissante, les séismes sont innombrables et frappent l'humanité avec allégresse : en 2015, 9 000 personnes sont rayées de la carte. Et chacun connaît des exemples terrifiants.

Oui, la planète détruit. Les effets sur l'humanité sont terribles. Par exemple, en 1976, en quelques secondes, la ville de Tangshan est rasée : 240 000 morts. De 500 000 à 1 million de séismes par an dans le monde, excusez du peu camarades verts. Ressentis ? Une centaine de milliers, dont un millier causent de sérieux dégâts, et, selon les années, entre trois et quinze sont catastrophiques.

Il faut ajouter les innombrables monstruosités dévastatrices produites par ces séismes. Les éboulements de terrain, comme en Alaska, en 1958, les avalanches, comme celle qui produit un millier de morts dans l'Himalaya, en 2015. Et, bien entendu, les tsunamis.

La faute aux humains les tsunamis ? Certains sont les effets directs des séismes, d'autres des glissements de terrain, d'autres encore des volcans ou des météorites, comme celui qui s'est écrasé dans le Yucatán au Mexique, il y a 66 millions d'années. Mais je ne connais aucun humain capable d'un tel exercice, seulement un superhéros des éditions Marvel.

Est-il si loin des dates de naissance de nos obscurantistes, le tsunami qui frappa l'humanité en 1976, aux Philippines, avec des vagues de 5 mètres, tuant 8 000 personnes ? Trop loin des quartiers bobos, les deux de 1998, en Nouvelle-Papouasie, qui en firent autant ? Pas vu, celui de 2004, à la suite d'un tremblement de terre près de Sumatra où se rencontrent plaques tectoniques indo-australiennes et eurasiennes avec des vagues supérieures parfois à 30 mètres qui détruisirent la vie humaine dans l'ouest de la Thaïlande, l'Inde, le Sri Lanka, l'Indonésie, les Maldives… 250 000 morts, est-ce trop peu pour que les idolâtres de Gaïa cessent de vouloir nous imposer le culte de la planète ?

N'étaient-ils donc pas nés ou n'avaient-ils aucun moyen d'information pour ignorer les tsunamis du Japon, comme celui de 2011 qui fit 18 457 morts ? Ou les deux d'Indonésie, en 2018, qui firent 2 256 morts, en septembre, puis 429 en décembre ? Et, demain, vont-ils encore accuser l'humanité, son productivisme, ses sciences, ses technologies, sa croissance, quand il y aura un mégatsunami, du type de Lituya Bay, de 1958, qui a tout détruit sur une hauteur de 524 mètres ? Et faudra-t-il encore penser à « sauver la planète » quand arrivera un séisme de l'arc himalayen qui dépassera allègrement 9 sur l'échelle de Richter, avec des dommages à 1 000 km à la ronde qui produiront des mégatsunamis destructeurs dans l'une des zones les plus peuplées du globe ?[69]

Le déni des petits bonshommes verts est digne de celui du militantisme stalinien de naguère qui montrait dans les salles de cinémas de Moscou les films où des pauvres se pressaient devant la soupe populaire à New York ou Paris, pour dénoncer la misère « capitaliste » tandis qu'ils tentaient de cacher la vraie misère socialiste. De même, si le CO_2 produit par les humains ne peut, ni physiquement, ni chimiquement, produire des séismes, à l'inverse ces derniers produisent quantité de gaz polluants et à effet de serre ignorés des tartuffes verts. Ils passent par pertes et profits les 100 000 séismes annuels qui dégagent en masse de la vapeur d'eau, bien entendu, mais aussi du CO_2 venu du sous-sol de la Terre et du méthane plus encore, comme ces 7 millions de m^3 échappés du fond des océans lors du seul tremblement de terre de 1945, sur les côtes pakistanaises[70]. Oui, des gaz en quantités immenses que nos comptables verts ignorent, comme ils feignent d'ignorer que sur les sites habituels des failles, après les séismes, les émanations massives se poursuivent, comme on le voit au Népal[71].

S'il y a crime, est-il contre la planète ?

Où l'on voit que les cyclones sont une autre cause de destruction de l'humanité et qu'ils ne sont ni plus nombreux ni plus puissants aujourd'hui

Les cyclones font la joie des habitués du comptoir vert : ils auraient enfin trouvé dans la nature la perle rare qui prouverait le crime de l'humanité contre la planète. Chaque année, des « experts » estampillés défenseurs de la planète[72], nous annoncent qu'il n'y en aurait jamais eu autant, ni d'aussi puissants qu'aujourd'hui. Nous irions de « records » en « records ». Du jamais-vu, foi d'artiste. Et demain serait pire encore. La faute aux humains producteurs de CO_2 et de plein de pollutions qui fâchent les dieux des vents, de la pluie et Gaïa elle-même.

Dans cette cour des miracles scientifiques, il serait inutile de rappeler que les cyclones existent depuis belle lurette, puisque ne compte pas ce qui s'est passé avant la naissance des experts en culpabilité humaine. Oubliés donc les millions de cyclones depuis 4,5 milliards d'années. Et bien plus monstrueux qu'aujourd'hui, détruisant massivement la vie, du pliocène[73], il y a 5,3 millions d'années, à la fin de la dernière glaciation, ce dont toutes les spiritualités portent témoignage, à leur façon, par leurs récits du déluge. Oubliés aussi les modes de formation des cyclones et autres typhons, puisque nul Vert ne s'étonne de ce que les humains puissent pouvoir faire monter de plusieurs degrés la température des océans sous les tropiques, et cela au-dessus de 28 °C, et qu'ils puissent ensuite produire une convergence des vents vers les eaux chaudes avec, au centre, une colonne froide de 5 à 8 °C.

Tenons-nous-en donc aux dernières années qui seules comptent quand on ne sait pas compter. Ainsi, selon les experts en culpabilisation humaine et les instituts gourmands de subventions pour catastrophe annoncée, comme Météo France, 2020 serait la pire des saisons cycloniques depuis 1851[74]. Nos doctes précisent qu'ils ne donnent pas de chiffres au-delà car les statistiques « scientifiques » n'existaient pas avant 1851. Pschitt, effacées 4,5 milliards d'années de la Terre, abolies physique, chimie, géologie, paléontologie, archéologie... nous vivrions le pire régime climatique jamais vu sur Terre. Car 2020 serait pire que 2019, elle-même pire que 2018, elle-même pire que 2017 et ainsi de suite. De records en records, vous dis-je.

Et ils le prouvent sur le zinc du comptoir vert : en 2020, il y aurait eu 31 « dépressions ». Du « jamais-vu », vous dis-je. À la tienne, Étienne. Superbe chiffre obtenu en mélangeant dépressions tropicales et cyclones. Les cyclones ? 14. Du « jamais-vu » encore. Et parmi eux, 7 auraient dépassé la catégorie 3, là où les vents soufflent de 170 à 210 km/h, avec des vagues de 2,7 à 3,7 mètres. Sachant que la plus haute catégorie est la catégorie 5, et la plus basse, la catégorie 1. Oui, il y aurait eu 7 cyclones vraiment méchants, du « jamais-vu » dans l'histoire de la planète.

14 cyclones en 2020, dîtes-vous, Diantre! Mais, il y en avait 17 en 2019 et 19 en 2010, en 2011 et en 2012. Les animistes verts ont inventé les « *Green mathematics* », celles où 14 est-il supérieur à 17, et 17 à 19 ? Et que penser de 2005, où il y en eut 29 ? Diantre. Et de 1967 ? Où il y en eut 26[75]. 26 ou 29, dans l'ancienne mathématique étaient supérieurs à 14. Dans l'ancienne seulement. Indéniablement, c'est de pire en pire, je veux dire en mathématiques.

Et ils seraient plus puissants aujourd'hui ajoutent nos « experts » en écologie punitive. Vraiment ? Encore un coup des mathématiciens verts. Car il y avait 2 cyclones de catégorie 5 en 2019, comme en... 1961. Est-ce que 2 en 2019 vaut plus que 2 en 1961 ? Et il y en avait 4 en 2005, soit deux fois plus[76]. 4 serait moins que 2 ?

Le pire des cyclones connu depuis 50 ans ? En 2020 ou en 2021 donc ? Non. C'est celui du 12 au 13 novembre 1970, à Bhola, au Bangladesh qui toucha l'Inde aussi. Avec des vents de plus de 240 km/h et environ 500 000 morts[77] sur un des pays les moins industrialisés de la planète... Donc, il y a plus de 50 ans, dans un des pays les plus pauvres, Gaïa s'est vengée en pensant qu'un jour il y aurait du CO_2 ? Et que penser du typhon Nina de 1975 et de ses vents de 250 km/h, dans une Chine qui n'avait pas encore adopté la stratégie incorrecte de la croissance ? 229 000 humains tués d'un coup de vent et sous les eaux. Pas vu de nos « experts » ? Trop loin des quartiers chics de New York, Paris ou Londres peut-être ?

En août 2021, osant tout, et c'est à cela qu'on les reconnaît, l'armada des obscurantistes verts n'a pas hésité à pérorer sur toutes les ondes et les sites prompts à dégainer contre l'humanité, que tous les cyclones jusqu'à aujourd'hui ne seraient rien comparés au monstrueux cyclone Ida, de fin août 2021. Il devait être « historique », « terrifiant », « majeur », le pire du « jamais-vu », en raison d'un réchauffement climatique « jamais vu ». Il fut, durant quelques heures, la preuve absolue, irréfutable, imparable qu'« avec le changement climatique, des cyclones et des ouragans plus intenses[78] » que jamais ravagent la planète à cause d'une humanité maudite. Et que demain serait pire qu'aujourd'hui. Terrifiant, en effet, de constater un tel engouement médiatique : ce cyclone a été rétrogradé en catégorie 1 avant de toucher la Louisiane, puis en tempête tropicale et il a tué moins de dix personnes.

Et j'en passe de ces tornades, tempêtes de neige ou de sable, coulées de boues et avalanches… de tous ces méfaits planétaires dont souffrent les humains depuis des millénaires, devenus, par idéologie, responsables des malheurs qui les assaillent.

Où l'on s'arrête un instant sur le « trou » de la couche d'ozone pour s'amuser du puits sans fond des petits bonshommes verts

Le fameux « trou » de la couche d'ozone au-dessus des pôles fut un des grands combats des pourfendeurs d'humanité. Une autre preuve de la culpabilité humaine. Tout commença en 1985. À la suite d'observations des plateformes satellitaires répertoriées en 1978 et de quelques autres, moins précises, venues du sol depuis un peu plus longtemps. Joe Forman, du British Antarctic Survey, connut alors son moment de gloire. Il proclama qu'un trou immense de la couche d'ozone, entre 16 et 25 km^2 au-dessus des pôles, se serait constitué et augmenterait chaque année à cause des humains. Du jamais-vu depuis 1978, soit depuis 7 ans, ce qui, sur 4,55 milliards d'années de la Terre, lui parut probant. Climatiseurs, réfrigérateurs, congélateurs, solvants, mousses, bombes aérosols furent montrés du doigt. Cause du mal fait à l'atmosphère de Gaïa ? Les fameux CFC (chlorofluorocarbures), un mélange de molécules (carbone, chlore, fluor) bouffeur d'ozone par son chlore. On tuait la vie, honte à nous ! Tout ce que les universités et les comptoirs de cafés comptaient de militants rouges et verts se mit ainsi à gémir devant une telle infamie. On dénonça croissance, consommation et gouvernements corrompus par l'industrie chimique. Finalement, on rassembla, à Montréal, en 1987, des responsables rendus anxieux à force de regarder les photographies des nuages stratosphériques : c'était beau mais c'était encore plus effrayant toutes ces couleurs dans le ciel polaire. Et c'était trop mince, si, si, pour tenir bien longtemps. On allait tous mourir. Et comme les représentants des pays présents voulaient continuer à vivre, ils décidèrent de signer le Protocole de Montréal, un engagement dans la lutte contre le maudit CFC et pour sa disparition en l'an 2000.

Avec ce Protocole et un contrôle des États, des industries et du quidam ordinaire, nos verts avaient promis qu'en un siècle, le « trou » allait se boucher petit à petit, de 1 % à 3 % tous les dix ans[79]. Et depuis, chaque année, pour prouver que l'écologisme n'est pas inutile et vain, le militant vert met en avant le progrès réalisé et les affiliés applaudissent une avancée si prometteuse de l'écologie.

Que l'humanité puisse jouer un rôle dans la formation ou la destruction de la couche d'ozone stratosphérique est évidemment possible. Et éviter les produits néfastes à la santé, chacun peut y souscrire. On s'amuse néanmoins de voir les mêmes militants pester contre l'humanité au nom du réchauffement et du « trou » dans la couche d'ozone. Car le réchauffement permet de combler le fameux trou, tandis que le refroidissement le crée.

C'est, en effet, en raison du froid que les molécules de vapeur d'eau et d'acide nitrique se condensent, forment des nuages et se combinent en ce chlore qui détruit l'ozone. Pas de froid, pas de trou. C'est d'ailleurs pourquoi, puisqu'il fait plus froid en Antarctique que dans l'Arctique, le trou de la couche d'ozone y est considérablement plus grand.

Or, les phénomènes produisant ce froid sont les vortex polaires, les rayonnements solaires, le rayonnement gamma d'une super nova et les éruptions volcaniques ; ainsi, l'éruption du Panatubo, en 1991, a émis environ 4 mégatonnes de chlore. À l'inverse, durant les périodes chaudes, la couche d'ozone est bien sans trou, et même, un peu trop épaisse. Un phénomène qui date d'avant la naissance des petits bonshommes verts, puisqu'il dure depuis au moins 3,6 milliards d'années…

Puisque l'humanité n'a jamais eu aucun rôle dans ces immenses variations de la couche d'ozone avant sa naissance, il fallait être un militant vert pour croire qu'un Protocole allait arrêter les vortex monstrueux, stopper les rayonnements solaires et ceux de la supernova, tétaniser d'effroi le magma. Évidemment, au lieu d'écouter ses prétendus chamanes, la planète continua à tourner selon des lois qui ne doivent rien aux règlements des petits bonshommes verts. Le trou qui devait diminuer de 3 % chaque année grâce au Protocole de Montréal ? Le succès de l'action des militants verts ? Une baliverne.

Dès le début de la prise en main par les militants verts du combat contre le « trou », on sent d'ailleurs cette affaire mal embarquée. En 1985, quand l'alarme sonne, le « trou », de loin le plus considérable, celui qui se situe au-dessus de l'Antarctique, s'étend sur 14,2 millions de km^2 à son maximum. Oui, mais voilà, en 1986, il n'est plus que de 11,3 millions de km^2. Et, le Protocole n'y est pour rien puisqu'il n'est pas encore signé. Puis, soudain, hop ! Il augmente à 19,7 millions, en 1987. Et, pschitt ! Il rétrécit à 10 millions en 1988... Urgent vraiment ce Protocole ?

Et il a servi à quoi ? En 1993, au-dessus de l'Antarctique, le trou fait 24,2 millions de km2, en 1998, 25,9. Du mieux vraiment ? Il s'est évidemment trouvé des petits bonshommes verts pour prétendre que cette augmentation était due aux effets en retard des CFC. Il fallait donc continuer à punir les industriels et culpabiliser les utilisateurs de réfrigérateurs.

En 1999, ils fêtèrent au champagne la découverte d'un rétrécissement du trou : 23,3 millions de km^2. Moins qu'en 1998 : enfin, l'écologie était victorieuse. Enfin le Protocole tenait ses promesses.

Mais ou bien Gaïa n'a pas apprécié la fête, ou bien elle n'est pas si pote que cela avec les petits bonshommes verts. En 2000, voilà le trou à 24,8 millions de km^2 et, en 2001 à 25.

Oui, dirent en cœur amoureux de Gaïa et des subventions d'État, mais l'urgence est bien là, poursuivons notre combat contre les maudites particules qui nous donnent cancers et maux de tête. Hélas ! en 2002, voilà que le trou ne fait plus que 12 millions de km^2. Pschitt ! Parti en fumée le trou, deux fois moins au lieu de diminuer raisonnablement de 2 ou 3 % comme le décret vert le disait. Et cela sans préavis aux chamanes. Moins qu'en 1985, un scandale planétaire. N'aurait-on donc pas besoin des Verts ?

Et hop ! L'année suivante, en 2003, le maudit « trou » fait 25,8 millions de km^2. Et plouf, plouf ! 19,5 millions de km^2 en 2004. Mais que fait donc la planète alors que l'on évite les bombes chantilly ? D'autant plus qu'elle continue à se moquer des animistes verts : en 2005, 24,4 millions de km^2 ; en 2006, 26,6 millions de km^2 ; en 2007, 22 millions de km^2 ; en 2008, 25,2 millions de km^2.

Et j'en passe de ces variations incessantes, car je sens que le lecteur va se lasser. Songez seulement que durant le seul hiver 2010-2011, la couche d'ozone au-dessus de l'Arctique a diminué de 80 % entre 18 et 20 km d'altitude à cause du cyclone massif, le vortex polaire, qui se forme annuellement chaque hiver comme le déclare Gloria Manney, du Jet Propulsion Laboratory de Californie.

Sautons donc gaillardement sur l'année 2012 : un « trou » de 17,8 millions de km^2. Un succès des écolos ? Hélas ! en 2013, notre « trou » s'étend sur 21 millions de km^2 à son maximum, en 2014, sur 24 millions de km^2, en 2015, sur 25,6 millions… Et re-plouf! 17,4 millions de km^2 en 2017[80]. Puis, hop ! cela remonte ensuite.

Pire encore, sur l'ensemble du globe, en Arctique et en Antarctique, en 2019, le « trou » fait seulement 16,4 millions de km^2. La raison ? Le réchauffement. Oui, grâce au maudit réchauffement, voilà réduit le maudit « trou ». Mais à la mi-août 2020, il bat à nouveau des records : 24,8 millions de km^2… La cause ? Un vortex polaire immense. Et, pour se moquer de nous, ce « trou » se referme en décembre.

Il va, il vient le trou, sans se préoccuper de nous. Magique ? Pas vraiment. Phénomène physique tout simplement. De quoi douter de la proximité des petits bonshommes verts avec l'esprit de la planète et de rire plus encore de la dénonciation de la culpabilité humaine.

Où l'on démontre que virus, bactéries, champignons, parasites sont une autre cause des destructions de l'humanité et que près de la nature c'est toujours trop près

Maladies virales, bactériologiques, parasitaires, génétiques et même allergies au chat du voisin ? Rien de tout cela ne serait arrivé dit le café du commerce écolo, pas même la cirrhose, si nous n'avions irrité la planète. Le Covid-19 lui-même, ses millions de morts et ses dizaines de millions d'handicapés, serait l'indiscutable preuve que tout irait de mal en pis pour cause d'« écocide » caractérisé. Vite, communions à nouveau avec la planète et condamnons l'humanité.

Croissance, pollution et alimentation industrielle ont ainsi remplacé en brèves de comptoir vert, bombe atomique, machine à vapeur et lignes électriques de naguère. Je crains, hélas ! de troubler les festivités en invoquant pour l'humanité, la vérité.

Avant les sédentarisations, nos ancêtres nomades qui vivaient dans une sorte d'état de nature, n'ont guère connu l'harmonie évoquée par le zinc vert. Ils ressemblaient plutôt à « Nandy », un individu daté de 44 000 ans, découvert sur le site turc préhistorique de Shanidar, qui avait un bras droit atrophié et fracturé, avec perte de l'avant-bras et de la main et une paralysie du pied droit. À ses côtés, a été retrouvé un autre individu, atteint d'une maladie dégénérative, sérieusement blessé et probablement décédé deux mois après de cette blessure. Humain, trop humain.

Car pour nos ancêtres nomades, fractures, luxations, entorses, traumatologie crânienne, lésions inflammatoires s'ajoutaient aux maladies génétiques et aux lésions dégénératives. Ils n'évitèrent pas les 6 000 maladies génétiques qui pouvaient s'accumuler avec d'autres malheurs naturels comme le démontrent les luxations congénitales d'un squelette de deux millions d'années retrouvé sur le site de Swartkrans, en Afrique du Sud, ou encore les arthroses des *Homo habilis* de Tanzanie, trouvées sur les squelettes du site d'Olduvai[81], en Tanzanie, ou bien encore, au Paléolithique moyen, la déformation de la hanche gauche et l'arthrite des vertèbres cervicales de l'homme de la Chapelle-aux-Saints, qui date de 60 000 ans, auxquels s'ajoute, pour cet humain la perte des dents (sauf deux) et du doigt gauche, marques de la violence subie par la nature. D'ailleurs, les chutes de dents sont un phénomène massif, prouvé par de nombreux sites, tout comme les infections et les abcès dentaires, dont certains produisent des septicémies, bien que tous ces individus ingurgitassent du pur bio, si bon pour la santé nous dit-on.

Les maladies dues aux bactéries ? Il faut la foi du petit bonhomme vert pour les attribuer aux sociétés de consommation et à la croissance. Certes, les bactéries sont des animaux naturels, et, j'en conviens devant le tribunal, souvent inoffensifs, et parfois utiles. Beurres, yaourts, fromages en témoignent, ainsi que le millier d'espèces présentes dans notre corps.

Mais il me faut révéler que toutes ne le sont pas. Car les bactéries tuent aussi tout aussi naturellement. Et en masse depuis 7 millions d'années. Tuberculose, bronchite, tétanos, peste, choléra, méningite, scarlatine... Et il me faut ajouter que les bactéries létales existaient avant l'apparition de l'humanité. Depuis au moins 40 millions d'années pour les plus jeunes et elles tuèrent bien des vivants avant l'apparition du genre *Homo*.

S'agissant de nos ancêtres nomades qui ignoraient tout encore des énergies fossiles, la paléopathologie (étude des maladies parmi les populations du passé) est sans tendresse avec les babillages du comptoir vert.

Ainsi, le bacille de la lèpre, vieux de plus de 20 millions d'années, s'est attaqué aux humains d'Afrique de l'Est au Paléolithique moyen. Et j'ai quelque mal à croire que les humains morts il y a plus 510 000 ans de la tuberculose, maladie due à une bactérie très naturelle, *Mycobacterium tuberculosis*, aient été coupables d'avoir célébré l'industrie comme le démontrent les fouilles du site de Kocabas où une équipe de chercheurs a découvert le crâne d'un individu atteint de tuberculose[82]. Les maladies comme la syphilis ou la pinta, produites par les tréponèmes, ont tué au moins depuis 1,5 million d'années[83]. Et la coqueluche (bacille *Bordetella pertussis*) ? Tueuse au moins depuis 2 millions d'années. Les maladies dues aux salmonelles, comme la typhoïde, existaient évidemment aussi, vu l'alimentation et les conditions d'hygiène comme les gastroentérites, ne serait-ce qu'en consommant des charognes, un des mets quotidiens de nos ancêtres.

Gentils aussi les petits virus, si on ne chagrine pas la nature avec la croissance ? 200 espèces pathogènes existent depuis plusieurs millions d'années, difficile de croire que c'est pour se venger d'une humanité qui n'était pas née. L'humanité les a rencontrés, comme tous les vivants. On vient de découvrir dans les glaciers himalayens des virus vieux de plus de 15 000 ans. Ces parasites jouent au cheval de Troie depuis bien avant Homère : ils pénètrent à l'intérieur des cellules et hop ! ils les forcent en libérant leur matériel génétique à fabriquer des copies d'eux-mêmes, condamnant les cellules à l'épuisement, à l'éclatement, à la mort, tout en libérant de nouveaux virus. Beaucoup sont bénins : mourir du rhume est aussi rare que de rire devant ceux qui croient s'en sortir en entonnant le cantique à la planète. Mais variole, rage, encéphalites, coronavirus et maints cadeaux naturels le sont moins. Or, ils frappent l'humanité depuis son apparition. Ainsi, le virus T-lymphotropique qui peut causer la leucémie, était présent dès le paléolithique[84]. D'autres, tel le pian, parfois appelée « chancre », est attestée à la même époque sur les os. Certains ont muté avant l'histoire humaine, d'autres après, car muter est dans leur nature depuis des millions d'années. Certains sont devenus plus dangereux, d'autres moins.

Y a-t-il eu des épidémies avant les sédentarisations ? Cela est certain. Le passage de certains virus des animaux aux lignées humaines, comme le démontrent les études dans le sud du Cameroun, en 2005, et des lignées humaines entre elles, comme des Homo néandertaliens aux Hommes modernes, prouve que la seule barrière contre les maladies transmissibles était le confinement involontaire des tribus et leurs défenses immunitaires.

Et des pandémies ? Non. « Hélas non ! », faudrait-il dire. Les humains vivaient en petits groupes, les contacts entre tribus étaient limités, signe non d'une harmonie avec la nature mais de la misérable condition humaine due à la nature.

Et j'en passe de ces maladies naturelles parasitaires transmises par les moustiques, comme la malaria, prouvées par les analyses génétiques sur les ossements de ceux qui vivaient dans la savane tropicale il y a déjà trois millions d'années et qui les frappent encore d'abord dans les régions les plus déshéritées. Les ténias seraient-ils dus à l'élevage humain ? Je connais la ritournelle. Les faits : ils infestent les humains depuis le Pléistocène, il y a 2,5 millions d'années, ingurgités par les hyènes et les félins, puis transmis ensuite à nos ancêtres qui consommaient ces bestioles.[85]

Et après les sédentarisations ? Virus, bactéries, champignons, parasites frappent effroyablement. Et cela bien avant l'industrialisation et la prétendue « société de consommation ». Freinés seulement par la croissance de l'hygiène et des savoirs.

Ainsi, typhoïde, malaria, maladies cardiovasculaires, et aussi les cancers, sévissaient en Égypte antique il y a 3 500 ans, comme le montrent les momies. Et les épidémies monstrueuses n'ont pas attendu l'industrie et la mondialisation comme le prouve la fièvre typhoïde qui frappe Athènes de –430 à –426, et tue 1/3 de la population. Comme le prouve la fameuse peste antonine, en vérité une variole, qui a tué 10 millions de personnes sur 64 millions dans l'Empire romain entre 165 et 190 après J.-C. Oui, 15 % des habitants au moins. Et cette autre épidémie de variole qui tua jusqu'à 5 000 individus par jour à Rome au IIIe siècle, et qui ravagea l'Empire jusqu'aux confins de l'Égypte ? Elle faisait encore 2 millions de morts par an jusqu'en 1958, et seulement dans les pays pauvres, qui ne connaissaient pas la croissance. Punis peut-être ?

Et ces 40 et 50 millions de morts sous Justinien, au VIe siècle, d'une peste qui va finir pas tuer la moitié de la population mondiale ? Oui, la moitié. La faute à la croissance ? Entre un tiers et la moitié de la population européenne exterminée par la bactérie de la « peste noire » entre 1347 et 1352, un bacille né en Chine alors pourtant peu développée, tuant jusqu'à 70 % de la population autour de Paris et en Provence, est-ce au nom du principe de prévention ? Tout cela serait-il dû à Gaïa qui aurait trouvé insupportable les deux roues tirées par des mulets pollueurs ?

Et la tuberculose dont l'existence est prouvée dès le Néolithique sur 3,5 % des squelettes, ainsi qu'en Égypte, 1 000 ans avant J.-C. à l'époque de la XXIe dynastie, et en Chine, vers 2700 av. J.-C.[86] ? Et la syphilis qui entraîna 5 millions de morts en Europe, à partir de 1495 ? Et le choléra, le typhus du Néolithique au Moyen Âge, la faute à la croissance ?

Les exemples prétendument probants des idolâtres de la planète pour prouver la culpabilité humaine en ces matières prêtent à sourire. Le virus de la grippe espagnole, qui fit 40 millions de morts et un milliard de malades en 1918 et 1919, était-il armé d'une conscience lui disant qu'il fallait punir les humains de l'industrie et du commerce ? Hélas ! pour nos Don Quichotte et leurs Sancho Panza, ce virus naturel venait de Chine, avant de gagner les États-Unis en 1918 puis de se propager en Europe et, enfin, au reste du monde. Or, la Chine d'alors n'est guère industrialisée. Gaïa-la-Sotte aurait donc puni par erreur un pays sous-développé, qui connaissait famine et misère faute d'industrialisation ?

Comment expliquer par les dogmes obscurantistes que les populations les plus touchées par les virus et les bactéries létales, soient non pas celles qui ont suivi la voie de la croissance mais celles qui ne l'ont pas pu ? Pourquoi la grippe asiatique de 1956 et la grippe de Hong Kong de 1968 frappent-elles d'abord des régions d'Asie qui n'ont pas encore choisi de jouer la mondialisation, la consommation et la croissance au lieu de commencer à Central Park ? Pourquoi même leur prétendue Gaïa, a-t-elle balancé au Nigeria, en 1969, sa fameuse fièvre de Lassa qui tua exclusivement au Nigeria, en Guinée, au Liberia, en Sierra Leone des populations essentiellement agricoles et misérables… mais qui épargna tous les pays développés ? Et je n'évoque pas le virus Ebola ou la méningite bactérienne de 2009-2010 qui ont ravagé l'Afrique. Ni les 400 000 morts de la malaria en 2019, en Afrique, dont deux tiers d'enfants de moins de cinq ans qui peinaient déjà à se nourrir.

Et toutes ces maladies parasitaires seraient-elles dues à l'industrialisation alors qu'elles frappent surtout, voire seulement, les pays qui sont peu ou pas industrialisés ? Le ver filaire (*Wuchereria bancrofti*), qui donne un aspect « *elephant man* », la tique qui donne la maladie de Lyme, l'asticot de la mouche qui dévore les organes et s'attaque au cerveau (*Naegleria fowleri*), les microfilaires du vers *Onchocerca volvulus* qui rendent aveugle (quatrième cause de cécité dans le monde), l'amibe des marais qui dévore le cerveau, le ver *Trypanosoma brucei* qui rend fou *via* notamment la mouche tsé-tsé… où les trouve-t-on ? D'abord dans des pays qui ont peu de croissance, qui vivent le plus près de la nature.

Allergies au pollen, aux vents, à la mer, au Soleil, à certains aliments ? Certes, comme pour d'autres maladies, certains comportements humains peuvent les favoriser. Mais qui peut croire qu'il n'y en aurait pas sans industrialisation et croissance ? Les sites de Hambledon Hill dans le Dorset, d'Hazleton North dans le Gloucestershire, de Banbury Lane dans le Northamptonshire montrent la consommation de lait il y a 6 000 ans, alors que l'humanité était allergique au lactose. Au Paléolithique, les Néandertaliens étaient allergiques, notamment aux poils de mammouth, allergies transmises par les gènes au genre *Homo* moderne, rencontré il y a 60 000 ans environ, avec la maladie de Parkinson et même la dépression[87].

Près de la nature ? C'est toujours trop près.

Où l'on voit que les cancers existent depuis des millions d'années et qu'ils ont été une cause de destruction humaine

Au comptoir vert, tout ce qui n'est pas naturel produit le cancer, tout ce qui est naturel l'éloigne ou le soigne, dit le tintement des verres. Avant, cancers et maladies n'existaient pas, on vivait super bien avec dame Nature, en bon sous-écosystème proche de la Terre. Maintenant, rien ne va plus. Ils avancent leur preuve d'une responsabilité de la croissance avec une niaiserie qui fait plaisir à voir. Le cancer a été scientifiquement découvert à la fin du XVIIIe siècle, disent-ils, il serait donc apparu avec la révolution industrielle et à cause d'elle. Ils doivent aussi penser que, puisque la découverte de la circulation du sang par William Harvey a eu lieu en 1628, auparavant le sang ne circulait pas dans le corps et, puisque le premier Traité de Copernic énonçant l'hypothèse de la Terre tournant autour du Soleil date de 1511[88], avant le Soleil gambadait autour d'elle.

Le cancer tuait déjà nos ancêtres nomades. Ainsi, les archéologues ont découvert sur le site de Swartkrans, en

Afrique du Sud, un squelette vieux de 1,7 million d'années avec un cancer avancé sur un os de pied (ostéosarcome) qui a tué l'individu[89]. Près du site, ni centrale nucléaire du Paléolithique, ni restes d'aérosols. Sur le site de Malapa, en Afrique du Sud, daté de 1,95 million d'années, nous avons les preuves de ce même cancer sur un squelette d'Australopithèque. Au Paléolithique moyen, sur le site de Krapina, dans un abri-sous-roche vieux de 120 000 ans, parmi 876 fragments de fossiles de Néandertaliens, un cancer sur une côte supérieure gauche qui est probablement venu à bout de l'un de ces humains[90].

Il est certes difficile d'avoir accès aux corps mous après des milliers, voire des millions d'années, détruits depuis longtemps. Faut-il en conclure à l'absence de cancers du poumon, du foie, des seins, de la prostate ? Dans la mesure où ils mourraient tôt, on peut admettre que certains n'ont pas eu le temps de se développer, Gaïa-la-Tendre les ayant exterminés avant. Mais la preuve de tumeurs du cerveau a été donnée à partir du squelette d'un jeune garçon de 9 ans sur le site de Lazaret (méningiome)[91]. Et le fameux « homme de Cro-Magnon » découvert en France, en Dordogne, mort il y a environ 28 000 ans, devait non seulement résister aux facéties de la planète, mais aussi subir les affres d'une déformation de la colonne vertébrale, en raison d'une maladie génétique, la maladie de Recklinghausen[92] et les attaques des tumeurs qui avaient creusé des lésions de 5 cm sur le front et attaqué son conduit auditif au point de le rendre probablement sourd.

Et il y en eut évidemment encore après les sédentarisations. On trouve des cas avérés de cancer de la tête et du nez durant l'âge de bronze au Kenya[93], du cerveau, il y a

2 400 ans, chez les Incas, des cancers de la prostate en Égypte antique[94]... Qu'il ne fût pas reconnu, ne l'empêchait pas d'être connu, au moins par ses effets. Sans course à la croissance, sans dépense d'énergies fossiles, sans production de CO_2 et sans comiques troupiers verts.

On doit à Hippocrate (–460, –377), l'inventeur de la médecine, de l'avoir appelé *« karkinos »* (« *Καρκίνος* »), ce qui signifie « crabe ». Terme qui a donné plus tard le nom « cancer ». Cela parce que dans cette société agricole qui produisait du bio sans le savoir, le cancer faisait déjà des ravages. Par la suite dans l'Empire romain comme en Asie, il est avéré. Au Moyen Âge, le grand philosophe Moses Maimonide (1135-1204), en disciple d'Aristote, avait même tenté d'y apporter des soins rationnels. Et il est une grande préoccupation à la Renaissance où les preuves de sa létalité sont nombreuses[95].

Y a-t-il plus de cancers aujourd'hui qu'au Néolithique ? Évidemment, il y a plus de 7 milliards d'habitants, il y en avait moins de 500 000. Les humains ne l'ont pas inventé, cela est certain. Ils l'ont subi sans croissance et en vivant proche de la nature, cela est certain aussi. Et ce qui l'est enfin, c'est qu'ils ont cherché les moyens de l'affronter par la croissance des savoirs et non en tentant une harmonie fantasmagorique avec la nature ni en flattant les habitués du zinc vert.

Où l'on démontre que les animaux n'ont jamais vécu en harmonie avec la planète, que l'humanité est innocente de leur disparition

L'humanité serait-elle coupable de l'extinction et de l'agressivité des espèces animales qui auraient désiré vivre en bonnes copines avec elle ? On connaît l'accusation portée par les petits bonshommes verts : tout à sa recherche de puissance, l'humanité aurait oublié qu'elle n'est qu'un maillon d'une biodiversité générale qui la souderait aux animaux et aux végétaux. Aimons-nous les uns les autres proclament-ils entre deux verres de vin bio, aimons nos amis les bestiaux au lieu de les assujettir ou de les chasser et retrouvons l'harmonie du vivant exigée par la planète.

Condamner l'humanité à partir de pareille fantaisie est pour le moins curieux. Et en appeler à la planète pour imaginer une sauvegarde de la vie, plus encore. Car depuis l'apparition des hominines, il y a 7 millions d'années, la planète a continué à exterminer les espèces animales comme auparavant, depuis 4,5 milliards d'années. Et, les bestioles ont aussi poursuivi leurs guerres de toutes contre toutes.

Quant à l'humanité, si elle fut chasseresse, elle fut plus encore chassée.

Ainsi, la quasi-totalité des mammifères fut anéantie, il y a 4,6 millions d'années[96]. Faut-il imaginer les quelques dizaines de milliers d'hominines nomades les avoir détruits à coups de dents, d'ongles ou de silex ? Nouvelle destruction massive, il y a 2,6 millions d'années. Cette fois, destruction de 36 % du vivant, en particulier maritime[97]. Cause ? L'inversion des pôles magnétiques et les rayonnements dus à l'explosion d'une supernova située à 150 années-lumière, avec, en conséquence, la réduction de 22 % de la couche d'ozone. Bref, l'humanité innocente et la nature « coupable », si un tel mot avait un sens.

De leur côté, durant cette même période, les animaux ont continué à s'anéantir avec un fort bel appétit. Le zèbre qui s'éloigne trop dans l'eau, saisi par l'hippopotame ; le félin qui voit un buffle un peu à l'écart du groupe et qui l'égorge… Horrible ? Peut-être, mais rien que de très naturel chez nos amies les bêtes.

Ils tuent par besoin, pour se nourrir, proclament les benêts verts, et non par plaisir comme le font les humains. Comme vous y allez ! La plupart des félins tuent sans faim, pour apprendre à leur progéniture à chasser et par jeu comme le tigre. Beaucoup ressemblent au gentil phoque protégé par Greenpeace, qui tue avec plaisir les pingouins, qu'il peut aussi dévorer à l'occasion, si, en plus, il a faim.

Au sein des mêmes espèces les tueries ne sont pas rares. Les fourmis guerroient contre la fourmilière voisine pour la détruire, le lion attaque le lion, l'ours dévore des oursons, des oursons dévorent leur mère. La recherche du pouvoir sur les territoires, du plaisir, des richesses même comme chez certains singes, la conquête sexuelle, parfois le hasard... Ainsi, les hippopotames ont fait disparaître des espèces aquatiques avec leurs excréments, les fourmis légionnaires des espèces végétales et des animaux, les criquets bien des espèces d'oiseaux et de mammifères en dévastant des régions entières.

Et l'humanité dans tout cela ? Faudrait-il lui reprocher d'avoir cherché à survivre ? Elle devait chasser, pêcher, cueillir, ingurgiter des charognes pour se nourrir de végétaux et d'animaux puisque c'est ainsi qu'organes et fonctions corporelles sont constitués. Nos ancêtres chassaient aussi pour se vêtir et ne pas mourir de froid. Ainsi, sur le site Diepkloof, un abri-sous-roche d'Afrique du Sud, on trouve les traces d'opérations humaines de plus de 100 000 ans sur la peau des félins capturés. Os et arrêtes permettaient ailleurs de créer des outils, des armes, des habitats. Rien de plus naturel.

Mais si l'humanité chassait, c'était aussi pour se défendre car avant d'être chasseresse, elle était chassée. Allez pêcher, il y a 3 millions d'années, dans les lacs d'Afrique au milieu des hippopotames et des lions... Allez donc copiner, il y a 2,5 millions d'années, avec un tigre à dents de sabre, gourmand d'humains, de 470 kg et de 2,30 mètres de long, avec des canines dentelées de 28 cm et des griffes acérées ! Sur le site de Swartkrans, on a découvert le crâne d'un jeune paranthrope de 2 millions d'années environ, qui porte les marques des canines du fauve qui l'a tué[98]. Dans l'hémisphère nord, le site de la Grotte de Lazaret, en France, vieux de 160 000 ans, montre les traces d'un os de fémur gauche d'un individu, fracturé par un fauve. Et je pourrais donner bien d'autres exemples sur l'harmonie naturelle des animaux et de l'humanité.

Ce ne sont pas seulement les gros animaux qui chassaient les humains, mais les petits. Des moustiques aux poux, des araignées aux fourmis légionnaires, des tiques aux bactéries. Des morts, par tribus entières, des espèces parfois. Ainsi, l'espèce humaine *Paranthropus robutus*[99] a disparu, il y a 1,5 million d'années, probablement bouffée par les hyènes et quelques autres bestioles qui, au lieu du câlin promis dans l'état de nature par les obscurantistes verts, les dévorèrent tout cru.

« Il y a 130 000 ans, l'homme a causé la disparition de 2,5 millions d'espèces[100] », prétendent nos benêts verts. 2,5 millions d'espèces ? Rien que cela ? Sachant qu'il y avait alors quelques centaines de milliers d'humains seulement dont l'espérance de vie dépassait rarement 20 ans[101], et que chaque espèce animale comptait parfois des millions d'individus. Nos ancêtres devenus assoiffés de sang auraient donc joué le film, à ne pas montrer aux enfants : « Massacre sans tronçonneuse au Paléolithique » ?

À en croire ces obscurantistes, qui démontrent que Descartes avait tort de croire le bon sens, la chose du monde la mieux partagée, l'humanité serait même responsable de la disparition de la mégafaune à la fin de la dernière glaciation.

D'abord, rappelons que cette mégafaune fut l'une des pires plaies humaines pour les quelques tribus humaines qui avaient réussi à survivre près des glaces. Ils la chassèrent en effet. Mais imaginer ces quelques milliers d'humains détruisant les centaines de milliers de rhinocéros laineux de 3 tonnes, de lions américains de 4 mètres de long, de castors géants de 2,50 mètres de haut, de tigres à dents de sabre, d'hippopotames, de mammouths ? Ils avaient découvert fusil-mitrailleur et bazooka, et nous n'en savions rien ? On nous cache tout, décidément.

Vraie cause de la disparition de la mégafaune ? Le réchauffement climatique. Je sais, un énième réchauffement dont l'industrie humaine ne serait pas la cause, cela n'est pas très correct de la part de la planète. Avec la fin de la glaciation, impossible pour un mammouth laineux de se débarrasser de sa laine en la tondant. Il tenta de remonter vers le nord. En vain[102]. Le dernier groupe s'est éteint il y a 12000 ans : la montée des eaux freina son déplacement dans l'océan Arctique et réduisit ses espaces de vie de 7700000 de km^2 à 800000 km^2 jusqu'à le faire mourir de faim et d'épuisement. Chaque espèce montra une inadaptabilité similaire à celle des mammouths, tels ces castors géants du Nebraska, incapables d'abandonner les marécages afin de fuir vers les prairies et de s'inventer un nouveau mode de vie. Les atouts de l'animal qui avaient été des facteurs de survie dans les glaces selon la théorie de la sélection naturelle[103] dont les élèves de Charles Darwin sont friands, jusqu'à confondre l'humain et l'animal, furent les raisons de sa disparition. Et c'est aussi un indice de l'exceptionnalité humaine qui échappe au fatalisme darwinien et à sa sélection naturelle, sur laquelle nous reviendrons au chapitre suivant.

L'humanité serait-elle devenue soudain coupable de destruction des espèces animales après les premières sédentarisations ? Allons donc ! Il y a aujourd'hui 7,7 millions d'espèces animales connues, sans compter les bactéries, et 300000 espèces végétales. Quelques milliers ont disparu. Mais, en imaginant qu'il faille les regretter au nom de je ne sais quel équilibre de la biodiversité qui n'a jamais existé, quel est donc le responsable de la disparition de ces quelques espèces ?

Évoquons-nous la disparition des Aye-aye géants vers l'an 1000, des lémurs koalas au XIIIe siècle, des nésophontes et musaraignes au XVIe siècle, des chauves-souris frugivores de

Porto Rico, et j'en passe de ces rats des grottes de torre, des Huita à dents plates… Hélas pour nos procureurs verts, ils n'ont pas rencontré l'industrie humaine qui n'existait pas dans leurs zones de vie.

L'humanité serait responsable de l'anéantissement de 10 000 espèces d'oiseaux « sauf de 11 » lit-on à l'article « liste des espèces d'oiseaux disparues » de Wikipédia où nos obscurantistes verts batifolent. Certes, 11 est un bon chiffre. Un chiffre premier. 9 989, vient moins naturellement à l'esprit. Pour appuyer leurs dires, nos militants balancent *incognito* la liste d'une centaine d'espèces disparues. Qu'une centaine vaille 10 000, il paraît que pour le commerce vert c'est un bon prix.

Mais quelles seraient les exactions humaines responsables des disparitions énoncées et pourquoi l'humanité en aurait-elle épargné « 11 » ? Il faut les croire. J'imagine qu'à leurs yeux, le développement des terres agricoles, serait, par exemple, responsable de la disparition des jolies ouettes de la Réunion, en 1674, pourtant alors sauvage à 95 % ? Et, que la construction des canaux aurait détruit le « canard d'Amsterdam », en 1800 ? On doit supposer, si la nature n'est pas responsable, que ces oiseaux ne sachant pas voler n'ont pu se déplacer de quelques dizaines de mètres ou qu'ils se sont suicidés pour protester contre l'offense humaine à Gaïa.

Ce qui est exceptionnel dans la prétendue chaîne de la biodiversité ? Non pas que l'humanité ait détruit certaines espèces animales, c'est là le quotidien de la planète et de la guerre animalière depuis des millénaires, mais qu'elle en a ait préservé certaines. Cela, sans aucune nécessité, seulement par plaisir esthétique et compassion, deux affections proprement humaines, si j'excepte, de manière individuelle et occasionnelle, nos seuls amis fidèles, chiens et chats. Parcs surveillés et réserves naturelles en portent témoignage. Et que, sous l'influence des benêts verts, on appelle certains de ces espaces artificiels, « parcs écologiques », n'est pas la moindre source de fou rire pour qui connaît les causes naturelles de l'extermination massive des vivants et reconnaît dans cet artifice la générosité humaine.

Que l'humain soit responsable de la disparition de quelques espèces ? Probable. Faut-il s'en inquiéter ? Inquiétons-nous plutôt de sauver l'humanité.

DEUXIÈME PARTIE

SAUVER L'HUMANITÉ, DOMINER LA NATURE

Où l'on découvre pourquoi il y a encore de l'humanité plutôt que rien et que la nature de l'humanité est de dominer la nature

Pourquoi y a-t-il encore de l'humanité plutôt que rien? Telle est la question. Comment a-t-elle survécu, par quels moyens sur quels chemins? Répondre est urgent quand l'obscurantisme étend ses ombres et éteint la créativité. Car la « transition écologique » a bonne presse, comme hier la « transition socialiste ». Mais transition vers quoi? Vers un nouveau type de société où la planète serait mise au centre des préoccupations humaines? Célébrer la planète, m'enthousiasmer pour une certaine Gaïa, la remercier de ses bienfaits et mettre au cœur de mes actions le souci de la « sauver »? De qui se moque-t-on? Face aux exterminations humaines depuis 7 millions d'années, la myopie ne résiste pas à l'infamie. L'histoire de la vie sur la planète le prouve: si le paradis a existé, s'il existe même, il n'est pas terrestre.

Un être venu d'une autre galaxie sur cette Terre, au Paléolithique, n'aurait pas parié un kopeck sur cette humanité. Les mythologies de toutes les civilisations, les grandes spiritualités depuis le judaïsme et l'hindouisme, Platon et le bon sens même nous le rappellent : si la nature a donné à certains animaux fourrures, griffes, crocs, ailes, branchies, vitesse, force, habitat naturel... et plein d'autres machins qui font l'admiration des promeneurs des parcs animaliers, rien de tout cela ne fut prêté à l'humanité. Pascal n'avait pas tort : voilà bien un frêle roseau, apparemment le plus faible de la nature. Environnement et faiblesse corporelle, sélection naturelle et déterminismes, tout semble s'être ligué contre elle.

Alors, ami lecteur, devrions-nous nous plaindre d'une nature aussi marâtre, geindre sur notre sort, protester contre le ciel en voyant un vol d'hirondelles ? Faudrait-il décréter que ce monde est le plus mauvais des mondes possibles, que l'humanité est une espèce sacrifiée, maudire Dieu même d'une telle injustice ?

Mais si cela était, comment les humains auraient-ils pu survivre quand tant d'animaux apparemment mieux servis ont été exterminés ? Car elle a survécu. Où est le truc, le tour de magie ? Se pourrait-il que cette faiblesse dont nous avons vu les traits, ne soit pas toute la condition humaine ?

La nature ne se réduit pas à ce qui entoure l'humanité, du noyau terrestre au ciel étoilé. Elle est aussi ce qui caractérise l'humanité, ce qu'on appelle « la nature humaine ».

Or, je constate que cette nature a donné à l'humanité le plus fantastique des cadeaux. Celui qui a permis à notre espèce du genre *Homo* de survivre, de s'adapter, d'affronter la nature environnante, et, finalement, de survivre. Ce cadeau est cette puissance en nous de pouvoir dominer chaque jour davantage cette planète inhospitalière et d'assujettir ce qui s'y trouve. Ce cadeau exceptionnel, c'est l'énergie créatrice. L'humain est par nature « *Homo creator* ».

Créativité, voilà donc le don fabuleux. Une triple créativité : par rapport à l'environnement, au corps, aux autres humains, en construisant même des civilisations. Oui, la nature de l'humanité est d'être non seulement « intelligente », « *sapiens* », car bien des animaux le sont, mais créatrice. La fourmi ou le castor le plus « intelligent » ne sont pas créateurs. Ils reproduisent à l'identique leurs constructions depuis des millénaires, ils ne construisent pas de civilisations, ils ne transforment pas leurs corps par mille artifices, jusqu'à soigner leurs gènes.

Mais cette nature serait incohérente, si, d'un côté, celui de la nature humaine, elle offrait ce don exceptionnel de pouvoir créer, et, si de l'autre côté, celui de son environnement, il n'existait pas de possibilités pour que ce don s'exerce. Puisque la créativité existe, puisque nous l'avons rencontrée, puisqu'il y a encore de l'humanité plutôt que rien, alors il faut nécessairement qu'il y ait du côté de la nature des potentialités. Il faut que tout ne soit pas prédéterminé, programmé, nécessaire.

D'où ce qui suit.

Où l'on voit, avec la pomme de Newton, que la nature doit être pillée et que la « transition écologique » est un attrape-gogo

Alors, transition vers quoi ? Vers un nouveau type de société où la planète serait mise au centre de la cité avec quelques totems pour la remercier de ses bienfaits ? S'il s'agit de célébrer glaciations et réchauffements, éruptions volcaniques et séismes, maladies virales et bactériologiques, cancers et agressions animales, et plein d'autres merveilles, me voilà un tantinet circonspect. Au lieu de la fantasmagorique « transition », je préfère la « transition créatrice », celle qui a commencé il y a déjà plusieurs millions d'années, avec ce combat de la créativité contre l'esprit magico-religieux qui l'a tenue dans les fers. Le progrès au lieu de la régression, la liberté au lieu de la répression.

Que la nature offre ses bienfaits ? Voilà qui fait sourire. Où cela ? Certes, la cueillette fut l'une des premières activités de nos ancêtres hominines et elles durent encore aujourd'hui. Et en imaginant la pomme mûre à croquer qui menace de tomber dans le jardin d'Isaac Newton, je suis disposé à remercier le Ciel des potentialités sur terre. Mais des potentialités seulement.

Sans l'action de Newton, la pomme tombera et pourrira au sol. C'est bien ce qui se fit : notre physicien préféra laisser son énergie créatrice vagabonder vers l'hypothèse de la gravitation universelle plutôt que de la consacrer à aller chercher une échelle pour attraper le fruit. Et s'il avait voulu le prendre, lui aurait-il suffi d'ouvrir la bouche pour qu'elle lui tombe dans la gorge, à la façon dont maître renard reçut le fromage, dans la fable *Le Corbeau et le Renard* de Jean de La Fontaine ? Évidemment non. Il aurait dû aller la cueillir.

Or qu'est-ce que cueillir ? C'est prendre. Or, prendre, se servir, arracher le fruit de l'arbre où il est encore accroché, n'est en rien recevoir une offrande. Sinon, prendre son argent à quelqu'un sans son autorisation serait une offrande, et voilà tout vol transformé en aumône.

Imaginer le don de l'arbre ? Cela serait lui attribuer, en animiste, un esprit. Et un esprit heureux de donner son fruit, heureux de voir la pomme transformée et dissoute par ingestion en molécules assimilables pour le bien-être de Newton, plutôt que dissoute en molécules assimilables pour le bien-être des moisissures, bactéries ou de quelque sanglier affamé. Sachant que la plupart des fruits des arbres tombent sans être ramassés ou sont inassimilables par l'humanité, on voit, si l'on croyait à cela, combien de malheureux arbres il y aurait.

L'humain prend sans demander. Prendre la pomme est l'acte d'une volonté. Que cette pomme, Isaac Newton ait le droit de la prendre ou non. Un droit qui ne dépend pas de l'arbre mais, s'il y en a un, du propriétaire des lieux qui a édicté les règles. Et, s'il n'y a pas de propriétaire, d'Isaac Newton lui-même.

Ce qui vaut pour la pomme vaut pour tous les éléments naturels. Ni la croûte terrestre, ni le manteau, ni l'atmosphère, ni rien de ce qui se trouve dans le système solaire, n'offre de biens. Seulement des potentialités, qui, sans l'effort d'aller les prendre, resteraient des potentialités. L'histoire le démontre : armée de sa créativité, l'humanité n'a cessé d'aller se saisir de ces potentialités. Ce fut la clef de sa survie. Cela s'appelle l'histoire humaine.

Et plus elle prenait, plus elle apprenait à prendre, plus elle créait, plus elle apprenait à créer. Ainsi, dès son origine, l'humanité put exercer son don naturel créatif, accumuler ses savoirs, et développer une dynamique d'innovations qui ne pouvait cesser, puisqu'elle est la conséquence de sa nature même.

La première période de l'histoire de la condition humaine, le nomadisme, en porte déjà témoignage. Car il y eut plus d'innovations durant ce Paléolithique moyen (de –350 000 ans à –45 000 ans), que durant les trois millions d'années du Paléolithique inférieur (de –3,3 millions d'années à –350 000 ans) qui avaient inventé pourtant déjà tant de merveilles, comme l'outil biface, le pieu et, à la fin, généralisé l'incroyable domestication du feu.

Et il y en eut plus durant les 32 000 ans qui séparent le Paléolithique supérieur du Néolithique (de –45 000 ans à –12 000 ans) que durant les 300 000 années du Paléolithique moyen. Nos ancêtres inventent des outils d'os comme les premières aiguilles à tricoter, des harpons, sagaies, arcs, burins, grattoirs, propulseurs, lamelles en silex, l'art mobilier et pariétal répertorié dans plus de 350 grottes, des rites… Partout nous admirons les empreintes innombrables de son exceptionnalité créatrice sur les murs et les sols, signes de sa propre nature qui devient culture, en se saisissant des potentialités offertes sur la planète.

Oui, l'accélération de la créativité était en marche depuis le commencement de l'humanité. Et elle s'accélère encore avec l'explosion qui suit les sédentarisations du Néolithique qui, elles-mêmes, paraissent si pauvres par rapport aux innovations de l'Âge du cuivre, et ainsi de suite jusqu'à nos jours.

Et aujourd'hui, si l'histoire paraît encore s'accélérer dans ces temps contemporains qui hybrident les savoirs que la modernité avait séparés, sur le modèle de la convergence des nouvelles technologies, de l'informatique, de la robotique, de l'intelligence artificielle, des arts même, c'est précisément que la créativité s'accélère, enrichie de l'expérience et des savoirs passés, dans une dynamique de croissance qui n'a pas de cesse.

« Transition » dîtes-vous ? J'appelle contre elle le « progrès ». Rien qui justifie chamanes et sacralisation de la planète, seulement la libre créativité et l'humanité qui se trouve au centre de la vraie moralité et d'un minimum de lucidité. Contre l'esprit animiste magico-religieux des obscurantistes verts, la « transition créatrice », avec sa dynamique d'innovations.

Où l'on voit, avec les Trois Petits Cochons, que la « maison » de l'humanité n'est pas la planète, et que l'écologie n'est pas ce que l'on dit

Sauver notre « maison », la « planète » ? À l'évidence, les petits bonshommes verts viennent d'une autre planète, très lointaine, protectrice et hospitalière, qui leur permet de dormir à la belle étoile. Peut-être faudrait-il commencer par raconter ce conte pour enfants, le grand méchant loup et *Les Trois Petits Cochons*. Désireux de vivre, en adulte, leur vie de cochon, trois frères cochons décident, un jour, de quitter le giron familial. Attention, disent leurs parents, la nature, représentée par le grand méchant loup, n'est pas protectrice, méfiez-vous ! Aucun cochon n'étant assez niais pour imaginer que la planète serait une « maison » hospitalière et qu'il serait bien de dormir à la belle étoile, chacun promet aux parents inquiets de construire, avant la nuit, une maison, une vraie maison, une bâtisse qui les protégera des menaces naturelles. Hélas ! Si le cochon le plus lucide se met immédiatement au travail, arrachant des pierres au sol, les taillant, posant un toit, des fenêtres, une cheminée, bref, construisant en maçon une habitation qui résiste aux menaces de Gaïa-la-Terre, les deux autres préfèrent gambader près de la rivière. Alors que l'après-midi se termine, un second petit cochon se met à son tour à l'ouvrage. Faute de temps, il arrache à la planète des branches, les taille, les assemble pour construire une maison en bois. Enfin, alors que la pénombre arrive, le troisième, qui n'avait cessé de se moquer de ses frères et de leur désir de cochonner la planète, sort de son bain et s'en va, en sifflotant, ramasser paille et brindilles pour construire un habitat en harmonie avec la planète, ne produisant ni CO_2, ni déforestation, ni aucune de ces pollutions qui irritent Gaïa.

Quand la nuit tombe, le grand méchant loup s'avise que des proies bio l'attendent. Il approche de la maison en paille construite par le nigaud, frappe à la porte et demande l'hospitalité feignant d'être un promeneur égaré désireux de sympathiser avec un compère de la biosphère. Le cochon l'aperçoit par les interstices de la paille et comprend, d'un seul coup, à ses dents et à sa bave, que la nature n'est vraiment pas ce que l'on dit dans le petit livre vert. Il refuse d'ouvrir. Hélas ! Grand méchant loup souffle la paille et croque l'imprudent. Il fait tout autant son festin du frère cochon de la maison en bois, encore trop proche de la nature pour résister à la puissance naturelle de la méchante bête qui l'enflamme pour un cochon grillé aux petits oignons. Arrivé face à la bâtisse du frère savant, l'affaire prend une tout autre tournure pour notre loup. Non seulement, il trouve porte close mais son souffle est aussi impuissant que la flamme ramenée du volcan. Il se casse même quelques dents en tentant de mordre la pierre. Prenant un peu de recul, il voit la cheminée posée sur le toit, celle qui permet de se réchauffer contre le froid et la glace mortelle de la planète. Il monte sur l'habitation et s'engouffre dans le conduit. Mauvais calcul. Lecteur d'Aristote, paraît-il, notre cochon ayant acquis très jeune la vertu de prudence, avait fait bouillir dans la cheminée une grande bassine d'huile, chauffée par du bois producteur de CO_2. Ainsi périt l'animal naturel de mauvaise compagnie et survécut le cochon savant.

Et, si un loup terrestre avait l'autorisation de parler, je veux dire ailleurs que dans un conte, il informerait nos petits bonshommes verts qu'une maison, c'est un truc à se casser les dents pour un animal naturel. Et que non seulement elle est une réponse humaine aux menaces de la nature, mais qu'elle se fabrique même en partant à son assaut, à partir de minéraux, végétaux, animaux pris et transformés.

Ainsi, dès le Paléolithique, nos ancêtres élevaient des structures d'habitat en bois, en pierres et en peaux, mais aussi parfois en os pour sauver leurs vies. Comme ces maisons en os de mammouths trouvées en Ukraine ou dans le campement néandertalien de Saint-Césaire en Charente-Maritime. Comme celle des Nenets, nomades du nord de la Russie, qui se déplacent aujourd'hui encore sur plus de 500 km entre toundra et forêts par des froids atteignant parfois –40 °C avec de petites tentes coniques, les « *Tchoums* », tendues sur le sol, formées de peaux de renne imperméables à la pluie et à la neige, modulables selon les températures. Comme celle des Pygmées, derniers nomades d'Afrique centrale, qui construisent en lisère des forêts des huttes de 9 m^2 environ, à partir de grandes feuilles de marantacées, pour se protéger des intempéries et des animaux[1] et d'autres habitats plus légers dans les forêts, les *lombebe*, adaptés pour un seul chasseur, le temps de la chasse, à partir de tiges courtes et non tressées des mêmes marantacées.

La créativité naturelle de l'humanité explique son incroyable capacité à adapter la maison aux incessantes variations de son environnement. L'histoire montre que l'humanité passe d'une position d'adaptation à son environnement, plutôt passive, avec ses migrations saisonnières ou définitives, à une position offensive, par l'adaptation et l'humanisation de son environnement.

Ainsi, les sites archéologiques des gorges de l'Oldoway[2], habitées il y a 1,9 million d'années, au nord de la Tanzanie, montrent comment nos lointains cousins Australopithèques ont survécu en s'adaptant. À la suite des mouvements des failles de l'écorce terrestre et d'un refroidissement, ils s'enfuient vers les montagnes pour installer leurs campements défensifs auprès d'un lac où ils trouvent une source d'eau abondante, de la nourriture à foison mais aussi des animaux sauvages comme les crocodiles et les hippopotames dont seule une idéologie niaise peut faire croire qu'ils pourraient être de charmants compagnons. Puis, quand le niveau du lac baisse, il y a environ 1,60 million d'années, à la suite d'un nouveau bouleversement lié aux failles, à l'activité des volcans et au réchauffement, ils descendent et construisent un nouveau type de « maisons » : des petits abris ombragés, dans les bois qui ont l'avantage de les rapprocher du lac tout en les protégeant de la chaleur mais aussi des lions, hyènes et panthères qui aiment tant la compagnie humaine à l'heure du dîner. À plusieurs reprises le niveau du lac s'élève et baisse, et, à chaque fois, ils déplacent leur habitat, jusqu'au jour où, en raison des failles et du volcan, la planète eut raison du lac et des humains avec lui.

À la fin du Paléolithique, la « maison » comprend parfois des zones de couchage différentes des zones de vidange, peut-être un effet des premières formes de réflexion écologique d'une humanité qui tente d'éviter de se polluer elle-même par les déchets de sa croissance limitée. Avec les sédentarisations, l'humanité invente l'architecture, l'urbanisme et l'aménagement du territoire qui permettent d'organiser cultures et élevages puis l'exploitation des sous-sols. Ainsi est lancé le processus salvateur d'humanisation des sols.

Oui, la « maison », la vraie, voilà ce qui a permis à l'humain de survivre quand le dernier taxon de son ennemi, le tigre à dents de sabre, disparaissait à la fin de la dernière glaciation, emporté par le dernier réchauffement, incapable de construire une « maison », contraint, lui, à vivre dans son abri naturel, détruit par le changement climatique.

La vraie « maison » est donc plus qu'une bâtisse, c'est l'expression de l'humanisation de l'espace habité par l'humanité, demain jusque dans les stations spatiales. Elle est son moyen de survie et le chemin de son mieux-vivre, le point d'ancrage variable pour toujours plus de domination de la nature pour toujours plus de croissance, pour toujours plus de bien-être. L'économie en est le signe le plus évident : mot composé du même « *oikos* » (*οἶκος*), qui ne signifie toujours pas « planète », mais bien « maison », et de « *nomos* » (« *νόμος* ») qui veut dire la « loi » car, disait Aristote qui inventa le mot et la science, l'économie est l'ensemble des richesses produites par la « maison », par les activités économiques liées à ces lieux de vie artificiels.

Discourir sur l'écologie en exigeant de protéger la planète, voire de la « sauver », voilà qui est donc pour le moins cocasse. Puisque l'écologie est la science de la « maison », son but est de sauver l'humanité, pas la planète. De la protéger face aux méfaits de la nature et de l'aider à croître toujours plus, y compris de remédier à ses erreurs, inévitables puisque l'humanité ne peut avancer qu'en tâtonnant, par essais et erreurs. Oui, sauver l'humanité, et non la planète, sauver l'humanité de la planète, telle est bien la vraie écologie.

D'où ce qui suit.

Où l'on voit que la déforestation a sauvé l'humanité et où l'on s'amuse de voir les petits bonshommes verts déguerpir d'Amazonie

Sauver les forêts ? Sous la pression des idéologues verts, cent dirigeants de pays se sont engagés à enrayer la déforestation d'ici 2030. Autrement dit, de la continuer jusqu'à cette date. Jusqu'à cette date, au moins. Car l'Indonésie qui possède la troisième forêt tropicale du monde, et le Brésil, la première, ne s'arrêteront pas. Ils ont pour eux le bon sens, et, contre eux, la tartufferie des militants occidentaux. Car détruire, exploiter ou humaniser les forêts paraît plus judicieux à moins de considérer que « planète » et esprits de la forêt valent mieux que l'humanité.

L'histoire ne laisse aucun doute : les déforestations ont sauvé l'espèce humaine en lui permettant d'affronter les menaces naturelles, non seulement climatiques mais aussi toutes les autres. Elles furent le point de départ de sa sédentarisation, le début de la domination de la nature, l'annonce de sa course à la croissance et de la libération de sa créativité contre l'esprit magico-religieux animiste qui la tenait dans les fers. Et c'est encore ainsi qu'elle survit.

Il est d'ailleurs cocasse de voir des petits bonshommes verts occidentaux pérorer sur la nécessité de sauver l'Amazonie, « un écosystème unique », le prétendu « poumon de la terre », refusant au Brésil ce que leurs ancêtres ont intelligemment fait en Europe. Je me souviens, avec amusement, de ces militants verts américains, bourrés d'antibiotiques et couverts de répulsifs anti-moustiques, rencontrés au bord de l'Orénoque, quand je suis allé enquêter auprès des Indiens Yanomami d'Amazonie, à une époque où je me croyais animé d'une vocation d'anthropologue, influencé par Claude Lévi-Strauss et mon ami Maurice Godelier. À peine arrivés, ils proclamèrent leur émerveillement devant un mode de vie si proche de la nature. Tout leur semblait admirable : ces Yanomamis qui croyaient aux dieux de la forêt et attribuaient au dieu Omama l'origine de leur société, qui prônaient l'harmonie avec les esprits de la nature et la limitation de la croissance, et même, la limitation des naissances. Entre deux cigarettes parfumées, le soir, ils tentèrent de me convaincre de maudire avec eux la société de « consommation » et son productivisme qui prendraient à dame Nature bien plus qu'il n'en faudrait pour vivre, au lieu de ce minimum vital dont se contentaient ces bienheureux nomades. Il fallait sauver l'Amazonie, chemin pour sauver la planète. Satisfaits, ils partirent se coucher dans leurs tentes imperméabilisées.

Au deuxième jour, les babillages moralisateurs se firent plus rares. Était-ce à la suite de quelques-unes de mes réflexions badines sur la façon dont leurs héros de la veille tuaient à la naissance les filles « en trop » pour assurer l'harmonie démographique avec sainte Nature dont ils rêvaient ?

Ou aux serpents, araignées, chenilles colorées et à toutes sortes de bestioles qui prirent un plaisir tout naturel à vouloir un câlin tout aussi naturel ? Ou à la nourriture partagée au réveil en compagnie de leurs nouveaux frères indiens, avec l'odeur nauséabonde caractéristique de certains mets préparés à mains nues avec délicatesse sur le sol et agrémentés de quelques insectes inconnus aujourd'hui encore au magasin bio ? En tout cas, la seconde journée fut moins animée et la soirée seulement troublée par les vomissements et les diarrhées des amis de la planète. À l'aube du troisième jour, alors que perroquets, toucans et colibris projetaient pourtant chants et couleurs dans les arbres, je vis nos gais lurons un peu palots prendre la poudre d'escampette. Au lieu de sauver l'Amazonie, il se sauvaient d'Amazonie.

Retrouver l'harmonie avec la nature, certains petits bonshommes verts s'en font encore une profession. À la façon d'Arne Næss, théoricien de l'« écologie profonde[3] », parti dans sa hutte de Tvergastein, en Norvège. L'harmonie se peut, disait-il, à condition de penser en militant vert, d'adopter le point de vue de la planète[4].

C'était beau, c'était grand, c'était désopilant. Le fameux théoricien oublia de signaler qu'il avait emporté réchaud, allumettes, carafe, verres, tasses en porcelaine, théière, stylos, quelques doudounes bien chaudes, du matériel d'alpinisme avec cordes, crampons, baudriers, sacs à dos, pulls, chemises, chaussettes chaudes… et qu'il avait fait poser sur sa hutte des fenêtres en verre épais fabriquées sur mesure, des panneaux solaires même, comme il croyait peut-être que nos ancêtres du Paléolithique le faisaient… Il n'est pas resté bien longtemps dans sa hutte car il avait prudemment conservé son appartement d'Oslo où l'on est aussi très proche de la nature grâce aux magasins bio. Il ignorait sans doute qu'il y avait un aéroport pour le Brésil qui aurait permis une plus grande communion avec les inondations, les chaleurs humides, les fourmis légionnaires et les araignées errantes, les crotales et les caïmans noirs, les piranhas et les jaguars, quelques moustiques porteurs de malaria et quantité d'autres animaux, dont indiens Yanomami ou Guyaki, qui vivent rarement au-delà de 45 ans, auraient pu l'entretenir.

Mais qu'il ait construit une hutte, montrait néanmoins que s'il était dénué de tout bon sens, l'instinct de survie ne l'avait pas abandonné. Car à l'endroit de sa hutte, il y avait naguère de la forêt. Il avait donc fallu la défricher. Et c'est bien ce que fit l'humanité pour survivre sur cette planète inhospitalière : défricher les forêts, qui représentaient 80 % de la surface émergée en Europe, pour construire leurs « maisons », leurs lieux artificiels de vie. Dès le Paléolithique, couper des arbres s'imposait pour humaniser l'espace vital, résister aux fauves et aux intempéries de Gaïa-la-Lunatique. Constructions d'abris, d'outils, d'armes, et, à partir de la maîtrise du feu, production de moyens de chauffe pour les habitats et les aliments : la déforestation était le premier moyen de survie.

Avec les premières sédentarisations, il y a 12 000 ans environ, les déforestations massives permirent à l'humanité de se sédentariser : cultures et élevages se développèrent sur les terres défrichées. Ces « maisons », ces lieux de vie artificiels, s'élargirent pour l'exploitation des sous-sols et le transport.

Changements climatiques incessants, séismes, éruptions volcaniques, maladies et attaques animales ? Grâce aux déforestations, face aux menaces naturelles qui avaient détruit l'humanité et ses ancêtres hominines depuis 7 millions d'années, pour la première fois, les solutions apparaissaient.

Ainsi se développa, par le défrichage des sols et leur quadrillage, cette formidable croissance qui permit de financer, et de partager, la formidable dynamique d'innovations. Chaque jour, la vie humaine l'emportait un peu plus. Et cela, jusqu'à nos jours.

Pleurer sur l'Amazonie et la transformer en « poumon vert » ? L'absurdité se lit dans les mots même : respirer avec ses poumons ne signifie pas produire de l'oxygène, et encore moins transformer le CO_2 en oxygène. Au contraire : respirer c'est prendre de l'oxygène, qui compose 21 % de l'air, et produire par son expiration 17 % d'oxygène soit 4 % de moins, et 0,04 % de CO_2. Donc, l'Amazonie n'est pas un poumon vert.

Serait-elle un « puits de carbone » ? Une illusion dont sont victimes ceux qui croient aux esprits de la forêt[5]. Car si les arbres rejettent de l'oxygène et retiennent le carbone, c'est seulement lors de la durée de leur vie ; et encore, cela dépend des longueurs d'onde. Ils ne le détruisent pas. Au contraire. Ils rejettent le dioxyde de carbone emmagasiné quand ils meurent, soit en se décomposant, soit en brûlant. Or, aucune Fée Verte n'a trouvé le moyen de rendre les arbres immortels. Donc en Amazonie, comme dans toute forêt primaire, malgré la photosynthèse, qui permet à l'arbre d'utiliser la lumière du Soleil pour capter le CO_2 afin de se maintenir en vie, à la fin, le bilan est neutre. Depuis que ces forêts existent, il l'a toujours été.

Le principal « puits » d'oxyde de carbone sur la planète, jusqu'à 80 %, est la mer avec son phytoplancton. Cela a commencé avec les premières bactéries photosynthétiques, entre 3 et 2,5 milliards d'années, les cyanobactéries, qui ont utilisé l'eau et dévoré le méthane et produit du diazote et du dioxygène. Parfois pour le meilleur, comme aujourd'hui, parfois pour le pire, quand ces mêmes organismes ont détruit toute vie, comme nous l'avons vu lors de la « grande oxydation ». On les appelle parfois « algues bleues », bien que ce soient des bactéries, car vivant dans les profondeurs marines, elles doivent utiliser un pigment sensible pour utiliser la faible lumière du Soleil qui leur parvient, la phycocyanine qui leur donne cette teinte.

Oui, « bleues », comme la mer, comme la planète. Voilà la chance de l'humanité. Car la planète serait couverte de forêts, le bilan carbone serait resté neutre, et il n'y aurait pas assez d'oxygène pour y vivre. Mais, la planète est bleue. Comme les biotechnologies qui s'occupent d'en extraire les richesses.

Où l'on voit comment l'humanité affronte éruptions volcaniques, séismes, tsunamis et inondations par sa croissance

Comment répondre aux menaces mortelles venues des éruptions volcaniques, séismes, tsunamis, inondations, glissements de terrain, avalanches et de quelques autres cadeaux tirés de la hotte de Gaïa ?

On me pardonnera de commencer par rapporter ici un souvenir. Un jour d'août 1974, alors que notre avion venait d'atterrir en catastrophe sur l'aéroport de Dacca, au Bangladesh, je vis un spectacle naturel qui me hante encore. « La nature a déclaré la guerre au Bangladesh » venait de déclarer le gouverneur de la ville. Oui, la guerre. De l'eau. De l'eau partout. Sur ces terres submergées aux deux tiers après la destruction des digues, les cadavres des morts de faim rejoignaient noyés et victimes du choléra dans une sorte d'hymne à la mort dont la nature a seule le secret. Une inondation effroyable dans ce delta du Gange et du Brahmapoutre où pourtant ni industrie, ni société de consommation n'auraient pu permettre de dénoncer l'offense à Gaïa. À moins d'imaginer que l'existence de l'espèce humaine fut l'offense même dans ce pays, l'un des plus pauvres de la Terre, et où à la place de la croissance régnait alors la désespérance. Accrochés aujourd'hui encore à ma mémoire, comme peuvent parfois l'être nos larmes, je revois dans mes nuits sombres ces gamins en guenilles qui nous regardaient de leurs grands yeux noirs, les doigts noués aux grilles rouillées du jardin de l'hôtel, le seul resté ouvert, gamins auxquels nous avions donné notre unique plat du jour, des pâtes sur lesquelles ils s'étaient jetés à mains nues sans se battre (comment, si fragiles l'auraient-ils pu ?), gamins qui avaient enfilé avec des cris de joie nos tee-shirts qui descendaient jusqu'à leurs genoux squelettiques comme des linceuls de prêt-à-porter. Ils nous avaient suivis, roseaux décharnés, jusque dans la partie sèche du bazar de la vieille ville, souriant d'une joie limpide comme un cristal de vie aux dents brisées, et on leur souriait, malgré la sourde plainte lugubre qui nous noyait aussi. Là, dans ce dédale de rues, je respirais le charnier puant d'une Gaïa malveillante qui allait les ensevelir. « Comment les sauver ? » était devenu notre obsession. En leur mémoire, et en celle de tous ces enfants que j'ai rencontrés, de ceux du Népal, qui bouffaient à mains nues la farine tombée des camions de la solidarité internationale après le tremblement de terre, à ceux de Bénarès emportés par le Gange, je ne pris jamais d'abonnement pour « sauver la planète ». Sauver l'humanité me parut toujours plus urgent. Et odieux ceux qui pensent dans leurs appartements douillets, l'humanité responsable de sa propre détresse.

Au café du commerce vert, la victime humaine est toujours coupable des maux qui l'accablent depuis des millénaires. Et l'armada des idolâtres profite de chaque perturbation, pour vendre son culte de la planète et dénoncer course à la croissance, domination de la Terre et société de consommation. Les inondations ont particulièrement les faveurs de nos bateleurs bien que certains n'hésitent pas à s'emparer des tsunamis, et même, de façon encore plus burlesque, des éruptions volcaniques et des séismes. Dès qu'une inondation est filmée, comme en 2021, en Allemagne, l'armada verte invoque les mânes de Gaïa pour dénoncer réchauffement et CO_2, et pointer de leur doigt accusateur la responsabilité humaine. Tant pis si les inondations allaient frapper encore plus durement la Birmanie en juillet, ravageant des villes entières dans les régions de Kayin, de Mon, d'Arakan, provoquant des glissements de terre monstrueux, laissant sans électricité deux millions d'humains. Trop pauvre la Birmanie pour y jouer la même comédie d'une nature vengeresse de la course à la croissance des Birmans.

Au lieu de ces dénis idéologiques, face aux maux offerts par Douce-Gaïa, l'humanité éclairée suit le chemin ouvert par Aristote[6] qui cherchait les causes des phénomènes naturels pour les combattre. S'agissant des volcans et tremblements de terre, il les attribuait à des gaz et vents souterrains, notant, pour la première fois dans la réflexion humaine, une corrélation entre ce qui se passait sous la terre, le magma, et ce qui sortait des puits volcaniques. Il n'avait alors qu'une seule arme : l'observation. Une arme déjà décisive : elle avait permis, durant des millénaires, à des tribus de se sauver en regardant les fumées, en entendant les grondements, en notant les mouvements des animaux.

Pour contrer les changements climatiques et les autres menaces naturelles, partout des « maisons » sortent de terre et s'élèvent vers le ciel, parées de chaudières et d'air conditionné contre le trop froid et le trop chaud, de normes antisismiques et de structures résistantes aux tremblements de terre, aux tempêtes, tornades, cyclones, agressions animales… Oui, partout des « maisons », bien humaines, bien artificielles, des *smart houses* même, qui font de la science et des technologies les meilleurs alliés de l'humanité contre les menaces naturelles. Et des vrais plans d'urbanisme pour éviter zones volcaniques, tsunamis, zones inondables et d'avalanche, et quantité d'autres méfaits de la planète, avec des plans d'urgence et des voies d'évacuation.

Grâce à la formidable accélération de la croissance, l'humanité se dote chaque jour d'outils plus efficaces pour surveiller les volcans et prévenir les séismes, pour fuir les tsunamis, survivre aux inondations, éviter les coulées de boue et les avalanches. Sismographes, relevés géodésiques, capteurs de gaz, satellites, Internet… Chaque jour, sciences et technologies sauvent des vies, aidées par l'expérience qui reste au cœur de la réflexion, comme celle, naguère, d'Haroun Tazieff pour la vulcanologie.

Et partout, je vois la même loi : la course à la croissance sauve, finançant les sciences et les technologies. Ainsi, tandis que fin 2021 les petits bonshommes verts baladaient leurs pancartes « Sauvons la planète » dans les rues de New York, Los Angeles, San Francisco, Paris, Berlin ou Stockholm, sur l'île de la Palma, dans les Canaries espagnoles, le Centre d'observation vulcanologique surveillait glissements de terrain et coulées de laves du volcan Cumbre Vieja pour sauver les humains.

Oui, grâce à toujours plus de croissance, voilà pourquoi, dès 1960, l'éruption du Kilauea, à Hawaï, ne fit aucune victime humaine pas plus que la centaine de séismes associés.

Les habitants des alentours, en particulier de Kapaho, avaient pu être évacués grâce aux technologies préventives.

Voilà pourquoi aujourd'hui est meilleur qu'hier. En 2020, le Merapi d'Indonésie a projeté à deux reprises une colonne de fumée à 6 000 mètres d'altitude mais, éclairées par les scientifiques, les autorités ont réussi à évacuer la population. 10 ans auparavant, il avait tué 353 personnes par ses nuées ardentes. En 1985, faute de moyens, l'éruption du Nevado del Ruiz, en Colombie, tue 24 000 personnes. Il avait déjà tué les populations de la vallée de la Lagunilla en 1984, 1916, 1845, 1831… en –6600 aussi et bien avant encore. Il aurait continué à tuer si les Colombiens n'avaient réussi à enfourcher le cheval de la science pour sauver leurs vies des méfaits de la planète. En 2012, surveillé cette fois par les vulcanologues et les moyens technologiques acquis grâce à la croissance, quand le volcan commence à montrer de nouveaux signes d'éruption, l'alerte est lancée, le plan d'urgence est mis en marche, la population est évacuée. Et si les cendres mortelles et les 10 millions de m^3 de dioxyde de soufre éjectés polluent l'environnement, aucun humain ne meurt.

Si la croissance sauve, le manque de croissance tue. Ainsi, la mort rôde dans les régions les plus déshéritées du monde, les plus proches de la fameuse nature idolâtrée par nos chamanes verts.

Les habitants qui vivent près de ces monstres sont brûlés par la lave ou étouffés par un nuage toxique qui ne doit rien aux pots d'échappement, comme le furent, en 1902, ceux de la ville de Saint-Pierre, en Martinique, avec l'éruption de la Montagne Pelée : 30 000 personnes perdirent la vie, un cinquième de la population de l'île. Plus proche de nous, en Indonésie, en décembre 2018, le volcan Anak Krakatoa est entré en éruption et a provoqué un tsunami : 430 morts. Moins qu'en 1883 : 30 000 morts. Mais trop, évidemment. La cause ? Faute de moyens pour financer les recherches, les systèmes d'alerte et les moyens d'évacuation de la population n'avaient pu être mis en œuvre.

Ainsi encore, le 22 mai 2021, le volcan Nyiragongo a failli tuer plus d'un million de personnes, près de Goma, en République démocratique du Congo. Faute de moyens, il n'était plus surveillé : l'Observatoire volcanologique de Goma n'avait récupéré sa connexion internet que le mois précédent, grâce à un financement des États-Unis, après sept mois sans données. Par chance, les coulées de laves ont évité la ville, rejetant néanmoins des tonnes de gaz à effet de serre, détruisant des centaines de maisons, cinq écoles et prenant 13 vies humaines[7]. 13 seulement ? 13 de trop qui auraient pu être évitées par plus de domination de la nature. Et beaucoup de chance vraiment pour un million de frères en humanité.

Hélas ! sauver l'humanité sur cette planète n'est pas facile, tant les forces destructrices naturelles sont monstrueuses. Désolation des terres, destruction des habitats humains et des espèces animales, pollutions et dégagements des gaz à effet de serre restent la règle.

D'abord, parce que volcans et régions sismiques ne peuvent être tous surveillés malgré les immenses progrès. Songez que tous les jours, soit en raison des volcans, soit indépendamment d'eux, la douce Gaïa envoie ses séismes destructeurs : plus de 100 000 par an que chacun peut suivre au jour le jour, [8] avec parfois une puissance supérieure à 9 sur l'échelle de Richter.

Ensuite, parce que nul ne peut arrêter volcans et séismes. Dès lors, si sauver les vies humaines se peut, les méfaits sur l'environnement restent monstrueux. Ainsi, en 2010, quand le volcan islandais Eyjafjallaljökull entre en éruption, l'état d'urgence est si rapidement déclaré que les populations sont évacuées et qu'aucune victime humaine n'est à déplorer. Le progrès des sciences est passé par là. Néanmoins, laves, inondations glaciaires ou explosions de roches se projettent sur le sol tandis que gaz, valeur d'eau et cendres montent dans le ciel pour finalement atteindre la Sibérie et l'Amérique du Nord, bloquant des milliers de vols dans le monde, détruisant en Islande fermes, routes et habitats, provoquant dans l'hémisphère nord des maladies respiratoires.

Et puis, la violence naturelle est si puissante et si rapide qu'elle rend impossible de préserver toute l'humanité. Ainsi, au Mexique, après le terrible séisme de 1985, une technologie antisismique a été mise au point pour prévenir par 8 200 mégaphones la population de Mexico. Mais, en 2017, force fut de constater que les ondes sismiques allèrent plus vite que le signal d'alarme. Les 20 millions d'habitants n'ont pu être avertis à temps et 200 d'entre eux furent tués. Ainsi, encore, en février 2021, au Japon, à Nihonmatsu, dans la préfecture de Fukushima, malgré les technologies et les normes de construction antisismiques, un nouveau tremblement de terre, réplique de celui qui avait fait 18 500 morts en 2011, détruisit bâtiments, routes, voies et 104 personnes ont été blessées. Directement ou indirectement, l'humanité reste meurtrie.

Enfin, hélas ! nous savons que des destructions massives d'humains par la nature auront à nouveau lieu. Ainsi, dans la seule région du golfe de Pouzolles, en Italie, près de Naples, l'arc volcanique menace plus d'un million et demi d'habitants. Ce ne sont pas seulement le Vésuve et la Solfatare, mais bien des dizaines de volcans de la zone des Champs Phlégréens qui envoient vers le ciel leurs fumerolles inquiétantes en raison du rapprochement des plaques tectoniques d'Afrique et d'Europe. Et ils produisent déjà des milliers de tremblements de terre, 700 pour le seul Vésuve. Avec des gaz à effet de serre que nos petits bonshommes verts ignorent puisqu'ils ne permettent pas d'accuser l'humanité. Pour la seule Solfatare, son principal cratère rejette chaque jour 1 500 tonnes de dioxyde de carbone, 3 300 tonnes de vapeur d'eau, de l'anhydride sulfureux, de l'anhydride carbonique, de l'arsenic... À quel moment arrivera pour la zone des Champs Phlégréens une éruption aussi monstrueuse que celle qui a conduisit, il y a 39 000 ans, l'Europe dans un hiver terrible et l'extermination massive des humains ? Nul ne le sait. Mais cela arrivera. Études des secousses sismiques et de la montée du magmatisme ne laissent aucun doute.

Et, avant cette éruption massive qui se prépare dans l'antre de la terre, et à laquelle aucune prière à Gaïa ne peut mettre fin, les éruptions qui devraient survenir ne laissent pas d'inquiéter. L'évacuation, en cas d'éruption, prendrait plusieurs jours. Or, une éruption ne laisserait que 30 minutes à la population en raison de la caractéristique des volcans. Rappelons que les 3 000 habitants de Pompéi sont morts, en 17 minutes, en l'an 79.

En attendant, l'humanité construit, renforce et étend sa « maison ». Ici des bâtisses antisismiques, là des renforcements anticycloniques, ici et là un aménagement du territoire sécurisé, partout, à l'intérieur des habitats, des kits de survie, des réserves alimentaires, des outils pour réparer, des digues contre les inondations, des chemins de fuite des tsunamis sur les routes, des technologies de prévention et de précaution. Et quand le désastre arrive, une logistique adaptée aux secours, des médicaments, des infirmiers, des médecins, des pompiers, des hôpitaux, des humains qui veulent sauver les humains.

Oui, sauver l'humanité d'une planète qui les a ensevelis massivement depuis son apparition, telle est l'urgence écologique, et non sauver la planète. Et je laisse les idolâtres de la Terrre méditer sur l'avenir de leurs temples verts de Californie où est né le culte de Gaïa. Sur cette faille de San Andreas, de 1 300 km de long sur 130 km de large, il ne leur restera bientôt que ce choix : le grand plongeon dans son magma, ou, plus malin, la fuite pour éviter son Grand Câlin. Car demain ne sera pas un autre jour pour la planète. Seulement, grâce à la croissance et à la raison, pour les humains à condition que se poursuive la course au vrai progrès, qui est celle de la domination de la nature. Et que nul ne se laisse berner par les discours sur une prétendue « transition écologique » qui n'est ni une transition, ni écologique, mais seulement l'expression d'un obscurantisme qui affaiblit l'humanité.

D'où ce qui suit.

Où l'on découvre, dans la caverne d'Ali Baba naturelle, que l'énergie est inépuisable, l'ignorance des Verts, incalculable

Préserver les ressources énergétiques d'une planète épuisée ? Vénérer ce qui est « naturel » et dénoncer ce qui est « chimique » ? Je ne sais d'où viennent les petits bonshommes verts qui ont envahi la Terre, mais, à l'évidence, loin de notre galaxie. L'énergie ? Infinie et inépuisable. Où est-elle ? Partout, autour de nous, en nous aussi, offerte comme une sucrerie à nos désirs de croissance et de bien-être. La première entreprise chimique du monde ? Elle s'appelle la nature, dont la planète n'est qu'une des innombrables usines filiales. Car tous les biens matériels offerts par la nature sont des composés physico-chimiques, ce qui donne à la créativité humaine des perspectives infinies et à ses artifices un petit air naturel.

Depuis le Big Bang, l'énergie meut l'univers, cette planète aussi. Et il y avait assurément plus de sagesse chez nos ancêtres animistes du Paléolithique qui voyaient cette énergie partout, dans les minéraux, végétaux et animaux, que dans les tribus obscurantistes d'aujourd'hui qui imaginent qu'elle viendrait à manquer. Ce fut une raison de leur croyance aux esprits qui gouverneraient le monde. Ils avaient découvert l'énergie des vents, des marées, des courants fluviaux attribuée à l'action des esprits, et ils s'en servaient pour pêcher, chasser, se transporter. Ils avaient même l'intuition de l'énergie de leurs corps, quand bien même ils attribuaient leurs actions à un esprit-dieu dont ils seraient les réceptacles.

Durant près de 7 millions d'années, pour survivre, les humains bâtirent leur univers artificiel à partir de ce qui était perceptible dans la nature, roches, végétaux, animaux. Ils arrachaient une branche d'arbre puis la taillaient et la retaillaient pour la mettre dans la forme qui convenait à leurs besoins (poutre, lance, canne, bâton, flèche, bûche, etc.). Ils utilisaient des pierres informes comme le silex, le basalte ou le phonolite pour les transformer en outils tranchants[9], en les frappant avec d'autres roches comme des galets. Leurs flèches et leurs lances, leurs outils et leurs habitats, leurs bateaux et leurs moyens de coudre même, comme cette aiguille à tricoter, vieille de 45 000 ans, découverte à Dénisova, en Sibérie, tout montre que dès leur naissance les humains utilisent les potentialités trouvées sur la planète pour créer un monde artificiel.

Mais nos ancêtres du Paléolithique en agissant ainsi, sans le savoir, utilisaient non pas l'esprit du bois ou de Gaïa mais l'énergie des atomes. Ils manipulaient les atomes et utilisaient les lois physiques comme le Monsieur Jourdain de Molière faisait de la prose sans le savoir. Il leur fallut des millénaires pour saisir que s'ils pouvaient brûler le bois arraché de l'arbre, c'est en raison de sa composition atomique : environ 50 % de carbone, 43 % d'oxygène, 6 % d'hydrogène et 1 % d'azote. Et qu'en mettant le feu sous ce bois, ils fusionnaient les atomes de carbone et d'hydrogène du bois, avec le dioxygène de l'air, pour dégager, par oxydation, de l'énergie sous forme de chaleur. Et qu'il en allait ainsi pour tout ce qu'ils faisaient.

À partir du Néolithique et des ères des métaux, ils utilisèrent non plus seulement le schiste ou le silex, le bois ou les ossements, les marées et les vents, mais le cuivre, le bronze, le fer, l'or, l'argent, etc. Et d'innovations en innovations, l'humanité progressa sans toujours plus savoir les raisons de ses succès et de ses échecs, comme celui, retentissant, des alchimistes qui ne parvenaient pas à transformer le plomb en or. Jusqu'aux Temps modernes, où elle transforma l'énergie thermique de la vapeur d'eau en énergie mécanique, avec la machine à vapeur au XVIIIe siècle, développa les industries extractives, comme celles du charbon ou du pétrole, se lança dans l'agriculture intensive et dans les industries de transformation.

Depuis, l'humanité éclairée a compris. Il lui a fallu pour cela rompre avec les visions animistes, en particulier celle des philosophes « matérialistes » de l'Antiquité, Leucippe, Démocrite et Épicure, qui avaient imaginé l'univers composé d'éléments appelés « atomes » ; mot venant du grec « a » (ἅ), qui exprime la négation, et « *tomos* » (τομος), qui signifie « sécable ». Ils croyaient que ces atomes étaient insécables et s'associaient entre eux magiquement, au gré du hasard et de leurs affinités, pour former végétaux, animaux, astres, vents, humains. Tout était déterminé par ces sortes d'esprits indéterminables dont ils n'imaginaient pas possible l'étude scientifique.

On doit à Dmitri Mendeleïev d'avoir rompu avec cette vision magique en découvrant que tout dans l'univers est composé d'un nombre limité d'éléments chimiques qui ne sont pas insécables mais composés, et qui obéissent à des lois. Son « tableau périodique des éléments » de la nature, en 1869, répertorie déjà 118 éléments, de l'hydrogène à l'oganesson ; il pourrait y en avoir 137. Et, chrétien orthodoxe, en raison de cet ordre atomique, il en vint à se demander si ce monde n'était pas la production d'une énergie primitive souveraine, appelée « Dieu ».

Grâce au développement des microscopes, en particulier du microscope électronique, et, à partir de 1981, des microscopes à effet tunnel et à effet de force atomique, l'humanité est allée voir de plus près ces atomes, descendant au niveau du nanomètre (1 milliardième de mètre, 10^{-9} m) puis du femtomètre (1 billiardième de mètre, 10^{-15} m). Elle confirma le point de vue de Dmitri Mendeleïev. Elle vit dans chaque atome un noyau composé de protons et de neutrons (à l'exception de l'hydrogène) et des électrons qui lui tournent autour.

Puis, elle plongea plus loin dans l'infiniment petit, armée de la théorie des quantas de Max Planck (1858-1947). Au-delà de l'attomètre (1 trillionième de mètre, 10^{-18} m), elle arriva dans la caverne d'Ali Baba. Là, elle découvrit non pas l'âme de Gaïa mais les 12 particules élémentaires de la matière. Oui, 12 : 6 leptons et 6 quarks ; « quarks », mot inventé par James Joyce dans son roman *Finnegans Wake*. Tout est formé de ces 12 particules qui s'agrègent entre elles grâce à des vecteurs de force (bosons) en formant atomes, molécules, composés moléculaires, tout ce qui nous entoure, la terre, les astres. 12 particules, dit Max Planck, qui ne sont pas de la « matière », au sens matérialiste du terme, mais de l'énergie. Oui, de l'énergie pensait Albert Einstein aussi. Des quarks et leptons, de la « matière » et de l'« antimatière », de l'énergie. Et Max Planck, protestant, se demanda si derrière cette force et cette organisation nous ne devrions pas « supposer l'existence d'un Esprit conscient et intelligent », matrice de tout ce qui est, que l'on pourrait appeler « Dieu » ou du nom qu'on voudra[10].

Énergie dans notre environnement, énergie dans nos corps aussi qui sont de formidables usines énergétiques. Une énergie que nous exploitons au repos ou en mouvement, sans le savoir. Et même, à forte intensité, quand nous transformons, lors des efforts, l'énergie chimique en énergie mécanique, puis gravitationnelle, jusqu'à 100 watts en continu. Une énergie potentiellement exploitable comme en médecine, face aux handicaps, ou dans le textile, avec les nanofils piézoélectriques dans les vêtements qui permettent d'extraire l'énergie issue des déplacements et de la chaleur corporelle, tandis que les cellules, de 30 000 à 100 000 milliards, s'annoncent comme de formidables usines d'énergie reproductible en laboratoire.

Oui, la nature est bien la grande chimiste avec ses 12 particules élémentaires qui composent le monde. Et puisque les atomes sont partout, qu'ils sont de l'énergie, alors l'énergie est infinie.

La nature ? Une caverne d'Ali Baba. La planète ? Une grotte aux richesses infinies dans cette caverne. Dès lors, le problème de l'humanité n'est pas celui de la pénurie de l'énergie et la gestion de sa pénurie par de petits bonshommes verts incultes et avides de pouvoir, mais comment développer les moyens de l'extirper, de piller la caverne d'Ali Baba.

Car une chose est certaine : il y a de l'énergie à gogo. Une énergie inépuisable à moins d'imaginer que les quarks et les leptons viendraient à manquer, ce qui dénote certes un manque, mais seulement un manque de connaissances. D'où ce qui suit.

Où l'on s'amuse de l'épuisement des énergies fossiles, de la « transition énergétique » et du tour de passe-passe entre ressources et réserves

Gaz, charbon, pétrole, lignite, schiste, etc. Toutes ces énergies fossiles accumulées durant des millénaires par la prévoyante Gaïa s'épuiseraient sous l'action irresponsable des humains, ajoutant même de l'effet de serre qui tiendrait trop chaud. Une seule solution pour sauver la planète : imposer la « transition énergétique », remplacer les énergies fossiles par les énergies « alternatives », être « écoresponsable » jusque dans les salles de bains des hôtels où il paraît qu'en ne nettoyant pas ses serviettes on sauverait Gaïa, sinon les bénéfices de l'hôtelier.

Hélas ! Sur le mur des lamentations fossiles, je crains de ne pouvoir aller prier. Que les énergies fossiles soient en voie d'extinction ? Les petits bonshommes verts doivent les confondre avec feu les dinosaures. Qu'elles ne soient pas renouvelables « par définition » ? Au *Dictionnaire des idées reçues*, Flaubert aurait pu ajouter un chapitre.

Pour justifier leur vision apocalyptique et vendre les recettes miraculeuses de la « transition énergétique », qui est, au XXIe siècle, ce qu'était la « transition socialiste » du XXe, les démagogues ont inventé une distinction digne des farces du Moyen Âge. Il y aurait d'un côté les « réserves » de pétrole, de lignite, de charbon, de gaz de schiste, de l'autre, les « ressources » de ces mêmes énergies fossiles. « Réserves » ? Ce qui est exploitable. « Ressources », les énergies exploitables et potentielles pas encore utilisées. Distinction à l'origine du spectacle pour « citoyens gobe-mouches » (Aristophane) non avertis. Car, par un tour de passe-passe magique, seules les fameuses « réserves » devraient être comptées. Oui, proclame le bonimenteur, puisque les autres sont virtuelles et ne sont pas exploitées, elles ne comptent pas ! Et tournez manège !

Et de nous asséner comme vérités révélées que d'ici 54 ans, adieu le pétrole, épuisé. D'ici 63 ans, adieu le gaz, épuisé. D'ici 112 ans, adieu le charbon, épuisé. La petite troupe pourfendeuse d'humanité sur les marchés ne paraît, elle, aucunement épuisée.

Quel sort jeté par la fée Carabosse interdirait que ce qui n'est pas exploité aujourd'hui, ne pourrait l'être demain ? Est-il interdit aux formidables « ressources » de la planète de devenir demain des « réserves » par l'avancée des savoirs et des technologies ? Arrivés un peu plus tôt sur la planète, les mêmes petits bonshommes verts auraient intimé aux habitants de Sumer, l'ordre de cesser immédiatement toute exploitation du cuivre, les « réserves » exploitables par eux étant quasi nulles puisqu'ils devaient l'importer ainsi que les pierres. Je suppose qu'ils auraient joué *Apocalypse Now* sans les hélicoptères.

Le pétrole sur cette planète ? Il existe à gogo. Qu'il ne soit pas aujourd'hui exploitable ne signifie pas qu'il soit épuisé, ni qu'il ne soit pas exploitable demain. En 1990, les

« réserves » de pétrole étaient de 1 025 milliards de barils, en 2010, de 1 636 milliards, en 2020, de 1 730 milliards[11]. Un miracle ? Seulement la découverte de nouveaux moyens pour exploiter les ressources. Et demain ? Cela continuera. 120 à 135 milliards de tonnes (chaque tonne représente 7,3 barils) sont présentes dans le offshore, en eaux non profondes, et de 50 à 100 milliards, sous 200 mètres. Inaccessible ? Pour qui ? Avant 1960, forer au-delà de 60 mètres était impossible, en 1979, dans le Golfe du Mexique, 300 mètres ont été atteints, puis on est descendu progressivement, en 2019, en Guinée équatoriale, à 4 400 mètres. Et le progrès continue.

Et du pétrole, il s'en découvre tous les ans. En 2021, au milieu de la mer de Bohai, la Chine voilà un gisement géant, estimé à 100 millions de tonnes de pétrole. En Côte d'Ivoire, gisement de gaz et pétrole, à 1 200 mètres, de 2 milliards de barils bruts. Dans le seul Mexique, en trois ans, trois gisements géants ont été révélés entre 2019 et 2021, représentant plus d'un milliard de barils brut. Du Suriname à la Polynésie, le seul obstacle est le coût, mais non le manque. Et la créativité humaine transformera les potentialités en réalités en cas de besoin.

Et pourquoi ne pourrait-on pas produire des hydrocarbures comme la nature ? Les seules bactéries appelées cyanobactéries, ou parfois « algues bleues » (mais ce ne sont pas des algues) qui se trouvent partout, en produisent tous les jours. Or, certaines de ces espèces transforment l'énergie solaire en bouffant du CO_2 et en libérant le O_2, le dioxygène. Elles produisent ainsi, par an, des centaines de millions de tonnes de méthane, de pentadécane, d'heptadécane…

Créer des hydrocarbures à la demande, selon les besoins humains, voilà l'un des exploits des biotechnologies, dites

« blanches », qui, par biologie synthétique, utilisent des gènes des cyanobactéries, pour construire des micro-organismes artificiels capables de produire massivement des hydrocarbures, (alcanes, propane, nonane) et de l'hydrogène[12]. Et mieux que la nature ! Leur puissance de photosynthèse, à partir de la lumière solaire, du gaz carbonique et des eaux est améliorée dans les laboratoires. Cela règle même les problèmes de stockage comme l'a réussi l'Argonne National Laboratory. Et la créativité humaine découvre d'autres chemins, comme le raffinage des graines de tournesol ou de colza, pour produire du biodiesel et des biolubrifiants. Ou l'utilisation de ciseaux génétiques, le CRISPR-Cas9, à partir de la betterave, du bioéthanol, grâce aux souches de levure[13].

Et puisque les hydrocarbures ne sont pas des structures magiques mais des molécules, pourquoi ne pas partir des végétaux ou des particules transformées en laboratoires par les nanotechnologies ? Des artifices qui prennent quelques heures au lieu de 600 millions d'années exigées par le petit livre vert. Oui, ces énergies sont immenses et renouvelables.

Cela vaut pour le pétrole dit « non conventionnel », lui aussi loin d'être épuisé comme le gaz naturel liquéfié et le gaz naturel comprimé, qui remplacent souvent le pétrole et ne polluent pas. Comme les sables bitumineux ou le schiste bitumineux présent jusqu'en offshore profond. Comme pour le gaz de schiste dont les ressources sont quatre fois supérieures au gaz conventionnel, et pour l'huile de schiste, qui représente 15 à 20 % des réserves du pétrole.

Un bonheur pour les plus grandes puissances, comme les États-Unis, premier producteurs de gaz, grâce au schiste qui leur a assuré la souveraineté énergétique et a remplacé le charbon qui compte pour 17,1 % de la production d'électricité en 2020 contre 44,5 % il y a 10 ans, diminuant, en même temps, la production de CO_2.

Un cauchemar pour les petits bonshommes verts qui dénoncent les paysages détruits par les puits mais ont des yeux de Chimène pour les milliers d'éoliennes en béton dans les mers et sur les terres. Qui annoncent de possibles tremblements de terre mais ignorent les réels séismes produits par les centrales géothermiques.

Allons : l'imagination scientifique est au pouvoir dans cette course à l'énergie qui se révèle inépuisable. Partout où se tournent les regards des hommes éclairés, l'admiration s'impose devant ces découvertes pour produire de l'énergie grâce à la convergence des nanotechnologies, des biotechnologies et de l'intelligence artificielle. Et quand des idolâtres tentent par des mots creux, comme ceux de « transition énergétique » de lancer des sorts, le mieux est d'en rire.

Où l'on comprend, par le bon sens, le Covid et l'Ukraine, qu'il faut encore aller au charbon tandis que les pyromanes verts dénoncent les pompiers

Les petits bonshommes verts occidentaux exigent le bannissement du charbon. La maudite molécule, composée d'hydrogène, de soufre, d'oxygène et surtout de carbone serait éminemment « carbonée ». Et « carboné » est un gros mot. Jusqu'à 90 % de carbone dans la houille, 95 % dans l'anthracite, et il dégage du CO_2 quand il brûle ! Sa responsabilité dans le réchauffement « jamais-vu », serait indiscutable. L'affaire serait donc entendue : il faut bannir le malotru. Lors des festivités de la COP26, en 2021, une quarantaine de pays ont même ratifié une « Déclaration mondiale de transition du charbon vers l'énergie propre », Royaume-Uni en tête. Propre, pas propre, ça c'est de l'écologie profonde. D'autres comme les États-Unis et le Canada, se sont engagés à cesser de financer les projets d'énergies fossiles, ce qui est drôle puisqu'ils veulent propulser la biomasse. Chine, Inde, Japon, Russie et quelques autres, ont pris leurs jambes à leur cou. Obscurantisme et démagogie sont en Occident, raison et pragmatisme en Orient.

Au fond, comme dans une célèbre chanson de Georges Brassens, les verts d'Occident veulent interdire aux autres de suivre la même route qu'eux. Car son exploitation industrielle a été une cause majeure de la révolution industrielle du XVIIIe siècle, cause du développement de l'Occident et de sa puissance. Seul, il pouvait fournir l'énergie nécessaire pour les machines à vapeur et, sous forme de coke, à la métallurgie, sous forme de gaz à l'éclairage des villes. Et ce n'est pas un hasard si le charbon reste la deuxième source d'énergie dans le monde, après le pétrole.

À vrai dire, il faudrait commencer par féliciter l'humanité. Car la révolution industrielle, détestée par les chamanes verts, a été un progrès gigantesque pour elle. Un progrès qui n'alla pas sans malheurs, comme la silicose ou les coups de grisou, mais un progrès quand même. Ce n'est pas un hasard si toutes les nations, à l'exception de quelques populations restées nomades, emboîtèrent le pas de l'Occident. Et si les pays les plus riches de la planète, avec les niveaux de vie par habitant les plus élevés, ont été ceux qui ont suivi la voie de cette exploitation minière. Cette énergie a sorti de la pire des misères la Chine et l'Inde, où il compte pour 60 à 70 % du prix de leur électricité, mais aussi le Japon et l'Asie du Sud-Est.

Cette source d'énergie est, en effet, abondante, aisément exploitable, stockable et transportable. Elle est présente dans de nombreux pays, dont les trois principaux sont la Chine, la Russie et les États-Unis, ce qui assure une indépendance des sources d'approvisionnement. Aujourd'hui encore, logiquement, elle assure l'énergie pour un humain sur trois.

La remplacer ? Pourquoi pas. Mais de façon pragmatique, non en idéologue borné. Et certainement pas par ces prétendues « énergies renouvelables », parfois aussi polluantes, souvent plus chères, toujours plus instables, et définitivement insuffisantes pour fournir l'énergie nécessaire au développement, comme nous le verrons plus loin. L'alternative ? Les énergies nucléaires et celles extirpées par les nouvelles technologies, clef du futur.

Mais a-t-on vraiment besoin d'« alternative » ? Le CO_2 produit ne serait-il pas lui-même une source d'énergie rendant demain encore séductrice cette énergie ? Nous y reviendrons. En attendant, le charbon si utile hier l'est encore pour un long moment. La crise énergétique de la fin 2021, avec ses conséquences sur le prix des métaux et des denrées agricoles, a révélé le pot aux roses idéologique. En raison de la fin de la crise sanitaire et du refroidissement climatique de l'hiver précédent qui a fait baisser les stocks – refroidissement sur lequel les chamanes sont restés curieusement silencieux –, la demande mondiale d'énergies fossiles, en particulier de charbon pour les centrales électriques, a explosé.

Car impossible de compter sur les éoliennes et autres moulins à vent. Et s'il faut demander des comptes, comme le prétendent les Charles Moore et autres militants verts qui dirigent des commissions de certains pays nordiques et d'Australie, est-ce bien aux gouvernements chinois ou européens de Pologne, Bulgarie, République tchèque ou Grèce qui ont conservé leurs mines de charbon et ne se sont pas engagés à les arrêter avant 2038, voire 2050 qu'il faut le faire ? Est-ce bien aux gouvernements qui ont joué sur le nucléaire ?

La tactique des pyromanes verts qui consiste à dénoncer les pompiers est pour le moins grotesque, car ce sont bien eux qui ont lancé les dirigeants dans le mur au nom du Salut de la planète préféré au bien des populations. L'idéologie au lieu de la prudence.

Ainsi, sous leur influence, l'Allemagne est sortie du nucléaire pour s'engager dans les « énergies alternatives » au fossile. Ce qui, pour compenser ses manques, a conduit à cette incohérence : relancer les centrales à charbon. Puis, elle préfère financer les fameuses « alternatives » plutôt que les nouvelles technologies ou le nucléaire. Et en octobre 2021, comme la cigale de la fable de La Fontaine, elle se trouva soudain fort dépourvue quand l'hiver annonçait sa venue, elle alla crier famine chez la Russie, sa voisine, en la priant de lui prêter du gaz, devenu hors de prix tandis que le charbon redevenait le « roi charbon » (*King Coal*), à 220 dollars la tonne. On comprend qu'à ce prix, elle refusa d'annoncer une baisse de ses activités charbonnières avant 2038.

Totalement sous influence idéologique, le Royaume Uni était, lui, devenu, le modèle des Verts occidentaux. Après avoir inventé une taxe carbone en 2013, s'être engagé à supprimer toutes les énergies « carbonées », avoir arrêté toutes ses centrales à charbon deux mois en 2020, il avait été fier d'annoncer au monde, en mars 2021, la sortie définitive du charbon, troquant la maudite molécule pour de l'éolien. Automne 2021, patatras ! Pas de quoi fournir la demande, hausse de 500 % du prix de l'électricité. Et le royaume rallume ses centrales à charbon.

Partout en Europe où l'idéologie obscurantiste du culte de la planète est passée, au nom de la réduction de la dépendance aux « énergies fossiles », la crise énergétique a été coûteuse. D'autant que les gouvernements qui tentent de sauver leurs populations en rouvrant les centrales à charbon ou en important des « énergies fossiles » sont condamnés à payer des « droits d'émissions » de CO_2, de plus en plus élevés, qui appauvrissent plus encore les citoyens de ces pays et réjouissent les petits bonshommes verts.

La guerre de la Russie en Ukraine, en février 2022, révéla le pot aux roses. Sous les coups d'une idéologie verte qui condamnait énergies fossiles et nucléaire, l'Europe devint dépendante du gaz, du pétrole et du charbon russes : un quart de la consommation de pétrole, 40 % de la consommation de gaz, dont 65 % pour l'Allemagne, 100 % pour la Finlande ou l'Autriche. Et les Européens découvrirent, stupéfaits, que se servir chez un tel voisin pouvait conduire à se laisser asservir. Toute l'Europe se mit à avoir froid sous le coup d'une menace d'arrêt d'importation de ces énergies vitales. Tenue par la barbichette, l'Allemagne eut même quelques difficultés à condamner l'invasion puis, si elle admit de sévères mesures de rétorsion économique, elle refusa évidemment l'embargo sur les importations d'énergie en provenance de la sainte Russie qui aurait scellé l'arrêt de son développement. Or, ces importations finançant l'armée russe, celle-ci put donc continuer son avancée. Cela tandis que quelques tartuffes verts crurent pouvoir parader au nom du manque d'énergies alternatives, pourtant évidemment incapables, même à long terme, de jamais pouvoir subvenir aux besoins humains, et cela alors qu'ils étaient les premiers responsables de l'incapacité européenne de répondre au chantage.

Quelle différence avec la Chine pragmatique. Face à la pénurie d'énergie qui la frappe aussi fin 2021, notamment en raison de certaines concessions faites aux Verts occidentaux, ce pays relance la filière charbon. Premier producteur mondial, il augmente de près de 6 % sa production dès l'automne, intensifie les exploitations, ouvre de nouveaux sites. Quelle différence avec l'Inde, deuxième producteur mondial de charbon, qui, comprenant que les sirènes vertes venues des mers occidentales, l'avaient menée à la crise, construit de nouvelles centrales à charbon ? Et quelle différence avec les États-Unis qui ont assuré leur indépendance énergétique avec les industries fossiles, environ 80 % de la production de l'énergie, dont 16 % pour le charbon ?

Abandonner un jour le charbon ? Peut-être, mais un autre jour. En attendant, il est, comme hier, une véritable énergie « alternative »… à la disette. Et une assurance contre l'oppression pour le camp de liberté. Il a sauvé l'humanité, il la sauve encore.

Et le CO_2 qu'il produit ? Pas certain qu'à moyen terme ce ne soit une source de salut aussi. D'où ce qui suit.

Où l'on se félicite de la production du CO_2 indispensable à la vie, devenu source d'énergie renouvelable

Les devins verts, forts de leur connaissance de l'évolution climatique jusqu'à la fin du siècle et de leur connexion wifi avec Gaïa-la-Planète, promettent de limiter le réchauffement à 1,5 °C exactement, si on élimine tout ce qui est fossile. Et pour y arriver, outre les élire, ils ont décidé de punir par des « droits d'émission » de CO_2 les entreprises et les États « carbonés ». Haro sur la particule de CO_2, et les industries « carbonées » ! « Carboné », tout serait dit : le mal rôde. Les humains produiraient 36,8 milliards de tonnes de CO_2 par an, ce qui réchaufferait Gaïa comme jamais. Résultat : Gaïa souffre, Gaïa se meurt. Gaïa a besoin d'être sauvée du « carboné ».

Le carbone ? Un élément décisif de la vie. Il compose même 18 % du corps humain, deuxième élément après l'oxygène. Quant au CO_2, il n'est pas l'incarnation d'un mauvais esprit mais l'assemblage d'un atome de carbone et de deux atomes d'oxygène. Et, qui plus est, un élément fondamental du cycle de vie, car, sans lui, nous l'avons vu, plus de « couverture chauffante », pschitt ! plus d'humanité, plus de vivants même.

Le fameux CO_2 est certes parfois dangereux mais, comme l'oxygène, comme l'azote, comme l'hydrogène, comme tout élément chimique de la nature, seulement à certaines doses. Or, il est assez peu présent. D'après le modèle du Potsdam Institute for Climate Impact Research, par ailleurs fort contestable, il serait de 0,0412 % dans l'air contre 78,11 % pour l'azote, 20,95 % pour l'oxygène, 0,93 % pour l'argon… Soit, 412 parties par million dans l'air. Le danger ? Sous 5 000 ppm, soit 0,5 % ? Aucun, comme l'indique l'American Conference of Governmental Industrial Hygienists[14]. Vers 7 000 ppm ? Des effets très mineurs constatés après une exposition de plusieurs semaines dans un sous-marin. Il faut atteindre 15 000 ppm environ pour un léger effet métabolique. Au-dessus de 3 %, soit 30 000 ppm, il devient narcotique et au-dessus de 4 % toxique après 30 minutes d'exposition.

L'humanité y ajoute-t-elle sa part ? Oui, mais sur ces 0,0412 %, laquelle ? Si la Terre avait une température et un taux de CO_2 constants, peut-être pourrions-nous le déterminer. Mais ce n'est pas le cas. La relation entre réchauffement et CO_2 n'est pas plus démontrée et l'histoire de la Terre démontre même qu'elle ne peut l'être : le taux de cette molécule étant parfois moins élevé quand les températures montent, et vice versa. Il y a une raison à cela : les gaz, et pas seulement à effet de serre, varient en fonction de l'environnement, et sont un effet avant d'être une cause. En particulier, nous l'avons vu, un effet des variations de l'orbite terrestre, des rayonnements solaires, des mouvements dans le manteau de la Terre, des plaques tectoniques de sa surface…

Ces gaz influent à leur tour sur les processus mais comment le mesurer dans cette dynamique ? Au prochain refroidissement, nous serons autant en difficulté pour le pister qu'au précédent.

S'agissant des humains, ils produisent du CO_2, c'est vrai. Comme tout vivant. Les humains respirent, s'activent, utilisent des « énergies fossiles », ont des animaux domestiques même qui produisent des déjections et le GIEC certifie que si chevaux ou chèvres vivaient à l'état sauvage, ils se garderaient de déféquer dans les champs. Pourquoi pas.

Au lieu de blâmer les humains de produire du CO_2, la justice conduit plutôt à les en féliciter. Car leurs activités, y compris leurs industries, ont permis croissance et consommation, soins et plus de bien-être qui ont sauvé des millions de vies. Et plus d'un petit bonhomme vert serait encore dans sa grotte si ses ancêtres n'avaient pas choisi ce chemin, quand bien même il en coûterait quelques effets néfastes qui sont peu de choses, comparé à ce qui était avant.

Et puisque le CO_2 n'est pas le diable, une molécule composée de deux atomes d'oxygène et d'un atome de carbone, l'humanité éclairée s'est posé la bonne question : non pas comment arrêter la course à la croissance pour ne pas peiner la planète, mais comment l'accélérer et transformer cette molécule en énergie, et même, puisque ce mot est à la mode, en énergie « renouvelable ».

Ainsi, comment ne pas saluer l'invention des feuilles artificielles qui rendent désuètes les forêts elles-mêmes ? Ces feuilles composées à partir de particules d'oxyde de cuivre, créées par l'Institut de nanotechnologies de Waterloo (Ontario) et l'Université d'État de Californie, imitent les vraies feuilles, mais en mieux. Sur la planète, les plantes vertes utilisent l'énergie du Soleil, l'eau contenue dans la sève et le CO_2 de l'air, pour le convertir en sucre et rejeter un déchet, l'oxygène. Ce que l'on appelle la photosynthèse[15]. Or la feuille artificielle, avec ses nombreux côtés, absorbe aussi le CO_2, grâce à l'oxyde de cuivre mélangé à de l'eau sous une lumière blanche, mais elle en absorbe beaucoup plus et elle rejette non seulement de l'oxygène mais aussi du méthanol (CH_3OH), un biocarburant pour les véhicules[16]. Et l'usage de cette feuille peut être industriel. Une source d'énergie aussi inépuisable que le CO_2 lui-même.

Et la créativité humaine aimant dépasser la nature, au lieu de s'en tenir à reproduire en mieux la photosynthèse naturelle, l'institut Max Planck a modifié génétiquement des micro-organismes pour transformer le $CO_{2,}$ créant ainsi une septième voie de fixation du carbone par photosynthèse, inconnue dans la nature[17], vingt fois plus rapide que la photosynthèse naturelle. Oui, 20 fois.

Et au lieu du « puits de carbone » végétal de nos arbres, voilà le « puits bleu » de l'University of Central Florida qui a réussi à transformer le CO_2 en air pur et en énergie en brisant la molécule de dioxyde de carbone après avoir couvert la paroi d'une sorte de puits : un réseau en titanium (appelé « MOF ») qui réagit à la longueur d'onde bleue du Soleil comme un photo réacteur. Les chercheurs ont alimenté ce puits de CO_2 et, après 12 heures de bombardement d'onde bleue, ils l'ont éliminé et transformé en deux combustibles naturels solaires, du formate (CHOO) et du formamide (CH_3NO)[18], utilisables dans les colles, les solvants, les additifs pour les huiles, la synthèse de vitamine.

Finalement, la magie de Panoramix et celle des chamanes de Gaïa n'est rien comparée à l'imagination créatrice des sciences comme le montre la transformation du CO_2 en éthanol par procédé catalytique avec une pincée de nanoparticules de cuivre et des nano-aiguilles de graphène[19]. Ou bien, la transformation du CO_2 par la phthalocyanine de cobalt[20]. Ou bien, celle de l'Université de Yale qui a inventé un catalyseur moléculaire fonctionnant à l'électricité pour transformer le CO_2 en méthane et oxygène. Ou bien encore l'utilisation de la lumière du Soleil, de l'eau et un catalyseur fait de cuivre pour transformer le dioxyde de carbone en méthanol comme ces chercheurs de l'U.S. Department of Energy's de l'Argonne National Laboratory.

À l'arrivée, l'humanité démontre qu'elle peut toujours résoudre les problèmes qu'elle soulève en pariant sur le savoir. Non pas une ode à la décroissance mais à la croissance, non pas une condamnation de l'humanité mais un acquittement avec les félicitations du jury.

Où l'on voit que l'hydrogène est disponible à gogo mais qu'il n'est pas « vert » sauf pour les gogos

L'hydrogène serait une énergie « verte » et dans le petit monde des petits bonshommes verts, « verte » signifie « bonne ». Et « bonne » pour qui ? Mais pour la planète bien sûr qui est l'alpha et l'oméga de leur jugement moral. Car il paraît que Gaïa adorerait cette énergie que nos idolâtres déclarent « décarbonée » et « sans gaz à effet de serre ». Amusant, surtout quand on se souvient que ces mêmes petits bonshommes verts prétendent, en même temps, que l'humanité devrait jouer la décroissance ou freiner sa course sous peine de manquer d'énergie. Car s'il fallait une preuve que l'énergie est en abondance sur la planète, l'hydrogène nous la donnerait. Il compose 75 % de la masse de l'univers. Rien que cela ! Et, un kilo d'hydrogène contient trois fois plus d'énergie qu'un kilo de pétrole.

Donc potentiellement, une énergie inépuisable mais bel et bien physico-chimique, comme l'atome d'hydrogène, avec son proton et son électron. Et plus encore qu'on ne le croit. Certes, parfois on trouve de l'hydrogène pur, qui s'est construit par contact de l'eau ou de l'eau de mer avec du fer ou du magnésium ou par radioactivité naturelle. Et hop ! La nature sépare les atomes d'hydrogène de ceux d'oxygène mêlés dans l'eau. Coucou, voilà l'hydrogène !

Mais cette énergie inépuisable est rarement pure. Elle est le plus souvent associée à d'autres atomes, par exemple, dans l'eau (H2O), les deux atomes d'hydrogène copinent avec un atome d'oxygène, avec des atomes d'oxygène dans les hydrocarbures, ou avec des atomes de carbone. Bref, la nature est la grande chimiste.

Qu'à cela ne tienne dit l'humanité éclairée, au lieu de gémir sur la pénurie d'énergie et de préparer nos offrandes à Gaïa, examinons la caverne d'Ali Baba, et regardons s'il n'y aurait pas plus d'hydrogène à l'état pur que nous ne le pensions.

Et voilà que notre pillard humain découvre des centaines de gisements[21] inconnus des petits bonshommes verts. Ainsi, le seul Mali dispose de milliards de m^3 d'hydrogène, exploités depuis 2021. Le pillard en trouve aussi autour des volcans, où il commence à l'exploiter, comme dans la Corne de l'Afrique et en Islande. Par l'invention des « capteurs », il repère des gisements dans le bassin de Sao Francisco, au Brésil et à Oman. Le manteau terrestre même, sous la croûte, dévoile des ressources des millions de fois plus importantes que le pétrole et il avance avec son mot de passe, « sésame, ouvre-toi » qui est celui des sciences et des technologies qui vont les rendre exploitables.

Mais pourquoi piller seulement ? Imitons la grande chimiste, la Nature, s'est dit l'humanité savante. Et nos merveilleux créateurs brisent les molécules d'hydrocarbures. Et voilà de l'hydrogène à gogo à partir du méthane, ce gaz naturel composé de 4 atomes d'hydrogène et d'un atome de carbone (CH_4) : on chauffe cette molécule avec de la vapeur d'eau, les atomes se séparent, et, hop ! voilà votre énergie, avec quatre molécules de dihydrogène (H_2) d'un côté, et une seule de dioxyde de carbone (CO_2) de l'autre[22]. Et voilà de l'hydrogène à partir du charbon (par gazéification), de la biomasse, du propane, du butane, de l'éthane… Mieux que ce que la nature produit par ses volcans.

Comment ne pas s'amuser devant le spectacle burlesque donné par les obscurantistes verts qui applaudissent l'hydrogène au nom de la lutte contre le maudit CO_2 et les sataniques énergies fossiles ? Pourtant, par les seules énergies nécessaires à sa production et par ses effets, cette technique diffuse déjà 830 millions de tonnes de CO_2 par an dans l'atmosphère, soit autant que le secteur aérien tout entier, et 2 % des émissions mondiales[23]. Ce qui ne préoccupe pas les amis de l'humanité, mais seulement les idolâtres de Gaïa.

Il existerait, disent ces derniers, un procédé magique pour produire de l'hydrogène « décarboné », sans CO_2. Il suffirait de séparer par électrolyse, dans l'eau, les atomes d'hydrogène de l'atome d'oxygène qui la composent et hop ! voilà d'un côté de l'oxygène (du dioxygène), dont nos petits bonshommes verts pensent qu'il est toujours bon, ignorant tout des phénomènes d'oxydation, et, de l'autre, de l'hydrogène (du dihydrogène), qui serait la molécule la plus charmante qui soit. Adieu le vilain canard noir CO_2 ! Que du beau et du bon hydrogène.

Je pourrais me contenter de rappeler que si cet hydrogène vaut trois à quatre fois plus cher que l'hydrogène « carboné », il y a de bonnes raisons à cela. Il faut pour le produire d'immenses électrolyseurs, consommateurs de produits toxiques et une grande quantité d'énergie pour produire l'électrolyse, énergie qui, sauf à ce qu'elle soit nucléaire est, elle aussi, fortement « carbonée ».

Peut-être faudrait-il aussi rappeler que le principal gaz à effet de serre, ce qui réchauffe leur Gaïa sensible, n'est pas le dioxyde de carbone mais la vapeur d'eau. Et de loin. Au moins 60 %, entre 72 et 90 % selon les conditions atmosphériques. Or, tous les procédés pour extirper l'hydrogène en produisent. Et en masse. Par exemple, par la vapeur d'eau surchauffée pour l'extirper des hydrocarbures, lors des chauffes des réacteurs à plus de 1 200 °C, pour le charbon ou par l'électrolyse.

Peut-être aussi faudrait-il leur dire que l'utilisation de l'hydrogène est une formidable machine à produire des gaz à effet de serre. Par exemple, on met l'hydrogène dans la pile à combustible du véhicule et, hop ! grâce à l'oxygène, celle-ci produit de l'électricité qui permet d'avancer. Mais elle produit aussi de l'eau, sous forme de vapeur qui sort joyeusement des pots d'échappement et s'en va vers les cieux pour réchauffer la Terre comme gaz à effet de serre. Plus il y aura d'hydrogène « vert » ? Plus il y a aura de gaz à effet de serre. Magique.

Le vrai partisan de l'écologie, celle qui protège l'humanité, voit la confirmation, par l'explosion des moyens d'extirper l'hydrogène de cette planète, que l'énergie disponible dans l'univers est infinie. Et pour les pollutions et inconvénients produits par l'activité humaine, il ne doute pas que sciences et croissance en feront leur affaire.

Où l'on voit que biotechs jaunes et nanotechnologies traquent toutes les pollutions, y compris intellectuelles

Tandis que les obscurantistes prétendent rejouer le procès de l'humanité en traquant la moindre pollution, jouant ici les avocats des tortues contre les plastiques, là du Larzac contre les hydrocarbures, les vraies lumières en appellent à la dépollution des esprits. Pour cela, deux alliés : le bon sens et les technologies, parmi lesquelles les nanotechnologies et les biotechnologies « jaunes » qui annoncent la fin du fléau des pollutions, naturelles ou humaines, qui nuisent à notre espèce. À l'horizon, non pas le retour à un environnement « naturel » mais, au contraire, l'humanisation de la nature, l'agrandissement de la « maison », donc des lieux de vie artificiels humains.

Balayer les illusions revient d'abord à remettre les idées à l'endroit. Ainsi, il est faux de dire que le plastique ne peut être détruit : il ne résiste pas à l'action des rayons solaires qui décomposent le polystyrène en carbone organique et en dioxyde de carbone. Or le carbone organique se dissout dans l'eau de mer et le dioxyde de carbone dans l'atmosphère. Quant aux sacs en papier, ils produisent plus d'émissions de CO_2 que le plastique et les bioplastiques portent atteinte à la santé.

Mais qu'importent ces débats où les tortues servent de prétexte aux procès contre l'humanité, cela quand bien même des produits montrés du doigt comme les plastiques, ont sauvé, et sauvent encore des millions de vies. Face aux pollutions, refusant d'attendre des centaines voire des milliers d'années pour voir se dégrader les fameux plastiques, mais aussi les hydrocarbures ou les métaux lourds polluants, et concevant qu'il n'est pire ineptie que celle qui consisterait pour l'humanité à cesser de se développer, celle-ci a trouvé la seule voie possible de résolution raisonnable du problème des pollutions : le savoir.

Grâce aux nouvelles technologies : moins de déchets, moins de pollutions et plus de formidables outils de dépollution. Les nanotechnologies contribuent ainsi chaque jour à la détection des pollutions : des nanocapteurs fiables, rapides et peu onéreux permettent de traquer toutes sortes de molécules organiques ou minérales indésirables dans l'eau, l'air ou le sol. Une fois détectées, elles remédient chaque jour davantage aux problèmes, du traitement des eaux à la conception de nouveaux catalyseurs pour emprisonner les nanoparticules des fumées des moteurs d'automobiles, des réacteurs d'avions, des cheminées d'usines…

Ainsi l'or, avec ses 79 protons, qui nous paraît jaune et inerte à l'échelle humaine peut, à l'échelle nanométrique, transformer le monoxyde de carbone toxique en dioxyde, utilisable dans des pots d'échappement ou pour purifier l'hydrogène dans les piles à combustibles. Ainsi, les particules d'oxyde de titane incorporées dans le béton détruisent les polluants organiques et dépolluent l'air…

Les biotechnologies ne sont pas de reste. Ainsi, les biotechnologies dites « jaunes » produisent en laboratoire des micro-organismes, des champignons, enzymes, cellules, et même des bactéries génétiquement transformées pour la surveillance des pollutions (bioréporteurs), le traitement et le recyclage des déchets, la décontamination des sites (bioremédiation), l'assainissement des eaux et des airs, la surveillance sanitaire. Des matériaux antimicrobiens et anti-algues remplacent des produits biocides plus toxiques[24]. Une production artificielle par des moyens artificiels. Rien qui doive quelque chose à la nature, tout à la créativité humaine.

Et quel remarquable appui à l'agriculture intensive ! Les engrais chimiques ne sont plus une menace. Nitrates, phosphates, amiante, plomb, soufre... qui restent après l'exploitation humaine et menacent la santé, sont dégradés chimiquement. La bactérie *Pseudomonas halodenitrificans* s'empiffre avec joie des nitrates utilisés dans les engrais, source de pollution des eaux, en les transformant en azote (par oxydoréduction) qui s'évapore sans danger pour l'humain. La bactérie *Streptothrix hyalina* se régale en nettoyant l'eau des égouts de ses matières organiques. Des micro-organismes industriels aèrent et nourrissent le sol en le nettoyant. Des enzymes réduisent les pollutions des poules et des porcs. Des plantes génétiquement modifiées remplacent les produits polluants, pour résister aux insectes. Des biofiltres, à partir de cellules, réagissent à certains polluants pour dépolluer l'air...

Évoquer les marées noires pour invoquer la planète ? L'humanité des lumières préfère le chemin des sciences : 15 souches bactériennes se nourrissant du pétrole ont été identifiées[25], en particulier les souches *pseudomona*, gourmandes de molécules de pétrole, y compris diesel et essence.

Fabriquées et dupliquées en laboratoire, elles décomposent les hydrocarbures en dioxyde de carbone, eau et déchets organiques et, ensuite, meurent et se décomposent elles-mêmes en protéines pour les vivants. Un cycle vertueux.

Quant aux plastiques qui ont si mauvaise réputation, pourquoi ne pourraient-ils pas être dégradés comme le prétendent les ignorants verts ? Faudrait-il vraiment attendre mille ans pour que la nature les détruise ? Ne sont-ils pas composés d'éléments chimiques comme tout ce qui existe matériellement sur cette planète ? En 2011, des chercheurs de Yale découvrent un champignon mangeur de plastique en Équateur. En 2016, des chercheurs japonais découvrent une bactérie (*Ideonella sakaiensis*) qui produit des enzymes capables de détruire le plastique commun en six semaines. En 2020, une start-up découvre la dégradation et le recyclage du plastique par l'action de bactéries et de champignons[26]. Réduire le plastique de 97 % en 24 heures[27] ? En quelques minutes même ? Demain, voilà qui est certain. Puisque l'humanité s'est posé le problème, elle trouvera la solution.

Partout, les mille feux de joie de la science repoussent ainsi les pollutions humaines. Partout dans le monde, l'humanité éclairée trouve des solutions scientifiques au lieu de grigris verts. Une « alternative » à l'obscurantisme vert et à ses pollutions de l'esprit.

Où l'on découvre la production infinie sans déchets, à partir de l'infiniment petit et l'infinie ignorance des petits bonshommes verts

Se flageller de voir les richesses d'une Gaïa-Cosette épuisées ? Montrer du doigt déchets et pollutions qui la souilleraient ? Freiner, endiguer, contrôler la créativité humaine ? À horizon de l'infinie créativité humaine, ni épuisement, ni pollutions, mais un monde merveilleux où, à partir de l'infiniment petit, l'humanité ne se contente pas de prendre ses potentialités à la nature, ni même de l'imiter dans sa production physico-chimique, mais de faire mieux en ouvrant la voie à une production infinie, sans déchets, ni pollutions.

Depuis leur apparition, les humains ont produit en partant de ce qui est pour réaliser leurs projets. Ils partaient de la branche d'arbre pour arriver au poteau, du silex pour arriver à l'outil biface, de l'argile pour construire un mur, un peu comme un sculpteur se saisit du marbre pour en dégager peu à peu la forme voulue. À chaque fois, sur le sol, des déchets ; déchets de bois, de silex, d'argile, de marbre… Ce que l'on appelle une technique de production « *top down* », qui part du

« haut », des masses visibles, pour arriver en « bas », à l'objet visé, dégagé de la masse. À l'arrivée, on trouve l'objet produit et du gaspi.

Et, dans ce système de production qui dura près de 7 millions d'années, ce qu'ils prenaient à la nature semblait la diminuer : la forêt défrichée pour installer le village et cultiver des terres, n'était-ce pas un pan de forêt « en moins » sur la planète ? Le charbon, le lignite, le fer, le pétrole, la silice, toutes ces matières utilisées, n'étaient-ce pas des éléments « en moins » enlevés à la planète ? Ainsi naquit l'idée fausse qu'à force de lui prendre des biens, parfois constitués durant des millions d'années, telles ces énergies fossiles, dame Planète serait épuisée, fatiguée, peut-être même irritée.

Difficile d'imaginer une autre voie de production car ce qui se passait au cœur des activités de production fut longtemps inconnu. Ainsi, au Moyen Âge, les humains ne pouvaient saisir pourquoi le charbon utilisé pour chauffer le fer jouait un rôle majeur quand ils fabriquaient une épée à la surface dure comme de l'acier. Ils ignoraient que la dureté de la lame était due au transfert, vers le fer, des atomes de carbone du charbon qui servaient à chauffer le métal. Ils constataient seulement la dureté de l'épée aciérée. Et l'idée de partir des atomes de carbone et de fer pour produire l'épée leur aurait paru aussi magique que les formules d'alchimistes.

Il leur paraissait aussi évident que la fabrication des épées à partir du fer s'opérait par l'exploitation des gisements de minerais et nécessitait de couper beaucoup d'arbres pour les chauffer[28]. Donc, qu'elle imposait une diminution des gisements et une déforestation. L'idée que l'on pourrait éviter et cette consommation de bois, et cette consommation de matières premières en changeant de mode de production et que l'on obtiendrait ainsi une épée plus solide que l'acier tenait de la croyance en Excalibur, l'épée magique du roi Arthur.

Enfin, créer des épées sans déchets de ferraille qui polluaient les alentours des ferronneries, nul n'y songeait, puisque le fer envoyé vers les forges, où les masses d'atomes de fer étaient chauffées avant d'être frappées, courbées, effilées pour prendre la forme d'une épée, laissaient au sol des molécules inutilisables.

Avec l'avancée des sciences vers la découverte de l'infiniment petit, l'humanité savante se posa cette question : et si, au lieu de partir des masses visibles pour produire nos objets, nous faisions un peu comme avec les Lego, en partant des atomes eux-mêmes pour assembler des molécules, à partir desquelles nous construirions des agrégats puis des objets ? Ce fut la voie annoncée par Richard Feynman (1918-1988)[29], celle de la production ascendante, appelée « *bottom-up* » qui va de l'infiniment petit aux objets, du bas vers le haut, en opposition avec le « *top down* » traditionnel, qui part du haut, des masses, pour descendre vers les objets.

Ainsi, la nature produit des ailes de cigales hydrophobes et autonettoyantes qui éjectent de la buée à mesure qu'elle se forme. Constatant, au niveau nanométrique, que ces ailes sont composées de structures coniques qui éjectent la buée, les scientifiques se sont mis à fabriquer des nanocônes artificiels sur le même modèle pour expulser l'eau lors des condensations ; voilà pourquoi les ailes des avions ne gèlent plus et ne rouillent pas. Observant les plantes hydrophobes comme le lotus, ils ont découvert que si l'eau ne les mouille pas, la structure atomique rugueuse de la surface de la feuille en est la cause. Lorsque l'angle de contact entre les atomes d'une chose et une molécule d'eau est supérieur à 90°, celle-ci ne peut rentrer dans les interstices : elle roule comme une bille et nettoie même, en roulant, les impuretés. Or, dans la feuille de lotus, l'angle des atomes est de 170°, ce qui la rend donc hydrophobe. Dès lors, pourquoi ne pas reproduire artificiellement cet « effet feuille de lotus » ? Et voilà l'invention des peintures ou des tissus hydrophobes, des verres autonettoyants avec des usages multiples dont seule l'imagination connaît les limites, tels ces navires qui glisseront mieux sur l'eau, économisant environ 25 % de leur carburant.

Pourquoi, par exemple, au lieu de partir des gisements de graphite naturel pour en dégager des masses qui serviront à fabriquer des crayons, ne partirait-on pas des atomes de carbone pour les empiler en couches de l'épaisseur d'un atome ? Après avoir accumulé ces couches, voilà créé par l'humanité un nouvel élément qui n'appartient pas à la nature, le graphène, aux propriétés de dureté, de conductivité, de souplesse inégalable par la nature. En construisant à partir des atomes, on a ainsi obtenu un matériel plus résistant et léger que l'acier, transparent, conducteur de courant... Il peut remplacer les fibres de carbone dans l'industrie aéronautique et automobile et demande moins d'énergie pour être propulsé ; il peut remplacer l'oxyde d'étain dans les panneaux solaires ou les écrans plats et il n'est pas polluant ; transformé en nanorubans, il peut remplacer les fils électriques ; on peut même l'utiliser pour dessaler la mer par sa composition qui laisse passer les molécules d'eau mais non les éléments chargés en chlorure de sodium (sel).

Pas de magie là-dedans. Simplement la découverte que les lois de l'infiniment petit ne sont pas celles que nous connaissons à l'échelle humaine. Ainsi, songeons au seul « effet de surface». Imaginez un petit dé à jouer d'un centimètre de côté. Vous vous dîtes, à juste raison, que la surface de ce dé est égale à 6 × 1 cm^2, soit 6 cm^2. Maintenant, découpons cette même surface en 2, puis encore en 2… jusqu'au niveau du milliardième de mètre. Étalons les surfaces de ce dé, nous voilà alors avec un cube de 6 × 10 millions de km^2 ! Difficile de jouer de la même façon avec lui. Mais nous pouvons jouer d'une autre façon, autrement plus séduisante. Car à présent 80 % des atomes se trouvent à la surface. Le voilà donc plus réactif, avec des propriétés tout à fait nouvelles, comme on le voit avec le cuivre qui, réduit en nanocristaux, devient trois fois plus résistant et qui est accessible à la manipulation humaine grâce, par exemple, aux microscopes à effet tunnel. Ainsi va la condition humaine : elle ne se satisfait jamais de ce qui est.

À partir de l'infiniment petit, les nanotechnologies développent une production inouïe. Nanoparticules d'oxyde de titane pour la protection solaire, nanoparticules d'argent bactéricides incorporées à des textiles, ordinateurs quantiques, moteur biométrique, microfibres, microplastiques, nanofils, nanoplots, nanotubes de carbone, nanotransistors, engrais, fongicides, thérapies anticancéreuses… Dans l'agriculture, les textiles, le biomédical, l'énergie renouvelable, la protection de l'environnement, l'électronique, l'industrie, des merveilles par milliers, et rien qui puisse être produit par la nature.

Ainsi, fut découverte une nouvelle grotte d'Ali Baba qui ouvre à la créativité humaine les portes d'une croissance infinie.

Les biotechnologies dites « blanches » explorent de leur côté les productions infinies possibles à partir de micro-organismes, enzymes, cellules, ADN, etc. Songez que dans un gramme de sol tempéré, il peut y avoir jusqu'à un milliard de bactéries et de champignons. Des potentialités d'exploitation inouïes dont la nature sauvage nous donne une idée lors des processus de fermentation de la bière par des champignons, comme la levure qui transforme les sucres en alcool et en dioxyde de carbone.

Elles s'emparent donc des éléments de l'environnement (paille, maïs, bois) pour les transformer chimiquement en produits finis, type bioplastiques, polymères, médicaments... Le bioéthanol, naguère exclusivement produit à partir du pétrole, peut dorénavant l'être à partir de céréales. La biomasse est devenue une source d'énergie. Bref, encore la certitude d'une production infinie et sans déchets.

Pourrons-nous un jour transformer les atomes eux-mêmes, passer de l'un à l'autre, selon nos besoins ? Ainsi, par radioactivité, il est déjà possible de transformer un atome de potassium (40), qui contribue à la radioactivité naturelle des roches et à la chaleur de la terre, en atome de calcium[30]. Le rêve des alchimistes, un pari grandiose, à la mesure de la grandeur de l'humanité qui a mis seulement l'orteil sur l'Himalaya à gravir. L'infini des productions à partir des molécules est devant nous, sur Terre et aussi, demain, sur les autres planètes. L'humanité en est à ses débuts pour exploiter les infinies richesses de l'univers et construire l'environnement artificiel de ses rêves.

Où l'on découvre que les éoliennes ne sont ni durables, ni renouvelables, ni naturelles, et qu'elles sont beaucoup de vent

« Qui sème le vent, récolte la tempête », disait le poète perse Nizami. Et les petits bonshommes verts sèment à tout vent. Les éoliennes bétonnent les collines et les mers, tandis que les nouveaux parcs d'attractions verts célèbrent panneaux solaires, comparses hydrauliques, géothermiques et même la biomasse, son « bois-énergie » et son biogaz. Voilà l'avenir, nous vend-on, car elles utiliseraient « la force naturelle », celle de l'eau, du Soleil, du vent, des arbres, des déchets même. Une force « naturelle » donc une énergie « écologique », « durable », « gratuite », « renouvelable ». Une « alternative » aux énergies qui épuisent Gaïa. Oui, « la force est avec toi » proclament les chamanes de Gaïa qui ont des airs de Maître Yoda jouant *Star Wars* à coups de dégrèvements d'impôts, de subventions et de règlements.

Arrêtons-nous sur les éoliennes pour mettre à nu l'obscurantisme des petits bonshommes verts. Commençons par signaler un quiproquo comique dû à une manipulation du vocabulaire, à un sophisme grossier, dont les militants verts sont coutumiers. Les énergies « alternatives » seraient « naturelles » nous dit-on. Certes, le vent, comme l'eau, le Soleil, la biomasse sont des énergies « naturelles ». Mais pétrole, charbon, silicone, uranium le sont-ils moins ? Et, toutes ces énergies naturelles, du vent aux hydrocarbures, n'exigent-elles pas pour être utilisées des moyens humains bien artificiels ? Je n'ai encore jamais vu une éolienne pousser toute seule dans un champ. Donc, ces énergies « alternatives » d'origine naturelle, comme les autres, sont artificielles, comme les autres. Mais le mot « naturel » permet l'attrape-gogo.

Ces énergies seraient « renouvelables », « durables » et « gratuites » pérore-t-on. Quel admirable piège à gogos. J'admets qu'il y a du vent renouvelable et gratuit sur la planète. J'imagine même que cela va durer quelque temps. Mais, à nouveau, nos démagogues feignent de confondre ce qui est présent dans la nature, ce qui est potentiellement disponible pour l'humanité, et le mode d'exploitation.

Les moulins de naguère destinés à prendre l'énergie du vent n'étaient pas plus « naturels », « renouvelables », « durables », « gratuits » que ne le sont les éoliennes d'aujourd'hui. Ils étaient fabriqués de pierres, de briques et de bardeaux de bois, éléments arrachés à la planète, taillés et préparés pour l'usage humain. De l'artificiel à 100 %. Du coûteux aussi. Ils ne se renouvelaient pas tout seul ; jamais un moulin n'a enfanté un autre moulin. Et les ruines d'aujourd'hui témoignent qu'ils n'étaient ni renouvelables, ni durables.

Les éoliennes ne seraient-elles pas des artifices, de part en part ? Les éléments dont sont composées les éoliennes ? Acier et béton des fondations et du mât, fer et cuivre du transformateur, aimants et disques d'acier couverts de résine et de fibre de verre du rotor, carbone et fibre de verre ou de carbone avec résine de polyester des pâles, dispositifs électriques et électroniques de la nacelle, génératrice dynamo, sans même évoquer câbles enterrés, aire de stationnement, chemin d'accès. Du 100 % artificiel. Du 100 % humain. Du 100 % coûteux aussi.

Et du 100 % non renouvelable : les éoliennes ne reproduisent-elles toutes seules grâce à la Fée Verte ? Et du 100 % non durable. Durée de vie ? Vingt ans, en moyenne, vingt-cinq maximum. Parfois moins, quand foudre ou corrosion endommagent le rotor[31]. Oui, moins que nos anciens moulins à vent. Le béton nécessaire pour le socle ? 550 m^3 par éolienne. Or, 1 m^3 de béton produit 350 kg de CO_2 et de la vapeur d'eau[32]. Il nécessite aussi de prendre du sable, matière non renouvelable. Ce qui est « renouvelable » dans l'éolien ? Subventions, dégrèvements d'impôts, obligations d'achat par les compagnies d'électricité et la croyance du petit bonhomme vert qu'avec ses pâles et ses petites mains il va « sauver la planète » des pollutions humaines qui la souillent.

Pollution ? En veux-tu en voilà. Après vingt ans ? L'excavation des fondations en béton de ces éoliennes a lieu… sur un mètre, alors qu'elles sont larges d'une vingtaine de mètres et profondes de 3 mètres ; jusqu'à 50 mètres pour les éoliennes marines. Grâce aux prières à Gaïa, ce beau béton se dissoudrait-il sans polluer ? Et son acier ne rouillerait pas comme le font déjà 30 000 éoliennes aux États-Unis ? Et les pâles enfouies, faute de pouvoir les recycler, mélange de résine, de polyester, de fibre de verre, de fibre de carbone, avec son électronique, son adhésif, ses fils antifoudre ? Et les alternateurs, fabriqués à partir de terres rares, les lanthanides, jusqu'à 150 kg par éolienne, dont l'extraction produit deux fois plus de déchets toxiques que les combustibles nucléaires, en plus d'être dangereux pour l'humanité[33], deviendraient-ils des déchets propres, comme les câbles électriques, leur gaine en caoutchouc, leur fibre optique et en cuivre ?

La fourniture en énergie ? Il faut être un fervent adorateur de Gaïa pour y croire. Potentiellement productrice de 1 820 GWh par an, si le vent souffle modérément et dans le bon sens, ce qui réduit son usage à environ 21 % du temps, serait-ce formidable, comparé au nucléaire dont les plus petits réacteurs (900 MW) produisent environ 6 TWh (térawattheures) par an, soit 5 fois plus sur 100 fois moins d'espace ? Et encore plus formidable quand l'on songe que les centrales nucléaires comprennent plusieurs réacteurs, comme celle du Balays qui, avec ses 4 réacteurs, produit 24 TWh, soit l'équivalent de 4 330 éoliennes… Et dans la plupart des autres centrales, les réacteurs ont des puissances de 1 300 à 1 450 MW, soit l'équivalent de 7 000 à 10 000 éoliennes. L'éolienne, une alternative vraiment ?

À l'horizon ? Non pas « l'indépendance énergétique » mais toujours plus de dépendance aux aléas naturels. Et la perspective d'une catastrophe : la privation d'électricité, le « *black-out* », faute de pouvoir fournir l'électricité nécessaire pour se protéger. À la façon de ce « *black-out* » du 8 janvier 2021, où la Croatie a dû couper le courant pour plus de 200 000 foyers, engageant un processus de rupture de fourniture jusqu'en France et en Italie. À la façon de cette crise énergétique qui ravage le monde, fin 2021, en particulier tous ces pays qui, tel le Royaume-Uni, emporté par les chimères obscurantistes, ont joué l'air des éoliennes et d'autres prétendues énergies « alternatives ». Et, si la folle course aux énergies alternatives voulue par les petits bonshommes verts n'est pas arrêtée, en imaginant que 35 à 40 % des énergies en soient issues, voire 100 %, selon les programmes des plus démagogues, alors, le « black-out » sera long et la ruine des pays qui auront écouté les prophètes de Gaïa, assurée[34].

Oui, en un sens, cette énergie artificielle, non durable, et non renouvelable est bien une alternative. 62 éoliennes bétonnant la mer dans la baie de Saint-Brieuc, voilà une belle alternative aux rivages marins et aux voiles des bateaux. C'est une alternative à la chasse aussi : grâce à ses pâles, l'éolienne parvient à broyer de l'oiseau, entre 230 000[35] et un million chaque année. Sans compter les coupes vengeresses des éoliennes marines : une marée rouge au lieu des marées noires. La mort des volatiles par le supplice de la pâle[36], l'abattage au lieu de la battue. Une réjouissance verte ?

Où l'on découvre que, pour survivre, les autres « énergies alternatives » doivent disparaître ou devenir un sous-ensemble des nouvelles technologies

« Greli-Grelo, combien j'ai d'énergies alternatives dans mon sabot ? », chantent les petits bonshommes verts sur les marchés occidentaux. Dans leur kit de survie de la planète, l'éolienne n'est pas la seule énergie acceptable, prétendument gratuite, durable et renouvelable : biomasse, hydroélectricité, géothermie, panneaux photovoltaïques permettent d'apprendre aux militants à compter jusqu'à 5. Voire au-delà si l'on y ajoute les rites de production des temps anciens, à condition qu'ils soient conformes à l'impératif des talibans verts, Promoteurs de la vertu et de la répression du vice : « Tu aimeras la planète mieux que toi-même et tu ne produiras point de CO_2. »

La biomasse serait-elle une « alternative », plus convaincante que l'éolienne, aux énergies fossiles ? Comment ne pas rire de cet étonnant engouement alors que c'est une énergie fossile, la plus fossile qui soit, puisqu'elle est issue de la dégradation du bois, des végétaux, des déchets organiques agricoles et ménagers ? Et comment ne pas ironiser devant l'étalage du plus éculé des sophismes, qui tente de faire croire que puisque la dégradation est « naturelle », alors l'énergie créée, à partir d'elle, le serait aussi. À ce titre, rappelons que toutes les énergies fossiles étant « naturelles », leur production le deviendrait aussi, pétrole et charbon d'abord. Évidemment, tout est artificiel, de la production d'énergie à partir des tiges pressées de la canne à sucre, jusqu'à celle extirpée des déchets en décomposition mis dans des cuves (digesteur) pour récupérer le méthane. Et c'est d'ailleurs bien là, la cause du problème.

Elles n'émettraient pas de gaz à effet de serre, proclament les militants verts. Par quel tour de magie brûler du bois pourri ne produirait pas de gaz à effet de serre ? Le bois dégradé serait-il, par la force de la Fée Verte, une matière magique « verte » avec ses sous-bois où gambadent écureuils et prêtres de Gaïa ? N'est-il pas composé d'atomes, dont l'oxygène, le carbone, l'hydrogène, l'azote, et de matières minérales ? Entre 350 °C et 1 500 °C, ne s'oxyde-t-il pas en produisant dioxyde de carbone, vapeur d'eau, oxyde d'azote, dioxyde de soufre, benzène, plomb, nickel, manganèse, cuivre, bore, et plus de 18 hydrocarbures aromatiques polycycliques (HAP) extrêmement dangereux pour la santé[37] ? Oui, 18. Et dangereux.

Et cela serait-il « renouvelable » ? Ainsi, brûler les vieux arbres morts ne poserait pas de problèmes, puisqu'on pourrait, aussitôt, en replanter. Pas vu, pas pris. Seule l'ignorance des petits bonshommes verts de la photosynthèse sur terre peut conduire à une telle ineptie. Car si les arbres sont des « puits de carbone », ce ne sont pas des trous sans fond. Oups !

disparue la méchante molécule carbonée ? Pas le moins du monde, elle est bien là, dans le puits. Et en brûlant pour produire la fumeuse biomasse verte, l'arbre de cent ans dégage le carbone emmagasiné durant un siècle. Compenser par la plantation d'une jeune pousse comme le prétendent les chamanes ? Il faut croire à la magie pour imaginer que le plant va en un an prendre l'équivalent d'un siècle de CO_2 de son prédécesseur. Un an de récupération de CO_2 par un arbre en vaudrait-il 100 ? 500 scientifiques ont protesté devant cette ignorance des anciennes mathématiques[38]. En vain. Compter jusqu'à 5 n'est déjà pas si mal pour un militant vert.

Et par quel autre miracle du Saint-Esprit vert, brûler dans les usines d'incinération des tonnes de déchets végétaux et de bois, ne produirait pas plus de gaz à effet de serre ? Non seulement du CO_2, mais, pire encore, de la vapeur d'eau ? Car faut-il le rappeler, elle est le principal gaz à effet de serre, et de loin ? Entre 60 % et 90 %, selon les environnements. Est-ce donc moins que les 10 à 26 % attribués au CO_2 ? Encore un coup des mathématiques vertes ?

L'hydroélectricité ? Plus intéressante, comme le montre la Suède. Mais ni plus naturelle, ni plus gratuite, ni plus renouvelable que les autres. À moins de prouver que les barrages hydroélectriques ne sont pas créés par les humains mais autoproduits par la nature voire par les castors. Ils ne coûtent pas seulement cher, ils bétonnent l'environnement, envasent des régions, détruisent des espèces de poissons et des zones agricoles… Et, pour durer, ils appellent d'incessantes rénovations.

Ils dégagent eux aussi le plus important des gaz à effet de serre : la vapeur d'eau, et le plus nocif, non seulement du

CO_2 mais et surtout du méthane, avec des effets de serre supérieurs à ceux d'une centrale à charbon[39] ! Il n'est pas anodin qu'en Suède même, cette part baisse, passant de 45 à 38,7 % et qu'elle est l'un des pays les plus nucléarisés du monde pour assurer son développement.

La géothermie ? Plus intéressante encore, surtout pour ses pompes à chaleur à destination des habitations individuelle. Néanmoins, si la chaleur de la terre est « gratuite », les centrales qui les utilisent ne le sont évidemment pas. Coûteuses, elles émettent, lors de leur construction, vapeur d'eau, dioxyde de carbone, sulfure d'hydrogène et parfois méthane, mercure, radon, ammoniaque et bore. Éléments parfaitement naturels et tout aussi parfaitement nocifs pour l'espèce humaine[40]. Ces centrales sont si peu « naturelles » qu'elles peuvent déstabiliser le sol, comme on l'a vu en 1997, en Suisse, puis, en 2019 et 2020, en France (Reichstett-Vendenheim), déclenchant des tremblements de terre.

Pendant l'exploitation, bruits, odeurs, et gaz des sous-sols peuvent remonter à la surface avec des émissions de vapeur d'eau, de CO_2 (122 kg par MW), de dioxyde de soufre, de silice et des traces d'arsenic et de mercure dans les réservoirs. Les générateurs nécessitent de l'électricité qui, elle-même, provient d'ailleurs, en général soit du nucléaire, soit des énergies fossiles.

Durable vraiment ? Durée de vie des centrales ? 30 à 40 ans. Exceptionnellement 60, avec des modifications. Puis, le trou est bouché avec du ciment dont nos militants de l'alternative rouge-verte devraient nous expliquer qu'il est salutaire pour l'environnement.

Panneaux photovoltaïques et centrales solaires thermiques qui tentent d'utiliser l'énergie solaire, présentent encore plus d'intérêt, à condition de ne pas tomber dans l'obscurantisme vert. Ces énergies extirpées ne sont ni « naturelles », ni « gratuites », ni plus « durables » que les autres. Leur production est extrêmement coûteuse en fabrication et en énergie[41].

Pollution ? Dès leur conception, par l'envoi dans l'atmosphère de la poudre de silicium et, bien entendu, du CO_2 et de la vapeur d'eau, lors du raffinage de la silice. Et le recyclage des panneaux n'est pas simple. Ils contiennent du verre, du silicium, de l'aluminium, du cuivre et de l'argent et, en minuscule proportion, de l'indium et du gallium, deux terres rares polluantes, ainsi que du plomb et du cadmium à hauteur d'un peu plus de 0,1 %, métaux dangereux et non négligeables, quand l'on songe aux 20 millions de tonnes de déchets prévues, en Chine, d'ici 2040. Durabilité ? Faible. Une trentaine d'années. Fiabilité ? Subventions.

Finalement, aucune de ces énergies n'est une « alternative » aux fabuleuses avancées des sciences, simplement la tentative, parfois intéressante, plus souvent absurde, d'utiliser les vieilles sources de richesse visibles à l'œil nu par des procédés industriels que les petits bonshommes verts croient « naturels ».

L'avenir de ces « énergies alternatives » ? Aucun pour certaines, effet de mode et d'idéologie. Pour les autres, une seule solution : devenir une province des technologies. Ainsi, l'avenir des panneaux photovoltaïques se trouve dans l'utilisation des nanoparticules. Du fait des propriétés électroniques et optiques uniques des nanostructures, elles peuvent réduire les coûts de fabrication et permettre d'atteindre des niveaux de rendement trois fois supérieurs aux panneaux conventionnels. Elles vont leur permettre d'être transparents et pliables, afin d'élargir leur usage hors des toits. Par les capteurs nanotechnologiques, les réseaux électriques deviennent « intelligents », ce qui favorise moins de pertes et une gestion plus souple de la distribution des énergies qui en sont issues.

Ces énergies dites « alternatives » n'en sont donc pas. Elles n'ont d'intérêt qu'à la condition d'être embarquées comme un sous-ensemble mineur derrière la formidable explosion des technologies, en particulier derrière la convergence des nanotechnologies, des biotechnologies et de l'intelligence artificielle. La seule « alternative » sinon : leur disparition.

Où l'on découvre que le nucléaire est une alternative au vent

Combattre le CO_2 et refuser l'industrie nucléaire ? Voilà qui est curieux et qui révèle le sens véritable de l'écologisme vert : sa détestation des sciences et du progrès. Difficile d'ailleurs de ne pas trouver grotesque cette même armada verte qui s'extasie en même temps sur les bienfaits des énergies solaires récupérées par les panneaux photovoltaïques, puisqu'elle provient du rayonnement électromagnétique de la fusion nucléaire du Soleil. Ou qui chante les mérites des vents et des eaux tombées du ciel à la suite d'orages durant lesquels la foudre déclenche des réactions bien nucléaires dans l'atmosphère en cassant les noyaux atomiques et en libérant des rayons gamma radioactifs[42].

L'uranium a la plus mauvaise presse. Pourtant, cet atome est bien naturel, quasi bio. Découvert en 1789, c'est bien un élément naturel, oui « naturel », comme le bois et l'eau. Il est plus présent que l'argent ou l'or, cinquante fois plus que le mercure : environ 2 à 3 grammes par tonne dans l'écorce terrestre. Il se trouve même dans la mer et les fleuves[43], jusqu'au Rhône et certaines eaux de source, comme l'eau de Badoit. En 1896, Henri Becquerel a démontré sa radioactivité, ce qui permet aux démagogues d'effrayer encore un peu plus ceux qui ignorent que d'autres éléments le sont aussi, en particulier le potassium, et que cette radioactivité est l'une des causes de la chaleur sur terre.

L'humanité est partie d'un constat : l'uranium est une source de chaleur naturelle pour l'écorce terrestre qui, sinon, se refroidirait. Imiter la nature en bombardant le noyau de l'uranium 235, pour le casser, et dégager de la chaleur dont on pourrait produire l'électricité, lui parut une bonne idée. Et puisqu'il faut 3 à 5 % d'uranium 235 dans une centrale nucléaire pour produire des réactions en chaîne, l'extirper devient son projet.

Hélas ! si l'on n'est pas Superman ou Hulk, impossible d'extirper directement assez d'uranium 235 pour faire tourner une centrale. Sur 100 kg d'uranium naturel, 99,3 kg sont de l'uranium 238 et seulement 0,7 kg de l'uranium 235. On laisse de côté le frère uranium 234. Alors, que faire ?

Un petit bonhomme vert aurait cessé sa quête, effrayé à l'idée de troubler la planète. L'humanité facétieuse décida, elle, de prendre l'uranium 235 de l'uranium naturel en réduisant, en son sein, la part d'uranium 238 par de multiples opérations comme vous le feriez pour augmenter la salinité de la mer en l'épurant d'une partie de son eau. Elle broya les roches pour dégager l'uranium naturel, puis le traita avec de l'acide sulfurique afin d'en faire une pâte jaune (*yellow cake*) avant de le purifier et de le traiter jusqu'à ce que la proportion d'uranium 238 baisse et que celle du 235 augmente, entre 3 et 5 %. Ainsi, « enrichi », l'uranium peut servir.

Formidable créativité humaine. Transformées en pastilles de 7 grammes, introduites dans des tubes de 4 mètres de long, 2,2 tonnes d'uranium enrichi permettent d'alimenter en électricité une ville de 300 000 habitants pendant un an. À masse équivalente, un million de fois plus d'énergie que le charbon, des dizaines de millions de fois plus que la biomasse, et, pour des réacteurs de 1 450 MW, nous nous en souvenons, l'équivalent de 10 000 éoliennes au moins.

Récompense : développement des pays et plus grande indépendance énergétique vis-à-vis de l'étranger. Ce dont profitèrent d'abord les pays les plus riches comme les États-Unis, le Royaume-Uni, la Russie ou la France, puis la Chine, Taïwan, la Corée du Sud, l'Inde, le Pakistan, le Brésil qui leur emboîtèrent le pas. Aujourd'hui, de l'Afrique du Sud à l'Égypte, du Bangladesh à la Turquie, pour s'affranchir de la pauvreté, plus de 440 centrales nucléaires sont sorties de terre.

Seul l'Occident, miné par les idéologues verts, recule. L'Allemagne ou le Danemark, comme d'autres pays « écologisés », s'enfoncent dans la dépendance énergétique et la pollution. « Énergies alternatives » comme la biomasse et le charbon ? Voici libérés dans l'air oxyde d'azote, dioxyde de soufre, benzène, plomb, nickel, bore, H.A.P... Cette vision idéologique aurait-elle été un succès pour combattre le prétendu diabolique CO_2 ? Le Danemark en produit 63 % de plus que la Suède largement nucléaire, et l'Allemagne, 34 % de plus que le Danemark[44]. En France même, la production nucléaire a reculé de 12 % en 2020, la première centrale à eau pressurisée du monde, celle de Fessenheim, initiée par Charles de Gaulle, a été arrêtée et celle de Flamanville III, qui devait prendre le relais est retardée sous la pression des mêmes obscurantistes. Face à la crise énergétique qui découle de cette vision idéologique du monde, en 2021, revenant à plus de bon sens, l'Union européenne a appelé à développer le nucléaire[45].

Et l'intervention russe en Ukraine, qui démontra la dépendance énergétique de l'Union européenne envers Moscou et l'absurdité d'avoir cédé aux sirènes vertes, conduisit à cette prise de conscience : l'indépendance et la croissance exigent le nucléaire, des petits réacteurs modulaires aux réacteurs de troisième génération (EPR). Les gouvernements les plus lucides, comme celui de France, appelèrent même à une « renaissance du nucléaire ». Mais l'idéologie appuyée sur la tartufferie persista pourtant jusqu'en Allemagne qui continua de proclamer qu'éoliennes et grigris verts valaient mieux que le nucléaire pour traquer le CO_2, tout en réactivant ses centrales à charbon et en achetant à la Russie gaz et pétrole.

Mais le retard pris sur l'Asie est immense. Ainsi, la Chine a augmenté sa production d'énergie nucléaire de 4,4 %, devenant la seconde puissance derrière les États-Unis. Et elle lance des centrales à sels fondus et au thorium pour répondre aux possibles pollutions. Et le retard par rapport aux États-Unis s'accroît : le budget du département de l'Énergie américain consacré au nucléaire est passé de 986 millions de dollars en 2016, à 1,493 milliard en 2020. Les réacteurs de troisième génération sont en route tandis que se multiplient, comme en Chine, les « petits réacteurs modulaires », de 10 à 300 mégawatts.

Certes, cela n'évite pas les vapeurs d'eau et le CO_2 même, ce bouc émissaire des idéologues. Les plus obscurantistes dénoncent les 35 g de CO_2 par kW/h des centrales, les « experts » du GIEC le chiffrent à 12 g. En vérité autour de

6 grammes[46] contre 200 pour les panneaux solaires, 1 200 pour le charbon… Moins que l'éolien même[47] ! Le nucléaire ? Le rêve pour une planète bleue.

Autre avantage : il est rentable. Pays d'Europe où l'électricité est la plus chère ? L'Allemagne et le Danemark où les taxes représentent deux tiers du prix, tandis que les impôts, parmi les plus élevés du monde pour les Danois, financent les subventions, car il est tout simplement impossible de parvenir à une quelconque rentabilité avec les prétendues « énergies alternatives ». Et il n'est pas anodin que le coût de l'électricité en France ou en Suède soit moitié moins élevé que dans ces pays. Pas de miracle : si la construction des réacteurs demande de gros investissements, ceux-ci sont remboursés au fil des ans et nul ne peut nier leur rentabilité après 40 ans. L'exploitation dure plus longtemps que toutes les autres énergies, jusqu'à 60 ans. La matière première ? Seulement 5 à 7 % dans le coût de production. À la fin, coûts de transports et de recyclage des déchets ? 16 % du prix de production[48].

Effets sur la santé ? Nous ingurgitons de l'uranium tous les jours par l'air et notre nourriture. La radiotoxicité ? Elle n'existe pas en deçà de 6 % d'enrichissement : l'uranium des centrales l'est à environ 4 %. Ses effets comme métal lourd ? Aucun autour des centrales, sauf accident et elle a permis de sauver des millions de vies menacées par l'exploitation des énergies fossiles.

Les accidents ? Fukushima, en 2011, après Tchernobyl, en 1986, ont permis aux obscurantistes de montrer du doigt les centrales nucléaires. Deux accidents majeurs seulement en 35 ans sur 445 réacteurs nucléaires.

Celui de Tchernobyl ? Il ne doit rien au maléfice des atomes mais tout à l'état vétuste de l'installation et à l'irresponsabilité humaine. Le Comité scientifique des Nations unies pour l'étude des rayonnements ionisants (UNSCEAR) évoque quelques dizaines de décès directs, probablement quelques milliers en comptabilisant les effets de cancers plus tardifs. Quant à Fukushima, la catastrophe est due à un tremblement de terre associé à un tsunami dont les vagues atteignent 30 mètres par endroits, 15 mètres sur la centrale. Bilan humain ? L'UNSCEAR, indique en 2021 qu'il n'y a pas de morts à cause des radiations grâce à l'évacuation effectuée[49]. 22 500 morts sont dus au tremblement de terre et au tsunami. Sans doute faut-il ajouter des cas de cancers, difficiles à répertorier. Loin en tout cas de 220 000 morts du tsunami de 2004… sans centrale nucléaire. Et des réacteurs du type de Tchernobyl (RBMK), hors Russie, il n'en existe plus. Ceux qui se construisent sont équipés de réacteurs à eau sous pression (REP), encore renforcés par une double paroi en béton dans le cas des réacteurs de dernière génération (EPR). Qu'il puisse y avoir des accidents ? Sans doute. Mais il existe des plans de prévention, plus élaborés encore que ceux du Japon hier.

Les déchets ? 90 % ne présentent aucun danger (filtres, vannes, vinyles), 10 % sont radioactifs, issus de l'uranium. Sur ceux-là, 96 % du combustible usé est réutilisé dans de nouveaux combustibles. Pour ceux de « haute activité », les 4 % restants qui ont une « vie longue » : la radioactivité décroît de moitié tous les 30 ans et s'ils peuvent rester radioactifs plus de 1 000 ans, ils sont vitrifiés, leur volume est réduit de 90 % et ils sont, par exemple en France, entreposés dans des conteneurs en acier inoxydable à 500 mètres sous terre, dans un sol argileux imperméable.

Risque ? Moins important que celui des barrages. Et les solutions scientifiques sont en cours pour en réduire la radioactivité et les réutiliser grâce à des accélérateurs de particules. Car l'humanité aura trouvé avant mille ans les solutions pour réutiliser ces atomes.

Et cette énergie nucléaire alimente d'autres domaines, comme la propulsion aérienne et navale ; un brise-glace de type *Arktika* peut ainsi naviguer 4 ans sans ravitaillement. En médecine, on lui doit des progrès gigantesques, pour le diagnostic et la radiothérapie. Demain : dessalement de l'eau de mer, production de dihydrogène, fusées et navettes spatiales se libéreront de l'emprise de la Terre.

L'avenir ? Se passer de l'uranium, comme le fait le réacteur chinois à sel fondu, au thorium liquide, évoqué plus haut : particule plus abondante que l'uranium, utilisable à 100 %, permettant même de recycler l'uranium 233.

L'avenir c'est aussi la fusion nucléaire sur le modèle des étoiles. Formidable projet sur lequel le laboratoire public américain, le National ignition facility de Californie, vient de faire une percée historique durant l'été 2021. Il s'agit non plus de fissurer, de briser dans un noyau d'atome la liaison entre les neutrons et les protons, mais de fusionner deux noyaux d'atomes[50]. Par exemple, fusionner un atome de deutérium et un atome de tritium, et, hop ! voilà créé, à 150 millions de degrés, un noyau d'hélium bouillant tandis que s'échappe un neutron plein d'énergie naturelle. Oui, le processus naturel du Soleil dominé, asservi, reconstitué au service de l'humanité. Et, pas de radioactivité, pas de déchets, pas de gaz à effet de serre, pas de risques d'emballement de la réaction nucléaire.

Une énergie fantastique, à l'image de cette créativité humaine qui démontre, s'il le fallait, en imitant le Soleil, que l'humanité est une espèce exceptionnelle, au centre de l'univers.

Où les biotechs bleues confirment que la planète ne peut être verte et que c'est tant mieux

Vouloir transformer la Terre, cette planète bleue, en astre vert ? Il est vrai que lorsque l'on se persuade de pouvoir la refroidir par des réglementations bien ciblées, la peindre en vert semble un détail.

En attendant que les décrets verts fassent donc sentir leurs effets politiques sur l'axe de rotation de la Terre et ses plaques tectoniques, force est de constater que, vue du ciel, notre planète reste bleue. Elle résiste à l'appel de la forêt. Car à sa surface, les eaux persistent à représenter environ 72 % de son étendue totale, avec une profondeur moyenne de 3 668 mètres, jusqu'à 11 020 mètres au niveau de la fosse des Mariannes. Ajoutons le rôle anti-vert sournois du Soleil : non seulement par ses éruptions nucléaires et sa masse il trouble constamment la belle harmonie qui devrait exister, mais il envoie sa lumière blanche[51], ses rayons, ses ondes sur la Terre. Or cette lumière blanche atteint la surface de l'eau avec plein d'effets incontrôlables, comme d'être absorbées différemment par les molécules selon leur longueur d'onde.

Et puisque la couleur de la longueur d'onde électromagnétique la plus réfractée est le bleu, voilà pourquoi la planète est bleue au lieu d'être verte.

Si l'animiste se désespère, une telle couleur ravit l'ami des vraies lumières. Certes, cette couleur prouve la difficulté de vivre sur cette planète, car les organismes survivent malaisément dans l'univers maritime, le plus hostile à la vie. Mais elle ouvre aussi la porte à une créativité formidable à partir de ces mêmes organismes, précisément parce qu'ils résistent à la mort.

Songez que ces fonds sont habités avec plus de 200 000 espèces déjà identifiées, 90 % qui restent à être découvertes, et que ses immenses richesses en sels, chlore, brome, iode, fluor sont à peine exploitées, pas même 1 %[52]. Songez que dans un millilitre d'eau de mer, il peut y avoir jusqu'à plusieurs millions de cellules bactériennes, et des milliards de milliards (10^{30}) dans tous les océans. Potentiellement, une source de richesse infinie.

Ainsi l'humanité est-elle partie à la conquête de ce grand bleu. Non pas en plongeant, bien qu'elle le fasse aussi, mais en élevant les bactéries maritimes en laboratoire et, par des outils biologiques, en les transformant en « usines cellulaires » productrices d'enzymes pour dépolluer (bioremédiation), traiter les minéraux (biolixiviation), créer des « usines de production ». Engrais, récupération assistée du pétrole, élimination des métaux toxiques, récupération des terres rares, compléments alimentaires, amidon, cellulose, plastiques biodégradables, algocarburants à partir d'algues et micro-algues qui sont vingt à trente fois plus efficaces que les autres biocarburants, produits cosmétiques, reconstitution osseuse, anticoagulants, gels, patchs, nanoparticules, micro-organismes marins contre les cancers ou la douleur.

Oui, moins d'1 % de ces richesses marines sont explorées. Et quand l'on sait que l'industrie peut les reproduire et les multiplier pour ses usages quand elle maîtrise ces micro-organismes, les seuls espaces marins recèlent plus de richesses à prendre d'ici quelques années que tout ce que l'humanité a produit depuis son apparition.

Où la production hors sol confirme la potentialité de croissance infinie et que l'humanité n'est pas un écosystème de la Terre

À en croire les contempteurs de l'humanité, nous vivrions sur une planète aux ressources agricoles limitées. Et, pour nous en sortir, animaux sans vergogne attirés par toujours plus de croissance, nous prendrions le chemin de l'agriculture intensive qui tue la planète. La crainte et la honte devraient nous habiter devant le désastre annoncé par une telle volonté de puissance éhontée. Une seule solution : ramener l'humanité à une culture « naturelle », plus « bio », plus conforme à la condition humaine, celle d'être un sous-ensemble de la Terre.

Rien ne montre mieux l'erreur de ceux qui véhiculent pareil conte aujourd'hui, que la production hors sol (parfois appelée « hydroculture »). Car voilà réalisée la ville à la campagne, vieux rêve de certains humoristes. Et ouvertes des possibilités de production agricole infinie sans pollution et sans terre. Oui, sans terre. Adieu la planète. Tout est artificiel ici.

Certes, certains petits bonshommes verts, pour vendre leur idéologie, prétendent que ce processus de production hors sol serait « naturel »[53]. A-t-on déjà vu la nature produire fruits et légumes sans terre ? Appeler « naturel » un cycle de production qui s'effectue sans aucun contact des racines avec l'environnement naturel, par alimentation *via* un liquide composé d'eau, d'oxygène dissous qui apporte la solution chimique nutritive au système digestif de la plante, est-ce « naturel » ? Fournir des nutriments composés à partir d'éléments chimiques par des humains, ici des matières volcaniques, là des fibres de coco, dégager les fibres, mesurer son contenu en potassium, manganèse, cuivre et zinc, pour les fournir aux plantes ? Serait-ce naturel ?

Rien qui soit naturel non plus dans le contrôle des plants : depuis quand la nature choisit ses plans pour permettre de nourrir l'humanité ? Depuis quand veille-t-elle à conserver taux d'humidité et température constants selon les besoins de la production ? Depuis quand contrôle-t-elle les taux d'ensoleillement et accélère-t-elle le développement des plantes pour répondre aux besoins ?

Est-ce écologique ? Oui, au sens propre : ces productions hors sol mettent la maison de l'humanité au centre et non les mottes de terre. Grâce à ces cultures 100 % artificielles, elles fournissent une nourriture de meilleure qualité, indépendante des conditions climatiques de la Terre, débarrassée de la contamination par des agents pathogènes et de certaines pollutions qui portent atteinte à sa santé. Elles favorisent la lutte contre la famine et la malnutrition, en créant des variétés résistantes aux maladies[54] et en permettant des cultures dans des régions du monde où les sols ne les permettent pas, ou peu, comme dans les déserts sableux du Moyen-Orient où ont pu être développées des cultures maraîchères.

Jusqu'au cœur des villes, individus et sociétés peuvent ainsi produire selon leur créativité verticalement sur les terrasses des immeubles. Les apports étant calculés en fonction des besoins de la plante, ces productions évitent la plupart des déchets. Des progrès en vue ? Oui, par toujours plus de science et de technologie, en particulier pour trouver de meilleures solutions nutritives qui polluent moins encore en remplaçant certains substrats polluants pour la santé humaine, comme la laine de roche, par des produits moins polluants. En augmentant toujours plus la surface verticale dans les villes et en diffusant mieux les technologies de production vers les pays les plus pauvres.

Ainsi la production agricole humaine est potentiellement infinie et indépendante des sols de la planète. Un espoir, s'il faut transporter ailleurs les corps demain. Et il le faudra.

TROISIÈME PARTIE

SAUVER LE CORPS HUMAIN

Où l'on démontre que la croissance permet de résister aux menaces naturelles et de vivre plus longtemps

Les animistes verts sont en Occident et non en Afrique ou en Orient. Partout ailleurs, croissance rime avec espérance et l'envie de prospérité se conjugue avec la vie. Les obscurantistes verts qui diffusent méfiance ou détestation des sciences, qui dénoncent course à la croissance et société de consommation, qui condamnent le pillage de la planète et sa domination, révèlent leur point de vue : celui des ténèbres contre les lumières, de la mort contre la vie. Les faits sont sans appel. Face aux menaces naturelles pour exterminer la vie humaine, la domination de la nature et la course à la croissance furent les seules réponses possibles pour protéger les corps humains. Et elles le restent.

Espérance de vie à la naissance au Paléolithique, quand nos ancêtres nomades croyaient aux esprits de la nature ? Inférieure à 18 ans. Ceux qui échappent à la mortalité infantile, meurent à 62 % avant 30 ans, à 88 % avant 40 ans. Vivre au-delà de 45 ans ? Cela se put mais rarement[1].

Avec les sédentarisations du Néolithique et l'entrée dans les premiers âges des métaux, la croissance augmente et l'espérance de vie avec : 21-22 ans à la naissance, 40 ans environ à 20 ans, et 10 % atteignent 60 ans[2]. Dans le monde grec, espérance de vie : 23 ans, et ce que l'on appelle vieillesse commence à 50 ans, 90 % de la population meurt avant 60 ans, 1,75 % dépasse 80 ans[3]. Mieux-être, donc, mais la mortalité infantile est encore de 55 % avant 15 ans.

Sautons les siècles et entrons d'un pas vaillant dans l'ère moderne, celle de l'industrialisation et de l'utilisation des énergies fossiles, détestée par les idolâtres de la planète.

Avec la révolution industrielle, augmentation des savoirs, amélioration de l'hygiène et du niveau de vie concourent pour traquer maladies, handicaps, mort[4]. Et en 1960, l'espérance mondiale de vie à la naissance passe à 52,5 ans. En 2000 ? 67,5 ans. 2019 ? 72,7 ans. Soit le triple de ce qu'elle était avant la révolution industrielle[5] ! Oui, le triple en trois siècles.

Où se trouve l'espérance de vie la plus faible ? Dans les pays qui ont peu de croissance, souvent englués dans les anciennes croyances animistes de nos petits bonshommes verts. Espérance de vie, en 2019, en Afrique subsaharienne ? 62 ans. Au Soudan du Sud ? 58 ans. En Sierra Leone ? 56 ans. En République centrafricaine ? 53 ans.

Espérance de vie la plus forte ? Dans les pays qui ont brûlé les idoles, croient en la puissance de l'humanité, se sont lancés dans la course à la croissance. États-Unis ? 79 ans. Union européenne ? 81 ans. Japon ? 84 ans[6]. Et les pays d'Asie qui jouent la croissance depuis la fin du XXe siècle, se rapprochent des taux européens.

Les idolâtres de la planète prétendent freiner la croissance et se parent d'être les ministres envoyés par Gaïa pour la promotion de la vertu et la répression du vice. Quel est donc le nom de cette vertu prête à laisser mourir des enfants ? Car c'est bien la croissance qui a fait chuter la mortalité infantile dans le monde[7]. En 1950, 139 pour 1 000. En 1960, 120 pour 1 000. En 2000, 49 pour 1 000. En 2019, 28,2 pour mille. Les perspectives pour 2040 ? 17 pour 1 000[8].

Mortalité infantile la plus faible ? Dans les pays qui jouent la course à la croissance. Allemagne, Autriche : 3 pour 1 000. Finlande, Islande : 2 pour 1 000. La Corée du Sud avait un taux de mortalité infantile de 79,7 pour mille en 1960, grâce à la croissance, elle est parvenue à 3 pour 1 000 en 2019. La Chine est passée de 83,1 à 6,8 durant la même période. Perspective en 2050 ? Mortalité de 1,9 pour 1 000 naissances. Oui, la croissance est le rêve de l'Afrique qui souffre et le culte de Gaïa, son pire cauchemar. Grâce à l'adoption de ce modèle universel, la mortalité infantile y est passée de 154 pour 1 000 en 1960, à 41 pour 1 000 en 2020. Si la course à la croissance s'y poursuit, l'ONU prévoit une mortalité de 26,8 pour 1 000 naissances en 2040 et 22 pour 1 000 en 2050.

Progrès fantastique mais loin des pays d'Europe et d'Amérique du Nord. Le frein ? Les croyances animistes encore vivaces dont les écologistes verts sont les héritiers, les conflits et les mœurs archaïques. D'ailleurs, quelle différence entre ces pays africains qui adoptent résolument la croissance, tandis que d'autres, englués dans leurs cultes des esprits de la Terre, dans les guerres, dans la corruption, s'y engagent difficilement. Ainsi, Bénin, Guinée équatoriale, Soudan du Sud ont des mortalités infantiles supérieures à 59 pour 1 000 en 2019. Et pour 2050, ils espèrent tout au plus une mortalité de 38 pour 1 000. Deux fois plus que l'Afrique du Sud, trois fois plus que l'Égypte ou le Maroc qui vont atteindre une mortalité infantile de 6,5 en 2050, proche de celle des pays les plus avancés.

Course à la croissance ? Course à la vie. Et s'y opposer ne démontre pas beaucoup d'humanité.

Où l'on constate que la croissance démographique est un atout pour sortir l'humanité de la misère et qu'il est impossible de voir l'avenir avec des Verts de Rome

Au comptoir vert, les avis sont unanimes : la Terre ne pourra nourrir plus d'humains et l'explosion démographique qui nous attend sera suicidaire si l'on n'y met pas un terme. 7,8 milliards d'habitants en mars 2020, 9,3 en 2064 et, en 2100, 11 milliards, selon les projections statistiques de l'ONU. L'affaire est entendue : trop, c'est trop, l'avenir sera apocalyptique, il est temps d'arrêter la croissance démographique. C'est la théorie du « Grand Soir » des marxistes, celui où l'économie de marché s'effondre et où ils prennent le pouvoir, mais version verte. Ils ont pour eux le « rapport Meadows » de 1972 et un « Appel des scientifiques internationaux à l'Humanité » de 2017. Pour les sciences, ils ne sont pas abonnés.

Qu'il y ait aujourd'hui encore des militants verts pour évoquer le « rapport Meadows » de 1972, celui du fameux Club de Rome, est intéressant ; l'astrologie a donc de beaux jours devant elle[9]. Par graphes, cercles, ellipses, paraboles, hyperboles, arabesques, il démontrait, oui, démontrait, qu'en raison d'une planète non extensible, la « surpopulation » appelait une culture intensive qui polluerait et détruirait les sols, une extension des terres cultivées devenant de plus en plus rare produisant des aliments de plus en plus chers, et, finalement, eau potable, pain, riz, canne à sucre même, si indispensable au rhum, et plein d'aliments de première nécessité, viendraient peu à peu à manquer, avant la catastrophe finale, la famine et la mort jusque dans les beaux quartiers.

Les membres du laboratoire du Massachusetts Institute of Technology qui l'avaient rédigé n'avaient pas réussi, en 1968, à détruire la « société de consommation » comme ils l'avaient prévu, ils se rassuraient donc en se disant que c'était partie remise. Deux ans auparavant, en 1970, ils avaient déjà alerté l'opinion sur les effets dévastateurs des copulations et prôné une stricte réglementation sexuelle tout en théorisant une indispensable « croissance zéro », seule solution pour éviter l'épuisement des ressources énergétiques en quantité extrêmement limitée qui feraient injustement souffrir la planète.

En 2012, le fameux Dennis Meadows, vexé par l'échec de ses précédentes prédictions, annonce, nouveaux graphiques « scientifiques » à l'appui, certains étant même colorés, que « la croissance mondiale va s'arrêter » et que l'« effondrement arrive ». En VIP de Gaïa, il prophétise que l'énergie sera la première à manquer, en particulier le pétrole, puis tout ce qui se bouffe sur Terre, conduisant la Chine à la famine en 2030 (il ne donne pas le jour), ce qui la contraindra à attaquer la Russie pour se nourrir[10]. Et patatras ! la catastrophe et les sauveurs verts.

Renouvelant cette divination, son crédit auprès des militants étant inépuisable, en novembre 2017, il mène 15 364 scientifiques dans sa barque avec un « Appel des scientifiques internationaux à l'Humanité »[11]. Appel publié par la revue militante *BioScience* dirigée par le gourou William J. Ripple, spécialiste du loup gris. Les signataires ayant étudié assidûment renards argentés, chats siamois, sociologie électorale, virologie et rites funéraires dans la Norfolk, proclament : cette fois, c'est sûr, c'est la fin de l'humanité. La preuve : le nombre d'animaux aurait chuté d'un tiers tandis que l'évolution démographique humaine se serait accrue de 35 % en 25 ans ; l'eau potable serait devenue rare et devrait manquer dans quelques années (pour le vin, ils ne disent rien). Argument ultime du rapport : les ressources par habitant auraient déjà chuté « de moitié en 60 ans ». « De moitié » ? Diantre. Peut-être un problème d'approvisionnement des supermarchés du comté de Brenton, dans l'Oregon, où se situe l'université qui a accueilli William J. Ripple ? Rien n'arrête d'ailleurs ce même gourou qui publie un nouvel appel, le 5 novembre 2019, avec 11 258 « scientifiques », prédisant une nouvelle chute finale.

Notons que cette idée du trop d'humanité trouve son origine chez un autre adepte du catastrophisme : Thomas Robert Malthus. En 1798, il a le premier énoncé la prétendue « loi » répétée par les partisans de l'écologie verte[12] : la course à la croissance économique, nécessairement modeste, ne pourrait suivre la croissance démographique vertigineuse, de type géométrique (1, 2, 4, 8, 16...). Il en concluait à une augmentation de la rareté des biens agricoles et, à l'horizon, à la paupérisation, la disette et la catastrophe. Il fut beaucoup applaudi lorsqu'il proposa un impôt sur le poids des enfants : plus ils étaient gros, plus la famille devait payer.

« Les gens de qualité savent tout sans avoir jamais rien appris », dit ironiquement, à la façon de nos idolâtres de Gaïa, le faux marquis de Mascarille dans *Les Précieuses ridicules* de Molière.

Il y avait environ 300 millions d'habitants en l'an 1000, 500 millions vers 1500, moins d'un milliard quand Malthus annonce la catastrophe imminente pour cause de trop d'humanité. 3,7 milliards d'habitants au moment du rapport Meadows. Aujourd'hui ? 7,8 milliards. Pourtant ni l'apocalypse selon saint Malthus, ni celle selon saint Meadows ne se sont produites.

Et demain ? Sous l'effet du désir de consommation, de développement des classes moyennes et de réussite sociale pour leurs enfants, de la volonté des femmes de jouer un rôle social, de la sortie de la misère de l'Asie et, peu à peu, de la majeure partie de l'Afrique, tout porte à croire que l'humanité ne dépassera pas les 8,5 milliards d'individus[13] ou 8,8, disent des statisticiens de Washington[14]. Les « experts » de l'ONU se sont d'ailleurs rangés à cette nouvelle projection. Peut-être même, la démographie humaine commencera-t-elle à baisser à partir de 2040, comme l'admet l'un des anciens du rapport Meadows, Michael Schellenberg[15].

À vrai dire, il faut avoir une vision statique de l'humanité pour penser que nourrir quelques milliards de personnes de plus serait un problème. Copuler et aimer ne sera pas seulement encore demain une possibilité découlant de la nature humaine mais une nécessité liée à son destin. Entre création d'aliments à partir de molécules par les biotechnologies, les productions hors sol, l'intensification, l'humanité, même beaucoup plus nombreuse, ne souffrira pas de manques alimentaires. Nécessité ? Et, au vu des défis de la planète, en particulier de la glaciation qui interviendra un jour nécessairement, quand bien même cela ne serait pas pour demain, si cet arrêt de la démographie se confirmait, il ne serait pas salutaire.

Et que l'on me montre la disette générale annoncée, l'appauvrissement, l'épuisement des ressources énergétiques, la fin de l'humanité ? Rien de tout cela. Au contraire. La croissance démographique est liée à la fin de la famine et de la malnutrition et à l'amélioration du bien-être, comme le démontre ce qui suit.

Où l'on démontre que la croissance supprime famine et malnutrition qui ont détruit l'humanité depuis 7 millions d'années

La famine serait notre horizon le plus certain prédisent, en juin 2021, les « experts » en climatologie du Groupe intergouvernemental sur l'évolution du climat (GIEC) devenus les devins les plus cités chez les contempteurs de l'humanité. En cause ? La croissance. Elle réchaufferait la fragile Gaïa et produirait pénurie d'eau, extinction des espèces, exodes… 80 millions de personnes seraient déjà menacées par la famine demain et, ensuite, pschitt ! plus de nourriture, plus d'humains.

Laissons sur le bord du zinc des cafés du commerce vert, les Don Quichotte, chevaliers à la Triste Figure, et leurs Sancho Panza qui ont avec la misère réelle et la disette, le bon goût de ne jamais se rencontrer. J'aime assez cette idée de « fuite » vers la croissance dénoncée par les pourfendeurs de l'humanité. « Fuite », dites-vous ? Oui, c'est vrai. Et lors de mes voyages de globe-trotteur autour du monde, du nord du Sahel aux rives du Gange, au souvenir des corps ramassés dans les rues de Delhi le matin et jetés dans les bennes, au souvenir de ces gamins des rues aux membres coupés pour aller mendier dans les rues de Calcutta, j'ai apprécié cette « fuite ». « Fuite » de la misère, de la désespérance humaine, des lendemains qui tuent. « Fuite » des régions sismiques, volcaniques, désertiques, inondées. « Fuite » des bonimenteurs occidentaux, « gros plein d'être » infâmes, infatués d'eux-mêmes, qui vendent, pieds dans le confort, le bonheur dans la nature et qui entraînent ceux qui les croient dans le malheur.

Il y avait 3,7 milliards d'habitants au moment du rapport Meadows, en 1972, 5,1 milliards, en 1988, quand le GIEC a été créé, 7,85 milliards aujourd'hui. Loin de l'apocalypse annoncée grâce à la croissance, la famine a reculé. Il y avait 36 % de la population en sous-alimentation en 1970, 20 % en 1990, 12,9 % en 2015, 10,8 % en 2018, 8,9 % en 2019. Les dernières famines ? Elles sont dues aux conflits, comme en Éthiopie ou en Somalie. Des conflits dont la caractéristique majeure est qu'ils empêchent la croissance.

Ainsi, durant 2000 ans, la Chine a connu des épisodes de famine effroyables, plus de 1828 répertoriées[16]. Durant le seul XXe siècle : en 1907, 1911, 1930, 1934, 1935, 1936, 1942-1943, 1946, puis la Grande Famine qui emporta entre 15 et 55 millions de Chinois de 1959 à 1961 et conduisit à des milliers d'actes de cannibalisme. Pourquoi cette Grande Famine ? Pour des raisons idéologiques : le gouvernement avait décrété la politique du « Grand Bond en avant », avec la traque de l'individualisme, l'interdiction des parcelles privées agricoles, l'organisation des communes populaires, l'exode forcé pour l'industrie du fer et de l'acier. Aujourd'hui ? La famine est abolie. Cette Chine qui avait des taux de mortalité effroyables, (un habitant sur trois seulement, dépassait 45 ans en 1850), connaît l'un des taux les plus faibles du monde, avec 7,41 pour mille habitants en 2020. La course à la croissance décidée par Deng Xiaoping fut bien le début de la course à la vie.

Pour vendre leurs boniments, les tartuffes verts utilisent les expressions « insécurité alimentaire », « au bord de la famine ». Des termes qui révèlent finalement le fantastique chemin parcouru : « au bord de la famine » n'est pas la famine et « insécurité » n'est pas la mort. Quand je voyageais à travers le monde, sac à dos et rêves en bandoulière, l'Inde avait un autre nom : « terre des famines ». Sur la seule période de 1860 à 1900, on compte onze famines et deux périodes de rareté extrême, dont celle de 1896 qui affecte 100 millions de personnes[17]. Les dernières famines ? 1973 et 1974. Depuis, il n'y en a plus. Grâce à la course à la croissance lancée en 1991, qui a conduit l'Inde au statu de 6e puissance économique avec 7,1 % du PIB mondial.

Ce qui est nouveau ? La certitude de l'abolition de la sous-nutrition à terme grâce à la croissance qui permet aux pays les plus pauvres de devenir autosuffisants et qui accélère la distribution des aides, des technologies et des formations à partir des pays les plus avancés. Ce qui ne l'est pas ? Que des démagogues tentent de profiter de la souffrance et des injustices pour vendre leurs fantasmes cataclysmiques et leur idéologie obscurantiste au lieu d'aider les pays les plus pauvres à entrer dans la dynamique de la créativité qui permet la croissance.

Mais l'archaïsme n'a aucun avenir. Grâce à la coopération, appelée par la recherche de croissance, les progrès sont aussi, et d'abord, ceux de la conscience morale. Se développe, chaque jour, le sentiment d'appartenance à cette espèce exceptionnelle qui s'appelle l'humanité et qui est le véritable antidote à la famine sur terre. Une réponse morale aux « salauds » (Jean-Paul Sartre) indifférents à la souffrance humaine, qui lui préfèrent les mottes de terre.

Où l'on voit que le « bio » est industriel et chimique, la « transition agricole » grotesque, le « localisme » une ignominie, et que l'avenir appartient aux biotechs vertes pour sauver l'humanité de la famine

Proposer une « transition agricole » au nom d'une menace sur la planète ? Et, sous prétexte de cette transition, exiger « la fin des accords de libre-échange[18] » avec les pays les plus pauvres de la planète, interdire les importations de soja et de bœuf provenant d'Amérique latine ou d'huile de palme venant d'Asie du Sud-Est et d'Afrique, refuser la diffusion d'engrais aux pays pauvres, interdire toute importation, etc. ? À la place, proclamer que produire local « *is beautiful* », avec des producteurs bien nationaux, bien de chez nous ? Qu'ils crèvent donc les pauvres, pourvu que vive la fantasmatique planète ? Et les mêmes donnent des leçons morales au monde entier ? Tout méchant est un ignorant, « *omnis peccans est ingorans* », disait l'optimiste Thomas d'Aquin, mais rarement ignorance n'a conduit à une telle ignominie.

Tandis qu'une grande partie de l'humanité en est encore à chercher à se nourrir, les Candide, qui se précipitent au magasin « bio » du coin au nom d'un mode de production agricole « naturel », prêtent à sourire. Sous l'influence des petits bonshommes verts, ils croient que ce qui est naturel ne peut être chimique et se persuadent que le premier est bon, le second mauvais. Contre l'industrie alimentaire et sa « malbouffe », le « bio » serait « naturel », sans antibiotiques, pesticides, herbicides, fertilisants, hormones de croissance, sans OGM même et sans plein d'autres trucs « artificiels » qui peineraient la planète et produiraient le CO_2 maudit.

En vérité, l'industrie alimentaire est une chance pour l'humanité. Elle n'a pas seulement sauvé des millions de vies. Elle a montré la puissance créatrice humaine et la seule voie possible pour qui veut survivre et vivre en bonne santé. Quant au « bio », il s'ébroue dans l'artificiel et la chimie comme Monsieur Jourdain de Molière faisait de la prose sans le savoir.

Car toute nourriture « naturelle » terrestre est chimique. Même l'eau de source. Ainsi le litre de l'eau d'Évian venue des Alpes françaises, n'est pas composé d'un zeste d'esprit de Gaïa et de deux zestes d'esprit de la forêt mais d'eau, elle-même composée de deux atomes d'hydrogène et d'un atome d'oxygène associés à d'autres atomes : 80 mg de calcium, 26 mg de magnésium, d'1 mg de potassium, 6,5 mg de sodium, 3,8 mg de nitrates, 14 mg de silice, 10 mg de chlorures, 15 mg de sulfate. Prenez ces mêmes particules en laboratoire, mélangez bien, secouez, et vous obtiendrez la même eau, l'étiquette en moins.

Pis encore : la chimie naturelle n'est guère favorable à la consommation humaine. La plupart des produits naturels sont dangereux ou indigestes ; se nourrir de mottes de terre, d'eau de mer, d'écorce d'arbre ou de fourrure animale est rarement une bonne idée. Et la plupart de ceux qui sont comestibles, ne le sont pas sans chimie humaine ; le lait de la vache ou de la chèvre devient vite un poison sans pasteurisation, bactéries et champignons prolifèrent sur le fruit ou le légume, laissés trop longtemps à l'air, la source elle-même subit souvent l'invasion des bactéries pathogènes naturelles. Cuire, bouillir, tenir au froid, protéger, surveiller, séparer le grain de l'ivraie, voilà la voie humaine, qui n'a rien de naturelle. Ingurgiter des aliments naturels sans contrôle, voire sans les transformer ? C'est jouer à la roulette russe avec sa vie.

Voilà pourquoi l'industrie alimentaire est née. Entre l'agriculture et la cuisine, elle est une nouvelle marque distinctive de l'humanité qui, à la différence des autres espèces vivantes, doit maîtriser la chimie naturelle pour survivre.

Le « bio » ? À la première bouffée d'air respirée en entrant dans le magasin, la messe est dite : il n'a rien de naturel. Et c'est bon signe. Il en va du « bio » alimentaire comme du « bio » textile, cosmétique ; que l'on me montre une marchandise « bio » dans la nature. Dans l'alimentaire, navire amiral du « bio », étiquette du produit, emballage, mise en rayon, surveillance des dates de péremption, moyens de transport et de conservation, services de nettoyage : tout est artificiel. Fertilisation, fumier, amélioration des terres, engrais azotés et organiques de l'agriculture bio ? Chimique.

Et polluant ! Non seulement il est producteur de dioxyde de carbone (CO_2), de méthane (CH_4) mais aussi de protoxyde d'azote (N_2O) qui est 265 fois plus producteur de gaz à effet de serre que le CO_2 et de maladies neurologiques et hématologiques. Or, l'agriculture « bio » représente 20 % de ces émissions de N_2O sur Terre par la transformation des nitrates, d'après les idéologues verts eux-mêmes[19]. Et, par la vertu du « bio », ces émissions azotées augmentent chaque année. Le plus pathétique fut cette campagne des idéologues verts pour remplacer le tracteur « pollueur » par un cheval ; le premier devient électrique, l'animal continue à bonifier l'atmosphère avec ses gaz qui produisent 20 kg de méthane par an.

Plus nutritif et sain le « bio » ? Comme le montrent 17 études sanitaires sur les humains et 223 études, sur les aliments, le « conventionnel » n'est pas moins nutritif et n'amène pas plus d'allergies que le bio[20]. Loin de tout danger sanitaire, la différence viendrait du phosphore et de la résistance aux antibiotiques. La grosse différence : le prix. Respecter le rythme des saisons ? Produire local ? Une idée d'enfant gâté, certain de trouver en toute saison dans les compartiments froids de ses magasins « bio », fêta grecque, beurre normand et journal militant.

Produire local, l'humanité connaît : durant des millénaires, cela a conduit à la mort ceux qui se trouvaient trop loin des lieux de production, incapables de survivre aux hivers glacés ou aux chaleurs estivales, aux saisons des pluies ou aux saisons sèches, ni à aucune des variations meurtrières de Gaïa.

En vérité, le « bio » est un élément de l'industrie alimentaire, de la production à sa distribution. Qu'il conduise à mieux surveiller les éléments et les procédures physico-chimiques des produits ? Quand cela est vrai, voilà qui est bien. Car est bien tout ce qui améliore la santé et le mode de vie de l'humanité. Voilà pourquoi il nous faut saluer cette industrie alimentaire.

Mais il sert aussi trop souvent de véhicule à l'idéologie. Jusqu'à diffuser le caractère « naturel » du « bio », les malheurs de Gaïa, les méfaits de l'industrie conventionnelle, la « surconsommation », la « surproduction », et même les dangers de produits parfaitement adaptés à la santé humaine.

Car, toute l'histoire le démontre : nourrir l'humanité, la nourrir mieux, autorise un seul chemin, celui des sciences et des technologies. Non pas une « autre » agriculture, mais toujours plus d'agriculture, avec engrais, OGM, pesticides, contrôle et amélioration chimique des sols… Si un problème de santé survient, et il en survient depuis des millénaires, le chemin de résolution se trouve dans plus de savoirs et non dans l'arrêt du progrès.

Oui, j'aime ce nom de « biotechnologies vertes », car elles n'annoncent pas le « retour à la nature » et encore moins la nostalgie des temps archaïques où l'on mourrait de faim, mais la voie de la vraie écologie : celle de la domination de la nature.

L'humanité a d'ailleurs toujours pratiqué ces biotechnologies vertes, sans le savoir, à la façon des phénomènes de fermentation pour produire fromages, yaourts, alcools ou bien des techniques d'hybridation pour produire fruits et légumes voire races animales d'élevage.

Mais, depuis peu, les biotechnologies ont pénétré le cœur génétique des végétaux et des animaux pour permettre le mieux-vivre humain contre les menaces naturelles, en particulier les maladies infectieuses et les variations climatiques.

Par ces biotechnologies, il devient possible de réduire la nécessité de pesticides et de produits phytosanitaires dans l'industrie alimentaire « conventionnelle », de limiter les besoins en eau ou en engrais azotés de la filière polluante

« bio », à la façon de ce « riz doré enrichi en béta-carotène qui permet de lutter contre les carences en vitamine A[21] ». Et les résultats en termes de croissance sont tout aussi fulgurants. Ainsi, les rendements du blé ont été multipliés par 3 par l'introduction de gènes dans les céréales à paille, ceux du maïs par 4, les plantes transgéniques résistent de plus en plus aux maladies et assurent de mieux en mieux le contrôle sanitaire[22].

En même temps, ces biotechnologies vertes se conjuguent de plus en plus avec les nanotechnologies qui offrent des nanomatériaux. Elles contrôlent et réduisent l'usage des produits chimiques et permettent des diagnostics sur les sols, des nanofertiliseurs et des nanopesticides sans contamination, des nanorobots, destructeurs de bactéries et de virus. Elles permettent les traçages des aliments et les contrôles de qualité jusque dans l'industrie « bio ».

À l'horizon ? L'industrie conventionnelle et l'industrie « bio », débarrassée de son environnement magico-religieux, annoncent la libération de l'humanité de tout souci démographique ou climatique, réduisant les effets de sous-alimentation et les dangers sanitaires par toujours plus de savoirs pour toujours plus de croissance sans avoir besoin de construire une hutte dans le Larzac, en France, ou à Tvergastein, en Norvège. Oui, toujours plus de technologies, toujours plus d'artifices, toujours plus de contrôle pour encore mieux maîtriser par la chimie humaine, la chimie naturelle. Non pas une « transition », mais le chemin du progrès : toujours plus de science, pour toujours plus de croissance, et toujours plus de croissance, pour toujours plus de bien-être.

Où l'on découvre que les OGM ont sauvé l'humanité des famines qui l'ont anéantie depuis sa naissance et que ceci est du bon pain, cela est du bon vin

De toutes les inventions de l'humanité fondées sur l'imitation de la nature, les organismes génétiquement modifiés (OGM) sont l'une des plus décriées. Les camelots verts qui en ont fait leur cible préférée ressemblent à cet ivrogne comique, raconté par L'Arioste (1474-1533) dans un fabliau du Moyen Âge, qui jurait, à qui voulait l'entendre, « fontaine, je ne boirai pas de ton eau », fuyant à toutes jambes ce liquide « comme le venin et le sang de la vipère », avant de tomber dans l'eau qu'il n'avait pas vue et de s'y noyer[23]. Car de l'OGM, nos petits bonshommes verts en bouffent à satiété. Surtout dans les magasins « bio ».

Produire des OGM ? Je ne connais rien de plus naturel. Tout humain est consommateur d'OGM, à moins de croire encore niaisement en la fixité des espèces, défendue au XVIIIe siècle par Carl von Linné et, aujourd'hui encore, par les Verts. Ni les végétaux, ni les animaux, ni même les humains, n'ont conservé les mêmes gènes à travers les âges.

Ceux-ci se modifient sans cesse, ne serait-ce que par les variations génétiques qui s'opèrent dans leur reproduction, parfois pour le meilleur, parfois pour le pire.

Symbole : le mammouth. De son apparition, il y a 600 000 ans, à sa disparition, lors de la sortie de la dernière glaciation, il a connu 1,4 million de variations génétiques avec des modifications sur 1 600 gènes. Insuffisant néanmoins quand le réchauffement est advenu. Il en alla de même avec l'éléphant à défense droite, disparu aussi. À l'inverse, trois espèces d'éléphants ont survécu grâce à leurs organismes naturellement génétiquement modifiés.

Il en va de même pour ce qui est dans l'assiette puisque tout vivant, animal ou végétal, a vu ses gènes modifiés à travers les âges. Et dans les magasins « bio », au rayon alimentation, il ne se trouve que du vivant. Donc, des OGM. Bon OGM ? Alors bon appétit ! Sinon, à éviter.

L'humanité ne se contente pas d'ingurgiter des OGM produits par la nature, elle en produit aussi. Par sa digestion mais aussi artificiellement, en reproduisant la nature ou en la dépassant. Ce fut la raison de sa survie et de son développement… jusque dans les magasins « bio ».

Car je n'en connais aucun qui ne vende de multiples sortes de pain. Or, quand nos ancêtres se sédentarisent, il y a 12 000 ans, dans ce fameux triangle fertile de la vallée du Tigre, de l'Euphrate et du Jourdain, puis aux bords du Nil, le pain n'existe pas. Les espèces de blé sauvage se dispersent avec le vent et elles se fragmentent. Mais, au lieu d'accepter de remercier Gaïa de les faire crever de faim, ils sélectionnent, grain à grain, le blé sauvage et s'attaquent à ses enveloppes membraneuses dont l'archéologie atteste qu'elles n'étaient pas détachables, ce qui interdisait vannage et battage. Mais que faire de ces grains, trop petits et, hélas ! dépourvus de gluten ? Sur les bords du Nil, ils tâtonnent et réussissent, 6000 ans avant J.-C., à associer artificiellement deux espèces de grains sauvages, le *Triticum Urartu* et l'*Aegilops Speltoides*, et hop ! voilà un organisme génétiquement modifié, le blé dur (*Tritucum Turgidum*) dont est si fier le magasin « bio », son boulgour, sa semoule complète de blé dur, sa semoule blanche, sa farine de blé dur, son pain de blé dur au levain, que du bon, que du « bio », que de l'OGM.

Puis, ils mélangent artificiellement ce blé à de l'amidon (*Aegilops Tauschii*), et voilà généralisé le blé tendre. Et, hop ! voilà le magasin « bio » du coin gavé d'OGM à tous les étages : pain complet, farine complète, farine de blé tendre : le pain qui vous fait du bien, le pain bio, l'OGM qu'il vous faut.

Dans le Croissant fertile, grâce à ces OGM, le stock génétique du blé a été multiplié par deux, dans le cas du blé dur, par trois dans celui du blé tendre[24]. Artificiel, humanisé, nourrissant. Comme sont nés, par manipulation génétique, l'épeautre en Iran, l'orge cultivée (*hordeum vulgare distichum*), différent de l'orge sauvage (*hordeum spontaneum*) attestée en Suisse il y a 6000 ans[25], le petit épeautre, dont seuls les Candide pensent qu'il ne contient pas de gluten (7 %), l'épeautre dont le génome est changé, entre –8000 et –6000 avant J.-C. pour être cultivable[26], la lentille cultivée, distincte de la lentille sauvage, et tous ces aliments modifiés qui ont sauvé la vie de millions d'humains.

Oui, artificiel, digeste et bon pour la santé. Seamus Blackley, inventeur de la X-Box, avec Richard Bowman, biologiste à l'Université de l'Iowa, et Serena Love, archéologue à l'Université du Queensland en Australie, ont reconstitué le pain au levain égyptien en capturant les levures et les bactéries datant de 4 500 ans dans les pots en céramique du Museum of Fine Arts de Boston[27]. Totalement fabriqué artificiellement par nos ancêtres, malaxé, cuit à partir d'huile d'olive et d'orge génétiquement bien modifié pour répondre aux besoins humains.

Il en va de même pour les espèces animales domestiquées. Les chèvres du Néolithique domestiquées il y a 10 500 ans (*capra hircus*) ne sont pas, génétiquement, des chèvres sauvages (*capra aegragus*) pas plus que moutons ou ânes n'ont les génomes des espèces sauvages apparentées.

Et quand notre petit bonhomme vert boit du vin pour aller avec son pain, il ignore encore qu'il ingurgite un produit artificiel et un OGM, car la fermentation artificiellement organisée par le vigneron a chimiquement transformé le sucre du raisin en alcool sous l'action de levures contenues dans la peau blanchâtre du fruit, et les molécules de gaz carbonique, d'éthanol, d'acide succinique, de glycérol se sont alors dégagées, modifiant les gènes du raisin. Voilà le vin, voilà le pain : artificiel, chimique, génétiquement modifié.

Aujourd'hui, serait-il interdit par quelque chamane inculte de contrôler la composition chimique des aliments *via* la Sélection assistée par marqueurs (SAM) qui permet de fournir les variétés d'aliments utiles pour une consommation saine ? De produire maïs, coton, soja, blé en plus grandes quantités et de meilleure qualité pour les populations qui n'ont pas accès aux magasins bobos ? De fabriquer de l'insuline ? Des hormones de croissance pour guérir du nanisme ? Des vaccins contre le papillomavirus, cause des cancers meurtriers chez la femme ? D'utiliser les ciseaux génétiques (CRISPR-Cas9) pour créer un blé résistant à l'oïdium ou un riz et un manioc sans maladies ? Faut-il brûler les champs de maïs transgénique qui permettent de produire une enzyme (lipase gastrique) capable de lutter contre la mucoviscidose ou les cancers du pancréas ? Et ceux qui produisent des médicaments, appelés « alicaments », pour résister aux virus, bactéries et champignons par leurs enrichissements devraient-ils plutôt aller prier Gaïa pour soigner bébés et enfants ?

Il y a des limites me dit-on. C'est vrai. Des limites à la bêtise en particulier. Car je ne connais qu'un seul critère moral pour juger des modifications génétiques : la préservation et le bien-être de l'humanité. Et pour en discuter, pour les limiter s'il le faut au regard du seul intérêt de l'humanité, comme pour partager le pain et le vin issus des OGM si délicieusement modifiés, je préfère les amis des vraies lumières aux bonimenteurs de l'obscurité.

Où l'on s'amuse avec le Franckenburger, des militants frugivores, végétaliens, végétariens et d'autres granivores

L'humanité montrerait la pire des immoralités en se donnant le droit d'asservir toutes les espèces vivantes de la Terre. Et, parfois même, de les bouffer. Sous-système de la planète, elle ignorerait le « point de vue de la Nature » et ce commandement de la morale verte[28] : « Toutes les formes de vie se valent, il faut traiter les autres vivants comme soi-même. » Les végétariens refusent viandes et poissons pour empêcher la souffrance de leurs sœurs, les bêtes. Pas suffisant, disent les végétaliens, il faut interdire le vol des aliments issus de nos sœurettes, comme le lait, les œufs ou le miel. Vous ne respectez donc rien, protestent les végans, qui rajoutent l'interdiction d'utiliser les produits dérivés, qui leur causent tant de peine, du cuir à la laine. Et voilà que rappliquent les frugivores : pas touche à nos potes végétaux qui souffrent de se voir croquer, vivons de la cueillette des fruits et seulement quand ils sont mûrs ! Vous êtes des collabos protestent les granivores, stop à la souffrance des arbres et des fruits, bouffons des graines de céréales !

Respecter la nature ? Laquelle ? Car, à l'évidence les animaux se nourrissent de végétaux et s'entredévorent avec allégresse. Et, depuis soixante-cinq millions d'années, et l'ère cénozoïque, les premiers primates ont été carnivores et herbivores. Sans cela, aucun n'aurait survécu. Si l'humanité est un sous-système de la planète, alors ne faut-il pas la respecter comme les autres ? D'ailleurs, si l'on écarte les pitreries de ceux qui imaginent un prétendu « régime paléolithique », avant même le Paléolithique et ensuite, l'affaire est entendue : l'humanité cueillait fruits et racines, elle chassait et pêchait, elle ingurgitait même des charognes dès qu'elle le pouvait. Voilà donc son droit de nature.

D'ailleurs, si l'humain n'était pas conçu pour être omnivore, cela se verrait, même sans lunettes. Des canines au côlon, tout est prévu pour la digestion du vivant. Dès la viande mâchée, nos enzymes accourent par la salive dans la bouche pour casser les glucides (amylase salivaire) et dissoudre les graisses (lipase lingual) puis d'autres se chargent d'en extirper protéines (protéinase) et lactose (lactase). Dans l'estomac, enzymes et acide chlorhydrique sont prévus pour dissoudre ces molécules issues de la viande, tuer des bactéries nuisibles et la transformer en purée (chyme). Parvenus dans l'intestin, les sucs enlèvent l'acidité, récupèrent les protéines, les brisent en petits morceaux afin de les transporter dans le sang. Les graisses animales subissent des jets de bile et l'action des lipases du pancréas pour être explosées en éléments minuscules évacués dans le sang par les lipoprotéines qui alimentent les cellules à la demande. Un parcours accompagné de milliards de bactéries, les « probiotiques », qui attaquent les bactéries nuisibles, fermentent les fibres, produisent des acides qui limitent le cholestérol et entretiennent notre équilibre.

Bref, selon la nature, l'humanité est carnivore. S'y opposer, c'est donc s'opposer à la nature.

L'idéologie mène toujours à l'incohérence. D'ailleurs tout ce petit monde s'empiffre de vivant, du matin au soir et en dormant même. Tous avalent du pain, fabriqué avec de la levure, donc des champignons, donc du vivant. Tous aspirent de l'air, ingurgitant des bactéries et même des insectes, par exemple des acariens. Ils tuent des milliards de bactéries en cuisant ou ingurgitant celles qui se trouvent sur les végétaux. Cela ne se voit pas, disent-ils, c'est tout petit. Plus myopes encore, ils avaleraient un chevreuil. Finalement, ils se donnent le droit d'ingurgiter 90 % du vivant, des algues aux champignons.

Laissons là granivores et frugivores, intéressons-nous à une autre troupe de comiques, les végétaliens. Compatir avec la poulette dont on prend les œufs ? Pleurer en songeant à tous ces petits poussins ingurgités dans l'omelette ? Quelqu'un devrait les informer qu'une poule ça pond toujours, même sans coq. Et que sans coq, les œufs ne sont pas fécondés, donc pas de poussins potentiels, seulement de possibles omelettes.

Les plus drôles sont les écologistes végans. Eux refusent toute « exploitation animale ». Ils se sont persuadés qu'enlever la laine sur le dos des moutons serait une souffrance pour l'animal. Ils ignorent que ce quadrupède, animal génétiquement modifié par l'humanité, ne mue pas l'été. Ne pas le tondre ? Les parasites le couvriraient de blessures, la chaleur l'abattrait. Prendre le miel des abeilles serait un autre effroyable pillage, elles souffriraient devant cette atteinte à leur propriété. Faudrait-il tuer les ours qui raffolent de leur produit depuis des milliers d'années ? Mais tuer des ours, est-ce bien végan ?

Je sens pourtant chez tous ces amis des animaux, un curieux manque de générosité envers ceux qui les piquent, mordent, agressent, répugnent : moustique, araignée, ver solitaire, rat, cafard…

Quoi qu'il en soit, à l'horizon, sciences et technologies régleront le problème pour les âmes à la sensibilité variable mieux que leur idéologie archaïque. La viande ce sont des molécules. Il est donc possible de les fabriquer artificiellement en laboratoire.

Il le faut d'ailleurs dès aujourd'hui pour sauver la vie de la plupart de ces anti-carnivores candides. Par exemple, la vitamine B12 de la viande ne peut être compensée par les légumes, puisqu'ils n'en ont pas. Et dans les œufs et les laitages, sa présence est faible et, en général, insuffisante. Résultat : anémie, retard dans le développement des enfants, dérèglements. Une seule solution : des suppléments chimiquement contrôlés… Autre exemple, le fer. Car le fer végétal est très difficile à absorber sans ajout de vitamine C. Et même avec cet ajout, impossible si le végétarien ingurgite, en même temps, des fibres. Une seule solution : des dosages artificiels ou des produits chimiques, comme la vitamine C. On pourrait multiplier les exemples.

Et demain, le calvaire animal qui parfois nous peine, se terminera. Depuis 2005, l'humanité s'est lancée dans la création de la nourriture *in vitro*[29] à partir de cellules souchess mises en culture dans un incubateur. Ainsi fut créé ce steak, appelé avec humour « Frankenburger », en souvenir de Frankenstein. Construit en laboratoire par Mark Post à l'Université de Maastricht, en 2013, à partir de cellules de muscle de vache, il comprend les mêmes molécules et a la même texture et le goût intense du steak. Pour ceux qui le souhaiteront : pas besoin d'animaux, des incubateurs seulement. Et voilà cuisses de poulet ou cuissots de chevreuil, poissons ou végétaux, créés sans produits polluants, virus, champignons ou bactéries malsaines, *in vitro*.

Des produits sains, dénués de tout adjuvant, contrôlés, adaptés à chaque individu. Bien artificiels. Conformément à la nature humaine.

Où l'on voit le sens de la canne et comment l'humanité affronte les handicaps qui l'ont meurtrie ou détruite depuis 7 millions d'années

Un petit bonhomme vert, persuadé d'être un élément de la nature, un « écosystème » de la planète parmi d'autres vivants, se serait fait bouffer par le Sphinx, si celui-ci avait existé. « Quel est l'être doué de la voix qui a quatre pieds le matin, deux à midi et trois le soir ? », demandait le monstre aux passants, selon la mythologie grecque. Installé sur un rocher près de Thèbes, il ingurgitait sans état d'âme les humains qui ignoraient la réponse et ne voyaient pas de différence entre eux et les autres espèces vivantes. Envoyé par Héra, épouse de Zeus, gardienne de l'Olympe et de l'ordre naturel, il veut rappeler que la génuflexion est obligatoire devant les esprits de la planète. Et il dévastait les récoltes, massacrait les troupeaux, terrorisait les villageois, pour les punir de troubler par leurs activités le prétendu écosystème planétaire. Par chance pour les Thébains, arriva Œdipe, qui ne croyait pas à toutes ces sornettes animistes. Lui savait que l'humanité est exceptionnelle, que seule d'entre les vivants, elle peut dominer la nature, assujettir ce qui s'y trouve et améliorer son corps par des artifices comme la canne, ce troisième pied artificiel au soir de la vie. Il alla devant la bête, et répondit « l'humanité ». Ainsi périt le monstre, symbole de l'environnement naturel.

Si Oncle Picsou fait rire les enfants, c'est qu'il se balade avec sa canne. Un tel animal ne peut exister puisqu'il a une canne. Intuitivement, ce qui distingue à leurs yeux l'humanité des canards, ce n'est pas l'intelligence, car le volatile en est pourvu. Ou qu'il marche sur deux pattes, bien que Socrate le crût. Ni même le caquetage. Simplement, la canne ne peut être donnée par la nature. Une canne ne pousse pas. Une canne ne se reproduit pas. La canne n'est pas un « bâton », un « bout de bois », un « morceau d'arbre ». C'est une matière arrachée à la nature et transformée, c'est un outil, un outillage pour aider la vie humaine à affronter cette nature qui l'a meurtrie durant 7 millions d'années.

La canne signale une rupture entre l'humanité et le genre animal. L'humain est celui qui n'accepte pas de subir la violence naturelle faite à son corps, qui n'accepte pas son handicap qu'il soit de naissance ou accidentel. La canne est la production artificielle d'un être exceptionnel, d'une humanité naturellement *Homo creator*, qui, par sa créativité, répond aux agressions subies par le soin et l'amélioration du corps.

La plus vieille prothèse connue date de trois mille ans, elle est égyptienne, celle d'un orteil. Composée de cuivre et de bois, son usure et les modifications montrent son utilisation quotidienne. Elle fut créée pour la fille d'un prêtre, oui, pour une femme, dans un univers qui commence à se dégager de l'animisme. Puis, les traces des prothèses de jambes, en bois et en bronze, se multiplient en Mésopotamie, en Grèce, en Turquie. Réparer, améliorer, augmenter même, au lieu de subir, devient un objectif de l'humanité.

Aujourd'hui, grâce à la croissance, la combinaison des neurosciences, de la biophysique, de la biomécanique, de l'informatique, de l'électricité, du biomédical et de l'ingénierie des tissus, permet de financer des innovations spectaculaires. Chaque jour, le savoir crée les artifices de la joie de vivre, comme ces prothèses transfémorales (au-dessus du genou) qui permettent de marcher rapidement et sûrement. Ou ces prothèses « myoélectriques » pour ceux qui sont amputés de membres, et qui permettent de saisir des objets, de s'habiller, jouer, oui jouer grâce à des capteurs placés sur les muscles dont les contractions engendrent une tension électrique dirigée vers les moteurs de la prothèse[30]. Et les prothèses bioniques sont là. Par le biais d'implants, le cerveau peut ordonner des mouvements et recevoir des informations tactiles. Au nom de la nature faudrait-il protester quand le petit Camden Whiddon, né sans jambes, s'approche en marchant de son petit frère pour le câliner ? Ou quand Priscille Deborah, qui a tenté de se suicider sous les rames du métro, après avoir perdu ses deux jambes et son bras, a reçu, en 2018, une prothèse bionique du bras qui lui redonne le goût de vivre ? Les recherches d'artifices se multiplient pour que le cerveau et la moelle épinière puissent se connecter et envoyer des signaux électriques aux membres absents et défaillants et en recevoir en retour. Le laboratoire de biomécatronique du Massachusetts Institute of Technology[31], à l'aide d'une imprimante 3D, a réussi à permettre à un individu d'éprouver des sensations semblables à celles qu'il aurait eues s'il avait possédé un organe naturel couvert de peau au lieu d'une prothèse.

Et faudrait-il s'interdire les interventions génétiques à but thérapeutique ? En 2020, l'Oregon Health & Science Institute a pu intervenir sur 37 patients aveugles atteints d'une maladie jusqu'à présent irréversible, appelée « amaurose congénitale de Leber[32] ». Les chercheurs leur ont injecté des fragments d'ADN dans les yeux. Et le 9 décembre 2020, 29 des 37 malades ont eu une vision améliorée des 2 yeux.

Cela vaut jusqu'aux clonages thérapeutiques pour remplacer un rein, recréer un bras, réparer un cœur, Un individu possède environ cent mille milliards de cellules de plus de deux cents sortes. Chacune est spécialisée pour faire son job, comme les cellules de la peau, appelées « kératinocytes », différentes de celles des muscles, les « myocytes ». Toutes, avant de se spécialiser, sont nées des « cellules souchess » produites par la rencontre d'un ovule et d'un spermatozoïde. On a longtemps cru qu'il fallait utiliser les embryons pour retrouver ces cellules souchess, ce qui ne manque pas de poser des problèmes éthiques, avant de constater que les cellules gardent en elles la trace de cette cellule souche. Il devient donc possible de recréer cette cellule souche, puis, à partir d'elle, de recréer la partie du corps handicapée.

Chacun est en droit de réfléchir sur les limites éthiques posées face à certaines innovations, comme celle qui iraient vers le clonage d'un humain, ce que l'on appelle le « clonage reproductif », issu de l'illusion que l'on pourrait se reproduire soi-même. Car cela ne se peut. Un individu n'est pas qu'un assemblage de cellules, une construction de mécano, un « écosystème » mais une histoire et une conscience. Et, de même que pas une feuille ne ressemble à une autre, comme le notait Leibniz, pas un individu ne ressemble à un autre sinon d'un seul point de vue, celui de leur égale dignité. S'il est une limite à ne pas franchir, c'est celle de l'obscurantisme, qui se satisfait de la détresse humaine et prétend que l'humanité devrait cesser de se donner par la croissance les moyens de régler le handicap. Les immenses découvertes de ces dernières années, et la convergence accélérée des technologies le démontrent : quelle que soit la cause des handicaps, la solution est dans l'innovation, pas dans l'obscurantisme.

Oui, le Sphinx c'est l'image de la nature. Et Œdipe celle des géants de la Bible et des Lumières, des sciences et des technologies, croyants ou non croyants, qui détruisent les idoles et pourfendent l'obscurantisme pour affirmer la puissance créatrice de l'humanité. C'est le point de vue de la libération humaine contre les menaces naturelles.

Où l'on découvre comment l'humanité affronte les maladies génétiques qui l'ont meurtrie et détruite durant 7 millions d'années

Ne pas vouloir la croissance et saluer la nature quand 7,6 millions d'enfants naissent chaque année avec une malformation génétique ou congénitale grave, dont 90 % dans les pays à revenu faible ? Parmi les maladies qui assaillent l'humanité depuis des milliers d'années, 6 000 sont d'origine génétique. Faudrait-il ne pas endiguer thalassémie, mucoviscidose, hémophilie, phénylcétonurie et remercier Gaïa de tant de souffrances ? Durant 7 millions d'années, les maladies génétiques furent soit non reconnues, soit non traitées, sinon par la magie, quelques plantes aux effets indécis et la culpabilisation des familles. Puis, la lumière vint effacer les ténèbres. Tout commença par cette idée simple : il en va du corps comme de la nature extérieure, il peut être transformé. La course vers l'abolition des maladies génétiques était lancée. Celle qui allait permettre diagnostics, prévention, biomédicaments, thérapie génétique et cellulaire.

Encore fallait-il comprendre le fonctionnement de ce corps merveilleux qui semblait avoir tant de ratés. Je vous ferai grâce de l'histoire qui conduisit à la lentille de verre poli, au XIIe siècle avant Jésus-Christ, destinée à corriger la vue. Et nous sauterons les siècles pour arriver au microscope de Zacharias Janssen, en 1595, puis, plus drôle, à celui de Robert Hooke qui agrandissait 30 fois et permit de découvrir la cellule en 1665. Fils de révérend, il décida de l'appeler « cellule » car il trouvait qu'elle ressemblait à une cellule monastique, un peu secrète et austère.

Austère peut-être, mais pleine de secrets. De progrès en progrès, jusqu'au microscope à effet tunnel, nos humains curieux se demandèrent ce qu'il pouvait bien y avoir dans cette cellule. En regardant par le trou de sa serrure, ils découvrirent en son sein, un noyau. La curiosité scientifique n'étant pas un vilain défaut, ils se demandèrent ce qu'il y avait dans ce noyau. Et alors là, surprise ! ils découvrirent une jolie boîte aux trésors contenant de jolis rubans, 23 paires de rubans, que l'on appela « chromosomes ». Vous avez compris que nos humains sont insatiables, à la différence des petits bonshommes verts qui en sont encore à croire que le monde est géré par l'eau et le vent. Ils se mirent donc à regarder ces rubans de plus près. Il faut dire, à leur décharge, que chaque paire leur paraissait comme Adam et Ève enlacés. Et voilà qu'ils découvrent que ces jolis rubans étaient eux-mêmes composés, en leur sein, d'informations top secrètes, condensées sur deux mètres de long et environ 2 nanomètres de large. Mieux que dans un film d'espionnage. Ça y est, ils sautent de joie, ils ont découvert le matériel génétique de l'individu, le génome, le moinillon qui a écrit le livre de l'individu dans sa cellule, bref, l'ADN (acide désoxyribonucléique) qui contient les caractéristiques naturelles de tout être.

Mais interpréter un code secret, tous les services de décryptage vous le diront : ce n'est pas aisé. Songez au décryptage d'Enigma pendant la guerre. À ce stade, impossible encore de savoir pourquoi il y a des maladies génétiques au lieu de l'harmonie préétablie promise par les animistes verts. Et encore moins, comment les soigner.

Alors, ces savants regardent le code de l'ADN de plus près et ils découvrent qu'il est composé de trois éléments. En particulier d'une base qui porte toutes les informations. Or, elle est écrite avec 4 lettres seulement. Imaginez un livre avec 4 lettres seulement : facile à lire. Ces lettres sont A (adénine), G (guanine), C (cytosine) et T (thymine). Parler le chinois ou l'anglais demande plus d'apprentissage. Au fond, ils découvraient ce que tout (vrai) scientifique sait : que la vérité est toujours simple. Et la lumière vient. Ils voient que A ne peut copiner qu'avec T et G qu'avec C. Or, le moinillon qui a écrit le livre s'est parfois trompé, il y a des erreurs de frappe, un A en moins ou en trop, un A qui a pris la place du T, et hop ! voilà la maladie génétique. Perte, substitution, délétion, la menace rôde dans la cellule du monastère.

D'autant plus que le maître, l'ADN, envoie ses architectes dans le corps pour le construire et le maintenir en vie. On les appelle ARN (acide ribonucléique). Ils synthétisent les protéines ouvrières, régulent les gènes, et plein de trucs indispensables à la vie. Or, aux aussi sont écrits avec 4 simples lettres, les mêmes, sauf le T (thymine) remplacé par un U (uracine). Facile ? Oui, mais là encore, il y a des erreurs commises. L'autisme ? C'est 3 000 mauvaises variations génétiques.

Si l'humanité n'en est qu'à ses débuts dans la traque des agressions de la nature, néanmoins, quels progrès !

Aujourd'hui, en trois jours, pour moins de mille dollars, chacun peut lire ses prédispositions liées à l'apparition de cancers, allergies, et de la plupart des maladies génétiques transmissibles. La société Veritas Genetics, appuyée par le programme de recherche Personal Genome Project de l'Université d'Harvard, propose même une application sur le smartphone pour permettre au client de connaître les risques génétiques courus.

L'accélération des découvertes est telle qu'un ouvrage pourrait lui être consacré. La thérapie cellulaire qui permet de greffer des cellules pour réparer ou régénérer un organe a montré ses succès face à la drépanocytose, une maladie génétique du sang. La thérapie génique, qui consiste à réparer ou remplacer des gènes défaillants, ouvre des horizons inattendus. Bêta-thalassémie, drépanocytose, hémophilie, anémie de Fanconi sont en voie de disparition par des vecteurs-médicaments qui corrigent les cellules souchess. Jusqu'à utiliser les agressions virales, comme celle du virus du SIDA (VIH) en l'insérant après l'avoir modifié, dans les cellules de la moelle osseuse du patient, pour vaincre le syndrome de Wiskott-Aldrich.

Par les nanotechnologies, sont fabriquées des biopuces ADN qui lisent les génomes et se préparent déjà les nanorobots qui permettront l'utilisation de l'ADN de synthèse pour recoller ce qui est cassé et remplacer ce qui est défectueux. Et les fameux ciseaux génétiques CRISPR-Cas9 laissent espérer un bond spectaculaire en remettant les lettres ACGT à leur place, en effaçant les doublons, en les ajoutant là où elles manquent.

Certes, le débat est ouvert pour savoir jusqu'où aller. Mais comment un Jurgen Habermas[33] peut-il prétendre qu'en éradiquant la mucoviscidose chez les enfants, on leur interdirait de choisir leur vie ? Si cela était vrai, abandonnons vaccins, médicaments, soins et laissons souffrir notre prochain au nom du culte de la nature. Le bon sens conduit à penser le contraire : plus l'être humain est débarrassé du poids des maladies naturelles, mieux il peut se réaliser et consacrer son énergie à son propre bien et à celui de l'humanité. Éradiquer les maladies génétiques qui détruisent l'humanité depuis son apparition, faciliter la course à la croissance et aux sciences, est d'abord un devoir. Un devoir envers l'humanité pour lui redonner de la joie et de l'espérance.

Où l'on voit comment l'humanité éradique maladies bactériologiques, virales et parasitaires qui l'ont meurtrie et détruite depuis 7 millions d'années

Affronter les maladies, fut, depuis le surgissement de l'humanité, l'un des défis le plus quotidiens sur la planète. Maladies bactériologiques, virales, parasitaires et champignons furent une autre cause de l'extermination humaine. Faudrait-il d'abord penser à sauver la planète et dénoncer la croissance au lieu de chercher à préserver les humains et sauver leurs corps autant que possible ? Un corps humain de 1,70 mètre, ce n'est pas seulement 30 000 milliards de cellules, c'est aussi 38 000 milliards de bactéries, 300 millions de virus, et quantités d'autres qui papillonnent autour avec des dizaines de milliers de parasites, parfois malins, souvent chagrins.

Nos ancêtres nomades du Paléolithique concevaient surtout des rites, grigris et médicaments bio censés les protéger des esprits auxquels ils attribuaient les maladies. Chaque groupe y allait de son chant, de ses sacrifices, y compris humains, de ses demandes de pardon pour avoir offensé la nature en la déséquilibrant pas ses chasses, sa pêche, son exploitation immorale. À cette contrition, s'ajoutaient amulettes et médicaments bio : feuilles, champignons, os, plumes, arrêtes, huiles, ongles, cheveux, terre, morceaux de peaux. Avec les sédentarisations et l'entrée dans l'âge des métaux, la connaissance entra dans une nouvelle ère, j'excepte celle des petits bonshommes verts qui continuent à croire que la nature se venge par les maladies de la croissance, offense faite à la planète. Prévenir et guérir devinrent les deux mamelles de l'humanité pour préserver la vie. On commença à avoir un usage scientifique des végétaux, de l'opium, connu depuis près de cinq mille ans en Asie pour calmer la douleur, aux innombrables plantes décrites en Égypte, il y a trois mille sept cents ans, ce dont Pline l'Ancien (né en 23 av. J.-C. et mort en l'an 79) dressera plus tard une longue liste dans son *Histoire naturelle*. Les soins par les vaccins ont eux-mêmes leur origine dans ces âges des métaux où se développa, en Grèce, l'administration aux malades d'extraits d'organes d'origine animale (« opothérapie ») et en Chine, au XIe siècle, quand des médecins eurent l'idée d'inoculer la substance sortant des pustules de la variole pour tenter de créer des anticorps[34].

Oui, la croissance fut la clef. Grâce à elle, au fil des siècles, l'humanité développa ses moyens de prévention, améliora les techniques de diagnostics, multiplia les types de soins. Les pestes qui terrorisaient les populations ? Grâce à l'hygiène, à l'industrialisation appliquée au traitement de l'eau et des déchets, aux vaccins et aux soins financés par la croissance et distribués mondialement, en 2019, on repère un cas en Ouganda et deux en Mongolie. La variole ? La vaccination l'éradique complètement en 1979. La diphtérie ? Vaccin depuis 1924, éradiquée depuis 1960. La rubéole ? Vaccin en

1969, éradiquée en 1980. La poliomyélite ? Vaccin en 1956, éradiquée en 1960. La syphilis ? Éradiquée par la pénicilline. Et si, pour certains des pires fléaux de la planète, la mort rôde encore, ce sont les pays qui ont le moins de croissance qui les subissent le plus.

Le choléra, maladie diarrhéique aiguë, dont on peut mourir en quelques heures ? Éradiquée dans les pays « riches » mais 3 858 morts par an en moyenne dans les régions les plus déshéritées du globe, comme Haïti. La rougeole ? Elle tue 8 millions de personnes en 1960, puis, 20 ans plus tard, 2,6 millions et, en 2018, 142 300 dans les pays pauvres, disparaissant des pays les plus développés[35]. La coqueluche ? Éradiquée dans les pays les plus riches mais 300 000 enfants en meurent chaque année, faute de vaccination, dans les pays les plus pauvres. L'hépatite A ? Vaccin trouvé en 1995, et, dans les pays riches, la greffe du foie sauve le plus souvent la vie mais pas dans les pays pauvres. Les oreillons ? Éradiqués, sauf dans les pays qui n'ont pas assez de croissance. Le SIDA sera lui-même bientôt un lointain cauchemar avec les traitements antirétroviraux : en 2020, 680 000 décès sur 37,7 millions de personnes infestées. Mais les plus importants taux de mortalité se trouvent dans l'Afrique pauvre où les médicaments arrivent moins malgré la solidarité internationale[36].

La tuberculose porte au paroxysme cette relation entre faible croissance et mort. Car cette maladie ne devrait plus exister. Entre le vaccin BCG et la découverte d'antibiotiques, les traitements sauvent. Mais, hélas ! seulement dans les « sociétés de consommation ». Elle tue environ 1,3 million de personnes dans les régions pauvres de l'Afrique subsaharienne et d'Asie du Sud-Est.

Mais l'évolution est là grâce à la course aux sciences. Il n'est pas jusqu'aux maladies parasitaires les plus meurtrières qui ne soient en passe d'être supprimées. Ainsi, le paludisme va être éradiqué par la conjugaison des moyens de prévention (la chimio-prévention et les produits industriels insecticides), des recherches génétiques sur les moustiques (pour les empêcher de recevoir le parasite), des médicaments antipaludiques, des vaccins, et le développement. Il tue de moins en moins : 881 000 personnes en 2006, 627 000 en 2012, 409 000 en 2019. Et d'abord, évidemment, dans les pays les plus proches de la nature, comme le Nigéria, le Congo, l'Ouganda, où manquent même les produits industriels les plus élémentaires comme les insecticides[37]. Preuve, s'il en fallait, de cette conjonction de la croissance, du développement et de l'éradication des maladies : en 2021, la Chine, si touchée hier, avec 30 millions de cas en 1940, a totalement supprimé le paludisme. Autre exemple, en 2018, pour l'éradiquer du Burkina Faso, 10 000 moustiques génétiquement programmés stériles ont été relâchés.

Car les biotechnologies sont au cœur du salut des corps humains. Aujourd'hui, leurs médicaments représentent 30 à 40 % des nouveautés et 1/3 des médicaments en développement. Elles développent des vaccins à partir de bactéries tuées ou atténuées, de protéines purifiées et, à présent, à partir de l'utilisation de l'information génétique de l'agresseur bactériologique ou viral comme ces vaccins à ADN ou ARN que le grand public a découvert face au Covid-19 et qui connaît une expansion rapide, prenant pour cible des maladies telles que le SIDA ou les maladies dégénératives. Quel progrès depuis le premier médicament biologique, apparu en 1984, avec l'insuline recombinante, suivi par les hormones de croissance et les anticorps contre les maladies auto-immunes !

Pas de course à la croissance ? Plus de biotechnologies. Songez qu'un médicament a un coût de production de 800 millions à 1,5 milliard d'euros et qu'entre les recherches et l'accès il s'écoule en moyenne 12 ans[38], même si, exceptionnellement, certains peuvent surgir plus vite, bénéficiant de recherches sur des maladies connexes comme on le vit face au coronavirus de 2019. Ce sont plus de 1 060 milliards qui ont été injectés pour les seules biotechnologies en 2019, une centaine de milliards pour les nanotechnologies[39].

La décroissance ? C'est la mort assurée. L'ignorance et le manque de croissance sont les causes les plus apparentes des maladies. Le manque d'amour pour son prochain et les calculs cyniques à courte vue, les vraies causes. Au lieu de « sauvons la planète », « aime ton prochain comme toi-même » est plus conforme à la moralité.

Où l'on voit comment, grâce à la croissance, l'humanité affronte les cancers qui l'ont détruite depuis sa naissance

Il est toujours curieux d'entendre attribuer à la croissance, à la société de consommation et à l'industrialisation, la responsabilité des cancers. Nous avons déjà démontré que, depuis plus d'un million d'années, l'humanité en était victime. Et, à la « transition écologique » qui nous renvoie à l'animisme archaïque, je préfère, encore et toujours, la « transition scientifique ».

Il est toujours possible de montrer du doigt l'erreur humaine. Comment l'humanité, dans sa recherche de survie et de mieux-vivre pourrait-elle éviter erreurs et errances ? Ainsi, l'amiante, par sa poussière, est cancérigène mais elle fut utilisée durant des siècles pour ses propriétés d'isolation thermique et sonore, de résistance aux tensions et au feu… Charlemagne lui-même possédait une nappe en amiante qu'il jetait dans le feu pour la nettoyer. Et puis, les scientifiques découvrirent derrière ces avantages réels, des menaces pour la santé humaine, et non pour la planète, tout aussi réelles. Conséquence : non pas l'arrêt de la croissance, mais son accélération pour financer les recherches afin de trouver produits de remplacement et nouveaux moyens de lutte contre les cancers. Une dynamique scientifique et non le retour à l'animisme. Ainsi, quand bien même elle se trompe, l'humanité avance. Objectif : éradication.

Plus de 50 % des cancers sont guéris aujourd'hui. Dans le monde, la survie à 5 ans est de 63 % pour les cancers du côlon, de 88 %, pour le cancer du sein, de 93 % pour celui de la prostate[40], le cancer colorectal, troisième cancer le plus fréquent chez l'homme, second chez la femme, est guéri à 90 % dans les pays les plus riches comme la France. Le cancer de la thyroïde ? Survie à 5 ans de 96 %. Les homéopathies malignes ? À 80 % pour la moitié de ses formes. Reproche-t-on à la croissance de produire des cancers ? Elle sauve surtout.

Si, dans le monde, 10 millions de personnes meurent encore chaque année du cancer, la première cause est le manque de développement.

Ainsi, 70 % des cancers concernent les pays les plus pauvres. À cause du manque de croissance, l'hygiène et l'information sont insuffisantes, l'accès aux médicaments et aux soins innovants est plus difficile, le personnel soignant et les centres hospitaliers sont moins nombreux. 90 % des pays riches offrent des traitements complets, contre 15 % de ceux qui sont à revenu faible[41].

La croissance finance aussi la recherche, en particulier ce qui sera la cause des victoires de demain : biotechnologies et nanotechnologies. Ainsi, l'immunothérapie cellulaire « *CAR-T cells* », créée en 2015 à l'Université de Pennsylvanie. L'idée ? Utiliser les cellules immunitaires du patient, un type de globules blancs, les lymphocytes T, contre le cancer le plus répandu chez les enfants, la leucémie aiguë lymphoblastique qui s'attaque à la moelle épinière. Ces lymphocytes sont collectés puis modifiés génétiquement en laboratoire afin de détruire l'ennemi. Pour cela, ils sont munis d'un récepteur, une sorte de véhicule qui les guidera quand elles seront réinjectées pour cibler et tuer les cellules cancéreuses[42] : le CAR, *Chimeric Antigen Receptor* en anglais. Ainsi, le lymphocyte, armé de son CAR, devient une sorte de médicament vivant[43].

En 2018, deux médicaments utilisent ce procédé, le Kymriah et le Yescarta, avec des résultats spectaculaires : jusqu'à 83 % de rémission avec une seule dose du Kymriah et 90 % sur 12 mois après un traitement complet[44]. Mais ils sont respectivement facturés 373 000 et 475 000 dollars. Des médicaments parmi les plus chers du monde ! Une seule solution : non pas prier Gaïa, mais fabriquer industriellement, oui industriellement, des médicaments associant des lymphocytes T de donneurs sains au fameux CAR. Ou bien modifier industriellement des gènes des cellules T pour les transformer en « *CAR-T cells* ». Toujours plus de croissance, toujours plus de science, toujours plus de vie.

Et chaque jour, grâce à cette course vers toujours plus de domination de la nature, la lutte contre les cancers conduit à des succès spectaculaires : nouvelles techniques de dépistage, comme l'immunoscore, inventé en 2019 par Jérôme Galon, nouveaux types de médicaments comme les inhibiteurs de croissance inventés par l'équipe d'Axel Ullrich, nanodrones pour vacciner contre les cancers qui a guéri 70 % des souris sur lesquelles il a été expérimenté par l'Université technique du Danemark, nouvelles technologies comme celles liées au CRISPR-Cas9, qui ne soignent pas que les cancers mais sont une évolution merveilleuse pour toutes sortes de maladies… D'où ce qui suit.

Où l'on aime le rire des deux dentellières du CRISPR-Cas9 et les facéties des nanorobots face aux maladies qui ont meurtri l'humanité durant 7 millions d'années

Condamner la « course à la croissance », exiger la « transition écologique », sauver la planète ? Laissons là les petits bonshommes du comptoir vert. Pour éradiquer maladies et cancers qui menacent l'humanité depuis sa naissance, je ne connais qu'un moyen : la croissance pour financer les recherches, la transition scientifique pour extirper l'obscurantisme des esprits, et, enfin, mettre l'humanité au centre de la Cité. Au lieu des totems animistes : hygiène, médicaments, appareillages, médecins, biotechnologies et nanotechnologies qui exigent tant d'investissements mais promettent d'éradiquer la plupart des maux naturels.

Rien ne symbolise mieux le bel avenir de l'humanité ouvert par sa créativité que les « ciseaux génétiques », inventés par deux dentellières, Jennifer Doudna et Emmanuelle Marie Charpentier, Nobel de chimie en 2020. Au lieu de prier Gaïa, nos deux savantes ont forgé l'outil le plus merveilleux qui se puisse imaginer, appelé du nom apparemment barbare de « CRISPR-Cas9 ». Associés à l'intelligence artificielle (au « *deep learning* »), ils sont capables de cibler des centaines de maladies, de détruire cellules cancéreuses, virus, bactéries, de supprimer maladies génétiques, et même de transformer riz, mouches, poissons, mammifères... Un couteau suisse.

Tout est né de l'observation de cette bactérie qui produit scarlatine, impétigo ou angine, le « *streptococcus pyogenes* ». Lorsqu'elle est attaquée par des virus prédateurs, si elle s'en sort, elle construit alors un système de défense, une sorte de batterie antiaérienne pour reconnaître et détruire l'ennemi lors d'une éventuelle nouvelle attaque. Pour cela, elle intercale au cœur du noyau de sa cellule, dans son ADN, un système de vigilance qui garde en mémoire les caractéristiques génétiques (ADN) de l'ennemi, sa photo pour mieux le reconnaître, ce que l'on appelle « CRISPR » (*Clustered Regularly Interspaced Short Palindromic Repeats*).

Ainsi, dès que le virus recommence son attaque, la bactérie le reconnaît grâce à sa photo, grâce à ce CRISPR. Alors, elle envoie contre lui un soldat tueur, une protéine appelée CAS-9, qui va s'attaquer au gène du virus criminel. Et, pour que ce valeureux soldat ne se trompe pas, il emporte avec lui la photo génétique de l'ennemi. Ainsi naît le couple CRISPR-Cas9 qui fonce sur l'ennemi et coupe son ADN, une sorte de coup de dent, le détruisant irrévocablement. Pourquoi ne pas adapter ce système, se dirent nos deux dentellières ? En particulier pour défendre l'humanité, la réparer et la protéger ?

Tuer les virus et bactéries létales, avec le CRISPR-Cas 9, devient alors possible. Briser les cellules cancéreuses aussi en coupant un morceau d'ADN défaillant, en l'inactivant et en le remplaçant par un morceau sain, collé à la place. Ce que réussit chez les souris, en 2020, la Penn State University avec l'Université de Tel-Aviv, guérissant 80 % de leurs cancers des ovaires, ou l'Université Griffith, en Australie, guérissant, en 2019, 100 % de leurs cancers du col utérin.

Pourquoi ne pas guérir les maladies génétiques ? C'est ce que réussit, en 2014, sur des souris, le Massachusetts Institute of Technology, éliminant la tyrosinémie, maladie du foie jusqu'ici incurable, puis l'Université du Texas, pour corriger la mutation génétique responsable de la myopathie. Et contre la maladie d'Huntington, en quelques semaines, les souris ont retrouvé une partie de leur équilibre et de leur force musculaire et leur cerveau a été en mesure de se régénérer dès que la protéine mutante a été génétiquement coupée.

Face à l'environnement létal, pourquoi ne pas prévenir la maladie qui vient ? Ainsi, au lieu de prier les dieux de la forêt, pourquoi ne pas éliminer les moustiques vecteurs de la maladie, comme cela se fit en août 2018, autour du village de Pala, à l'ouest du Burkina Faso, où 10 000 moustiques génétiquement modifiés par le CRISPR-Cas9 pour être stériles ou résistants au plasmodium, parasite responsable du paludisme, ont été relâchés.

Aussi merveilleuse pour l'avenir de l'humanité que l'est le CRISPR-Cas9 : la nanomédecine construite par les nanotechnologies qui partent à l'assaut des maladies offertes par Gaïa depuis 7 millions d'années. Elles permettent de comprendre la structure des protéines et de l'ADN, jusqu'aux atomes d'hydrogène, d'oxygène, de nitrogène, de carbone et de phosphore qui les composent. Elles offrent des moyens au diagnostic pour détecter virus et bactéries, avec des ordinateurs moléculaires, des biopuces, l'association de nanoparticules et d'anticorps, le dépistage des mutations de gènes. Elles partent en guerre pour canarder les bactéries létales, pourchasser les ennemis viraux, attaquer les maladies génétiques, anéantir les cellules cancéreuses[45].

Ainsi, admirez ces nanovecteurs qui transportent des protéines et de la pharmacologie, en ciblant au nanomètre près les cellules malades. Admirez ces nanocapsules qui libèrent leur contenu au moment venu, par exemple l'insuline. Applaudissez ces nanorobots tueurs de cellules cancéreuses, activés par hyperthermie ou par magnétisme quand ils sont équipés de nanoparticules d'oxyde de fer. Et cette garde impériale des nanorobots anti-cancer imaginés par le California Institute of Technology qui franchissent le système immunitaire, désactivent la cellule malade, stoppent la production de protéines, la tuent. Et cette relève de la garde à *Human Palace* avec le corps d'armée de l'Université de Cambridge, ces nanorobots en or qui se faufilent dans le système sanguin, arrivent dans les cellules cancéreuses chauffées au laser infrarouge, vibrent pour dégrader la cellule qui se croyait impénétrable, préparant l'arrivée de la cavalerie légère, les robots transporteurs de médicaments qui terminent le travail d'éradication.

On me pardonnera de ne pas raconter l'histoire des nanonageurs (*nanoswimmers*) de 200 nanomètres, développés par l'École polytechnique de Zurich et l'Université Technion de Haïfa, pour détruire les cancers et soigner les maladies cardiovasculaires ou celle des nanofusées (*nanorockets*) téléguidées, avec leurs freins, inventées à l'Université Radbout, qui transporteront les médicaments utiles dans toutes sortes de maladies, ou bien encore celle des nanorobots qui vont reformater les cellules, recoller ou remplacer les morceaux d'ADN cassés.

Mais, il n'est pas un problème dont la nanomédecine ne peut se saisir, jusqu'aux handicaps en offrant les matériaux industriels composites plus résistants que l'acier dont les prothèses ont besoin pour ne plus se dégrader. En produisant des actionneurs aussi efficaces que les muscles artificiels et des filtres plus solides que les reins. En encapsulant dans une membrane biocompatible les greffes pour éviter leur rejet.

Oui, la transition scientifique, au lieu de la « transition » animiste. Toujours plus de croissance pour toujours plus de science, voilà le chemin du progrès. Si la réflexion s'impose en biotechnologie quand il s'agit des gènes des embryons humains, si elle s'impose encore quand il s'agit d'utiliser les nanotechnologies pour soigner et améliorer le génome, ce n'est pas pour éviter d'offenser la planète, mais parce que seule l'humanité vaut et que nul ne peut jouer avec les gènes comme avec des dés. L'humanité d'abord, voilà l'impératif catégorique. Il impose une vigilance, mais une vigilance éclairée par les sciences.

Où l'on voit que la réflexion sur l'immortalité du corps est propre à la condition humaine tandis que sauver la planète est un fantasme

Sauver la planète ? voilà le fantasme. Puisqu'elle n'est pas un vivant, pas même un être. Sauver l'humanité, voilà ce qui se doit autant qu'on le peut ; et ce qui se peut, quand il s'agit de sauver l'humanité, se doit. Jusqu'où ira l'humanité pour préserver les corps humains ? Nul ne le sait. Jusqu'à l'immortalité ? Voilà qui paraît bien présomptueux. Mais il est symptomatique que, parmi les vivants, seule cette espèce en ait même l'idée. Au fond, créer une canne ou un médicament, c'était déjà, par des artifices, repousser l'heure de la mort. Et, depuis sa naissance, l'humanité n'a cessé d'aller dans le sens d'une quête de longévité.

L'immortalité fut le rêve de l'empereur chinois Qin Shi Huang (259-210 av. J.-C.). Il avait réussi à unifier la Chine, fusionné les monnaies, engagé la construction de la fameuse Muraille et, aussi, il faut l'avouer, brûlé vif des centaines d'adeptes de Confucius. Puisqu'on peut supprimer les maladies, pourquoi ne pas supprimer la vieillesse et vivre une jeunesse éternelle, se dit-il ? Il partit pour Lianyungang, dans le nord-est de la Chine, où se situait une école d'alchimistes réputée, dirigée par Xu Fu, pour demander la fabrication d'un élixir de jouvence. Aujourd'hui encore, il est de bon ton de dire un peu fou cet empereur, et de tresser des louanges à la gloire de Xu Fu qui, craignant d'être mis à mort, lui répondit que, ce désir d'immortalité, il allait le réaliser. Le fourbe demanda à l'empereur 50 bateaux, de l'or, des victuailles, 3 000 Chinois pour aller chercher dans les îles de l'Est la fameuse potion de rajeunissement cellulaire. Le convoi partit en grande pompe sur la mer Jaune. Xu Fu ne revint jamais, fondant une colonie sur les terres du Japon d'aujourd'hui.

Or, il y a bien plus de sagesse chez Qin Shi Huang qu'on ne le croit d'ordinaire. Au lieu de considérer la mort corporelle comme une fatalité, à la façon de ces Chinois taoïstes qui l'attendaient assis sur le pas de leur porte, perdus par la lecture du *Dao De Jing* (*Livre de la voie et de la vertu*) de Lao Tseu, il prit à bras-le-corps la question de la mort, et l'envisagea comme un problème à résoudre.

Il eut raison. Car la mort est un problème pour l'humanité, contrairement à ce que prétendirent Épicure et certains de ses disciples qui ignoraient la condition humaine, ses angoisses et ses peines, et qui eurent avec les sciences le plaisir de ne jamais se rencontrer. L'humanité ne se satisfait pas de la mort, soit en cherchant à rallonger la vie corporelle, soit en pensant à la vie spirituelle au-delà de cette mort corporelle, les deux n'étant pas incompatibles, contrairement à ce qu'en pense une vaine philosophie.

Pourquoi un séquoia géant pourrait-il atteindre trois mille cinq cents ans, une éponge siliceuse, treize mille ans, et la petite méduse *Turritopsis nutricula* être immortelle, tandis que l'humanité serait condamnée à vivre une centaine d'années seulement ? Faudrait-il donc imaginer une nature qui aurait le secret dessein de supprimer les humains ? Mais si cela était, elle interdirait aussi de préserver la santé, d'améliorer les corps, de développer les thérapies, de se nourrir même, car tout cela n'est-ce pas toujours reculer la mort ? Peut-être même ces âges attribués à Mathusalem, 969 ans, et à quels autres, sont-ils le signe que chercher à vivre le plus longtemps possible relève d'une sagacité supérieure au fatalisme religieux ?

Aujourd'hui, les technologies transforment la mort en problème à résoudre. Or, l'une des causes du vieillissement est le raccourcissement des extrémités des chromosomes qui forment une sorte d'X, appelés « télomères ». Petit à petit, ceux-ci raccourcissent et nous vieillissons. Ne pourrions-nous pas freiner, voire empêcher ce raccourcissement ?

Les scientifiques ont remarqué qu'une enzyme, appelée « télomérase », lutte contre ce vieillissement. Seulement, elle a ses chouchous. Elle intervient pour maintenir en l'état les télomères des cellules qui servent à la reproduction (« germinales ») et des globules blancs, elle empêche même, prise au piège de sa logique naturelle, les cellules cancéreuses de vieillir. Mais, pour ce qui est des autres cellules, celles de la peau, des os, des organes (cellules dites « somatiques »), elle s'en occupe peu. D'où le vieillissement. L'idée ? Forcer la télomérase à maintenir en état la taille des télomères des cellules somatiques, voire de la rallonger[46] pour rajeunir les cellules. De la société Calico, fondée par le biologiste Arthur Levinson pour Google, aux expériences réussies sur les souris rajeunies à la Mayo Clinic de Rochester, ciseaux génétiques, médicaments, nanorobots sont partis à l'assaut du vieillissement. Elizabeth Parrish, P.-D.G. de l'entreprise BioViva, assure même avoir rajeuni de 20 ans certaines cellules somatiques grâce à la thérapie génétique.

Qu'importe. Peut-être faut-il nous résoudre, comme le roi d'Uruk, Gilgamesh, à admettre que la mort du corps surviendra un jour, quand bien même l'humanité reculerait l'heure de la mort, quand bien même serait abolie la mort biologique. Une catastrophe naturelle, un accident, une humble tuile même pourra mettre un terme à nos jours. Mais si le « juste milieu » (Aristote) recherché par la morale est de continuer à préserver la vie jusque dans la lutte contre le vieillissement, alors il faut dire que l'empereur qui la cherchait est plus proche de ce juste milieu que Xu Fu qui a abandonné les Chinois au fatalisme taoïste de la mort.

Et si la voie de la sagesse commence par le savoir de la condition humaine, alors Xu Fu nous en détourne. Car chercher une immortalité ici et maintenant est la marque d'une inquiétude et d'une interrogation sur ce qui advient après la mort. Sachant que cette énergie créatrice qui meut l'humanité ne peut provenir de la Terre, puisqu'elle la transforme, se demander d'où elle vient et où elle va est légitime. Et dans la mesure où toute énergie humaine est individuelle, puisqu'aucun être humain ne ressemble à un autre, il est tout aussi légitime de se demander si cette énergie individuelle disparaît avec la mort, aspirée dans une sorte d'énergie universelle éternelle comme le pensait Averroès, ou si elle est préservée, laissant libre cours à une réflexion sur l'immortalité, comme possibilité, et même sur un corps nouveau, hypothèses certes discutables mais pourquoi ne pas les discuter ?

Là où certains voient un rêve un peu fou, je devine donc une aspiration spirituelle. Ce n'est pas un hasard si l'humanité est la seule espèce vivante connue à construire des temples et à méditer sur la mort. J'y vois le signe au moins de sa place exceptionnelle. D'abord dans la Cité, ensuite dans l'univers.

Ce qui nous entraîne à la partie qui suit.

QUATRIÈME PARTIE

SAUVER L'HUMANITÉ, METTRE LA CROISSANCE AU CŒUR DE LA CITÉ

Où l'on voit que grâce à la croissance il n'y a jamais eu autant de démocraties et de paix

Avec la course à la croissance et la société de consommation, tout irait de mal en pis, accusent les procureurs verts. Guerres, dictatures, inégalités, vice moral, seraient la sanction d'un monde qui sombre pour avoir oublié de vivre en harmonie avec la planète. Les appels se multiplient pour changer de régime social, économique, politique, éthique afin d'engager la « transition écologique », l'« alternative verte », une vie « *ecofriendly* » qui apporteraient paix et démocratie comme hier les staliniens nous vendaient l'« alternative socialiste », la « transition socialiste », le « bonheur socialiste » pour obtenir la paix entre nations.

Je ne vois nul besoin d'alternative. Au contraire. Contre la croyance aux esprits de la planète qui furent la source des nationalismes et des guerres, en distillant l'illusion que les nations étaient le réceptacle de divinités telluriques, l'humanité s'est débarrassée de la pensée magico-religieuse pour s'engager sur le chemin de la liberté qui est celui de la croissance et de la paix.

Ainsi, avant le début de ce qui a été appelé « la première révolution industrielle », celle du XVIIIe siècle, combien de démocraties libérales, c'est-à-dire constitutionnelles, pluralistes, représentatives, avec un équilibre et un contrôle des pouvoirs, le suffrage universel à bulletin secret des femmes et des hommes, respectueuses des droits individuels ? Aucune. Il y eut ici et là quelques tentatives, comme en Corse, en 1755, mais éphémères. Avec la révolution industrielle, des nations s'engagent enfin sur cette voie. Pas de hasard : l'évolution industrielle propulse la croissance, clef des portes de la liberté. Un ventre qui a faim recherche plus les nourritures terrestres que spirituelles et la démocratie lui semble un luxe moins utile qu'un bout de pain. Combien sont-elles ces nations à progresser sur la voie de la liberté au début du siècle suivant ? Une douzaine, dont une bonne part n'accorde pas, ou tardivement, le droit de vote aux femmes ni le vote à bulletin secret, et, aucune n'a suivi les États-Unis en créant une Cour indépendante du pouvoir exécutif et législatif pour garantir les droits individuels, cet État n'accordant pas lui-même le droit de vote aux Afro-Américains, avant 1869, et le droit de vote des femmes n'est ratifié qu'en 1920.

En 1975, combien de régimes de liberté ? 35. En 2005 ? 88. En 2018 ? 90. En 2018 ? 97. En 2021, la moitié de la population mondiale vit sous un régime de liberté. Certes, avec des disparités et des défauts. Avec des reculs aussi, comme le Venezuela, redevenu une dictature. Où se trouve l'indice démocratique le plus élevé ? En Norvège, Islande, Suède, Nouvelle-Zélande, Canada, Finlande, Danemark[1]… Et partout, dans ces régimes, la corruption y est moins forte, le souci social plus développé, et le désir de prospérité porté plus particulièrement par la classe moyenne, conduit au désir de sa condition : la paix.

Car le désir de consommer toujours mieux et de profiter des innovations toujours plus, nourrit la course à la croissance, donc la recherche de coopération. La concurrence économique elle-même stimule les énergies et les découvertes scientifiques dont, finalement, tout le monde profite. Ainsi, s'éloignent les guerres interétatiques qui étaient la règle sur cette planète. Aucune guerre directe entre grandes puissances n'a eu lieu depuis 1945. Depuis la guerre du Golfe de 1991, seulement cinq guerres de coalition. Les guerres civiles qui étaient légion au XIXe siècle, s'éteignent.

Dans les conflits terminés, il faut remonter à la guerre d'Irak de 2003-2011 et à celle du Libéria en 1999 pour trouver plus de 100 000 morts. En 2020 ? Le conflit entre le Soudan et l'Éthiopie, a fait 10 morts, celui de la région du Tigré, 1 500, et dans le Haut-Karabakh, environ 6 000. Le précédent conflit date de 2017, au Congo, avec 117 morts et à 2014, à Gaza, avec 2 200 morts. Rien à voir avec le monde d'avant la course généralisée à la croissance. Sur 48 conflits en cours, tous confondus, 38 ont fait moins de 1 000 morts, 10 plus, dont deux liés au terrorisme et un aux narcotrafiquants (Mexique).

Le plus important ? La guerre civile syrienne commencée en 2011 qui a fait 500 000 morts. Trop, certes, mais loin des 2 millions de morts de la seconde guerre civile soudanaise, de celle de Corée qui fit 4,5 millions de morts de 1950 à 1953 ou des 60 millions de morts de la dernière guerre mondiale. Et cette guerre s'éteindra demain quand cesseront ces désirs d'imposer aux différentes nations des régimes dont elles ne veulent pas et quand le désir de croissance supplantera celui de la domination des autres nations.

Oui, le conflit sino-américain le montre : le temps des armes s'éloigne. Un Afghanistan des Talibans, ne fait pas plus l'hiver, qu'hier quelques traités de paix dans l'Europe ensanglantée du XVIIe siècle, ne faisaient le printemps. La vraie paix parie sur la nature humaine qui veut toujours plus créer et se reconnaître dans ses œuvres. Ce qui exige donc le droit des nations à disposer d'elles-mêmes et des régimes de liberté. Car s'il est une loi universelle c'est bien celle-ci : ni les individus, ni les nations n'acceptent de rester dans les fers quand ils peuvent s'en libérer.

Où l'on prouve qu'esclavagisme et colonialisme ne sont pas nés du modèle de croissance occidental mais existaient partout depuis le néolithique, y compris en Afrique et en Asie

Le premier petit bonhomme vert qui a dit « ici en Occident est née la course à la croissance responsable de l'esclavagisme et du colonialisme », aurait mérité la Palme d'or du festival de la tartuferie si les communistes ne l'avaient reçue avant. Car n'en déplaise aux démagogues Greta Thunberg, Luisa Neubauer, Angela Valenzuela[2] et autres Terry Jones[3], propagandistes du prétendu « dérèglement climatique », colonialisme et esclavagisme n'ont rien à voir avec le capitalisme, l'économie extractive et les monocultures intensives. Et s'il est une chose que l'Occident a inventée, c'est leur abolition.

Que l'on me montre une civilisation qui n'ait pas connu ces deux infamies depuis 12 000 ans ? Sur le pourtour méditerranéen, tous les empires étaient esclavagistes et colonialistes. Aux oubliettes Sumer, son empire, ses esclaves fugitifs marqués au fer rouge[4] au quatrième millénaire avant J.-C. ? Pas vu, pas pris, l'esclavage massif à Uruk ou dans l'empire des Hittites ? Dans l'Empire assyrien ou celui des Scythes ? Et les Grecs, cela ne dit rien aux petits bonshommes verts ? L'Athènes antique, son empire, ses esclaves, serait-ce pour eux l'Atlantide disparue alors qu'ils pillent leurs colonies et qu'il y a même plus d'esclaves que de citoyens, comme dans tout l'Attique ? Et l'Empire romain, jamais entendu parler non plus ? Pas même entraperçu dans les bandes dessinées d'*Astérix et Obélix* ? Ah, ce serait une affaire de blancs peut-être ? Et quand il fut dirigé par un empereur « noir », comme Septime Sévère, esclavagiste et impérialiste, gênant peut-être ?

Ah ! l'Afrique… « *Blacks lives matter* », disent nos artistes. Certes, mais que sont devenues ces centaines de milliers de blancs mis en esclavage par les pirates « barbaresques », c'est-à-dire berbères, du XVIe au XIXe siècle ? Alger la blanche me dit-on parfois ? Oui, pleine d'esclaves blancs : en 1750, 35 000 esclaves blancs sur 100 000 habitants. Des survivants ? Où cela ? Pas même de pierres tombales. Oubliée la traite transsaharienne et maritime des tribus africaines par les tribus arabes et berbères, puisqu'elles ne sont pas « occidentales », commencée dès le Ier siècle, développée à partir du VIIIe siècle et qui firent entre 12 et 15 millions d'esclaves ? Des descendants ? Aucun.

Effacé l'empire esclavagiste de Gao (Gawgaw), le plus puissant d'Afrique de l'Ouest et qui dure jusqu'au XIIe siècle[5]. Empire battu par un autre empire, tout aussi africain, tout aussi colonialiste, tout aussi esclavagiste, l'empire du Mali qui s'étendra sur 1 240 000 km^2, et durera jusqu'en 1559, vendant jusqu'à 600 femmes esclaves par convoi comme le rapporte Ibn Battûta[6]. Effacé l'empire du Ghana, qui a duré de 300 à 1203, soit 900 ans, passant alors sous la coupe d'un autre empire, tout aussi esclavagiste, colonialiste, massacreur de la veuve et de l'orphelin, l'Empire almoravide des Berbères qui occupent alors Mauritanie, Maroc, Algérie, Mali, Espagne et Portugal. Cela ne compte pas non plus l'empire Songhaï, qui combat, massacre et met en esclavage, du Sénégal au Tchad. Son trafic le plus prospère : métaux, esclaves et peaux de léopards. Seuls les léopards seraient à plaindre peut-être pour les défenseurs des écosystèmes de la planète ? Vaincu, par un autre empire, marocain celui-là, celui d'Ahmed IV el-Mansour dont il faut ignorer les frasques, je veux parler des massacres et des mises en esclavage, insignifiant puisqu'il n'est pas occidental... Et j'en passe. L'empire Ngabou qui s'étend sur Gambie, Sénégal et Guinée-Bissau, celui du Jolof, les royaumes colonialistes du Fouta-Toro, du Buganda, du Burundi, du Rwanda ?

Et l'Asie ? Trop petite peut-être ? Disparus ces Chinois de la dynastie Tang (618-907) qui distinguent les Hans, investis par les esprits de la nature, et les autres humains, qui peuvent être mis en esclavage ou tués. Disparus ces Javanais qui, cherchant la paix avec les empereurs Ming (1368-1644) leur donnent 30 000 esclaves africains parmi leurs offrandes, en 1381, à Hongwu. L'impérialisme et les marchés aux esclaves des royaumes de Kediri, Singasari, Majapahit, en Indonésie, pas vus ? Plus de 2000 ans d'esclavage au Japon, pas assez peut-être ? Et en Corée, aux oubliettes les Trois Royaumes (–57 ; 668) et les guerres de la période Koryo ? Et l'Inde, où l'on trouve encore aujourd'hui 15 millions d'esclaves ?

Et l'Empire ottoman ? S'il met en esclavage des centaines de milliers de noirs, il en met tout autant de blancs. Du XIVe siècle, avec Mourad 1er, jusqu'en 1890, et même encore, en 1913, à Constantinople, les Turkmènes ramassent leurs esclaves en Europe orientale et centrale. « L'impôt sur le sang » (*Devchirmé*) contraignit durant cinq siècles les villages à donner aux Turcs leurs fils aînés, à partir de 6 ans et les femmes blanches étaient saisies et envoyées dans les harems avant d'être exécutées quand elles devenaient « hors d'usage ». Que 75 % de la population de Crimée sous domination turque ait été composée d'esclaves blancs issus des razzias de Pologne, des provinces baltes et de Russie ? Une bagatelle ?

Certes, j'ai oublié les innocents amérindiens qui auraient vécu en paix entre bisons futés et herbes fumées, s'il n'y avait eu la « course à la croissance occidentale ». L'Empire inca qui colonise, réduit en esclavage et organise des sacrifices quotidiens, pas vu ? Merveilleux l'Empire aztèque où l'on musarde au pied des temples sacrificiels pour voir le sang sortir des poitrines des esclaves dont on arrache le cœur pour contenter les dieux de la nature ? Écolo peut-être ? Pas colonialistes les Cheyennes traquant les Mandas et les Obkiwas Rees, les Cherokees esclavagistes chasseurs de Creek et de Chacras, les Apaches, plaie mortifère des Pueblos ?

Et que dire de l'Océanie ? 87 % des sociétés tribales étaient en guerre au moins une fois par an, excusez du peu[7]. À la façon des doux Maoris, arrivés en Nouvelle-Zélande au IXe siècle qui n'ont cessé leurs guerres tribales jusqu'à l'arrivée des Européens, et même après. Allant, en 1835, jusqu'à attaquer sur les îles Chatham, les Morioris, ingurgitant les plus valeureux, puisqu'ils étaient anthropophages, mettant les autres en esclavage, rayant cette tribu de la carte[8]. Le seul Empire Tu'i, né en 950, colonisa sans vergogne la grande majorité de la Polynésie et dépassa 3 millions de km^2. Et l'un des plus petits empires, le Saudeleur, en Micronésie, dura près de neuf siècles et considérait chaque habitant comme un esclave.

Que l'on me montre dans l'histoire une civilisation non esclavagiste, non colonialiste, non impérialiste. Et s'il y en eu quelques-unes, je crains que seul le manque d'occasions, empêcha le larron. Ce qui est incroyable, extraordinaire, exceptionnel ? Qu'il se fut un jour trouvé des humains pour critiquer non pas le colonialisme dont ils étaient victimes, avec le secret espoir de dominer demain, mais tous les colonialismes, tous les impérialismes. Et qu'il fut un jour exigé non pas l'abolition de son propre esclavage mais l'abolition de l'esclavagisme lui-même. Et ce fut en Occident.

D'où ce qui suit.

Où l'on prouve que l'Occident a inventé l'abolition universelle de l'esclavage et pourquoi il a dû affronter les potes de Greta Thunberg

La cause fondamentale de l'esclavagisme, du colonialisme et de l'impérialisme ? Ce fut le mode de pensée qu'Edward Tylor avait appelé « animisme[9] » et qui est celui de l'imaginaire animiste des idolâtres de Gaïa. Avant qu'elle ne prenne conscience d'elle-même, l'humanité se pense comme un sous-système de la planète parmi d'autres, lié à eux. Un élément dans un monde gouverné par des esprits, ceux des fleuves à ceux des volcans, un monde géré par une Terre-Mère quand l'animisme devient plus développé, Terre-Mère que les Grecs archaïques appelleront Gaïa.

Dès lors, sur un même territoire tout se vaut, minéraux, végétaux, animaux, humains, dans une sorte de « biosphère » globale. À la façon des civilisations Xia de Chine (2000-1600 av. J.C.) qui vont reproduire les mêmes inscriptions oraculaires sur les corps humains et sur des carapaces de tortues[10] ou des aborigènes Warramunga australiens qui se croient issus du Serpent mythique Wollunqua[11], ou des clans Gaanwar chez les Nuers qui s'imaginent liés au Tamarinier[12]. Et tous dépendent de la Terre-Mère qui est l'une des croyances les plus anciennes et parmi les mieux partagées.

Puisque chaque communauté humaine se pense comme réceptacle de ces divinités de la Terre, elle va logiquement idolâtrer cette terre et ces esprits. Et, en conséquence, les autres humains qui ne sont pas issus des dieux de cette Terre, n'ont pas de valeur en tant que tels, seulement épisodiquement, au gré des rencontres. Les massacrer, les réduire en esclavage ou coopérer est une possibilité qui dépend de l'interprétation par les prêtres-rois de la volonté des divinités. Avec l'évolution, des frontières surgissent, indiquées sur le sol par des statues ou d'autres traces symboliques mais le sol de naissance, ce sol « national » (du latin « *natio* » qui veut dire naissance) reste l'espace vital défini par les esprits tutélaires. Scandinaves, Celtes, Chinois… toutes les populations imaginent leurs propres esprits naturels.

Cette solidarité verticale imaginaire des dieux, du sol et de la nation explique l'impossibilité de penser une humanité qui associerait horizontalement, de façon transverse et hybride, indépendamment du sol, les humains entre eux. D'où l'ignorance d'une appartenance à une commune humanité et la croyance en l'élection divine de chaque communauté qui peut alors faire la guerre aux étrangers et dominer ce qui se peut. D'où la naissance logique des empires. Égypte de Nagada III et ses mille ans de guerre pour la domination ; Kourganes, qui détruisent les civilisations danubiennes entre le cinquième et le troisième millénaire ; civilisation de Sumer, dont le roi Gilgamesh fut célèbre pour sa terrible guerre contre Agga, roi de Kish ; Chine exposée aux combats sanglants depuis la dynastie Shang et celle des Tokhariens ;

civilisation de l'Indus (de –2700 à –1750) détruite par les Aryas… Partout, les princes se disent l'expression des forces tutélaires, souterraines ou célestes, affrontant les ennemis de ces mêmes forces. Et des milliers d'années plus tard, cette même croyance aux esprits de la nature, aux ethnies élues, aux prêtres-rois appelés *Duce*, Guides, *Führers*, conduira aux mêmes offenses de la nature humaine.

Ce qui est fantastique ? Que dans certains pays européens, des consciences se soient levées pour exiger l'abolition universelle de l'esclavage contre ceux qui ne voulaient pas de la « prééminence » humaine. Qu'y fut découvert le droit des nations à disposer d'elles-mêmes ; moralité inachevée car il n'est pas un continent où je ne vois des populations opprimées. Car c'est bien là, et nulle part ailleurs sur ce sol occidental fécondé par le judaïsme et le christianisme, porté par l'humanisme, que fut imposé le message d'abolition universelle de l'esclavage. Là furent rédigés *Magna Carta*, Pétition des droits, *Habeas Corpus*, Déclaration des droits de 1689, Déclaration des droits de l'homme et du citoyen de 1789, Déclaration de Virginie, déclarations de droit de l'ONU. Là, et nulle part ailleurs, furent théorisés les droits de l'Homme et la dignité de la femme. Là, se développèrent les thèses anticolonialistes dont les dirigeants des luttes anticoloniales vont se nourrir, comme le poète Léopold Senghor, Deng Xiaoping et tant d'autres qui les ont rencontrées en France.

Oui, des « Déclarations ». Car les droits de l'Homme ne sont pas institués, ils ne sont pas constitués, pas plus que la découverte du système sanguin au XVIe siècle n'institue ou ne constitue l'appareil cardiovasculaire. Les droits individuels sont seulement la découverte par les humains de l'existence d'un droit universel qui n'a rien à voir avec la planète, propre à la nature humaine. Car ce message n'est pas plus « occidental » que les tables de multiplication ou la théorie de la relativité, pas plus que n'est indien ou arabe le chiffre « 0 ». Mettre l'humanité au centre de l'univers, voilà qui est l'expression d'une morale fondée sur une vérité : l'existence d'une espèce exceptionnelle, qui n'est pas un sous-système terrestre de la planète, mais qui peut la dominer et même la quitter. La seule de toutes les espèces dont la nature, prouvée par l'histoire, est d'être créatrice et de pouvoir compatir avec son prochain, fût-il lointain.

L'humanité a mis des millions d'années avant de reconnaître, sur les bords du Nil, sa nature, ses droits inaliénables et l'amour dû au prochain. Puis quelques millénaires pour la porter d'Afrique en Asie mineure, puis quelques siècles encore avant de la « déclarer » en Europe.

Il n'y a aucun hasard. Le progrès moral lié à la spiritualité et à la croissance furent les clefs. Déjà le denier colonialisme européen montrait ses failles par rapport à ceux qui l'avaient précédé et qui existaient ailleurs : l'Espagne avait concédé l'impossibilité de mettre en esclavage les Indiens, les États-Unis l'avaient interdit dans le Nord, la France ne l'autorisait pas sur son territoire hexagonal. Grâce à la croissance, recherche scientifique et besoins économiques nourrissaient la spiritualité chrétienne et l'esprit des Lumières pour briser l'esprit magico-religieux. Et, peu à peu, l'humanité parvenait à la conscience d'elle-même. Dans les faits, la nature libre et créatrice de tous les humains existait. Cela se voyait. Cela se prouvait.

Peut-on changer cette nature qui s'est révélée dans l'histoire ? Il est seulement possible de la mettre dans les fers. De mettre la femme en position serve, de considérer l'humain comme un outil au service d'autres humains et des machines. Oui, il y a encore des maîtres de vérité qui tentent de réduire cette exceptionnelle humanité à un sous-système de la nature, en évoquant le droit de la planète et des esprits. Mais l'histoire a fait advenir en pleine lumière la vérité. Avec Jeremy Rifkin[13] et quelques autres Greta Thunberg, l'armada des vendeurs d'apocalypse peut continuer à polluer les esprits, le destin de l'animisme occidental est scellé. Balayant tyrannies et culte des idoles, laissant à leurs archaïsmes les sauveurs de la planète, l'humanité affirme sa puissance en se libérant des déterminismes planétaires. Car, malgré errances et retours épisodiques en arrière, tel est bien le sens de l'évolution de la condition humaine.

Où l'on voit que la « transformation écologiste » est chimérique et que croissance et productivisme abolissent l'aliénation au travail

Au nom de « la transformation écologiste » et de la préservation des emplois, les petits bonshommes verts exigent l'arrêt du « productivisme », l'encadrement de l'intelligence artificielle et de la robotique[14], « des robots sexuels aux robots tueurs ». Au lieu de ce refus du progrès, les Temps contemporains saluent l'accélération du « productivisme » permise par une dynamique d'innovations qui libère de plus en plus l'humanité des tâches serviles et qui permettra, un jour, à chacun de réaliser ses potentialités créatrices.

Le dur labeur fut une nécessité lorsque l'humanité commença à se sédentariser, il y a 12 000 ans, entre Euphrate, Tigre et Jourdain : utiliser des humains avec des animaux et des outils, comment faire autrement pour résister aux agressions naturelles ? Ainsi furent-ils sacrifiés ou se sacrifièrent-ils eux-mêmes sur l'autel du travail, en appendices de la production.

Les spiritualités des premières civilisations connues évoquent toutes cette dure condition humaine. Il y a

6000 ans, les Sumériens imaginaient que le roi des dieux[15], Enlil, et l'armée des dieux supérieurs, les Anunnaki, avaient décidé de laisser mourir les humains après l'avoir emporté contre la Déesse-Mère. N'étaient-ils pas ses favoris ? Vengeance donc. Mais voilà que les dieux inférieurs, les Igigi, qui les servaient depuis la nuit des temps, se révoltèrent, type grève générale. Ils refusaient de rester leurs esclaves et revendiquaient la liberté. Chienlit assurée. Enki, dieu des eaux souterraines et des arts, qui ressemble à ce que sera Prométhée chez les Grecs, a une idée lumineuse : utilisons les humains pour remplacer les Igigi. Ils cultiveront nos terres, élèveront notre bétail, récupéreront notre cuivre, fabriqueront notre bronze, commerceront : ils sacrifieront même certains d'entre eux pour nous célébrer sous la direction d'un prêtre-roi (« *lugal* »), que nous désignerons. Bref, ils seront nos esclaves, Tous les dieux applaudirent l'excellente idée. Ainsi fut condamnée l'humanité au travail serve.

Avec la croissance, tout comme l'esclavage devenait inacceptable, la transformation des humains en moyens de production, quand bien même ils étaient salariés, apparut de plus en plus insupportable. De là naquirent ces théories sociales, voire socialistes, du XIXe siècle. Au fond, l'humanité éclairée retrouvait la grande sagesse d'Aristote : « L'esclave lui-même est une sorte de propriété animée, et tout homme au service d'autrui est comme un instrument qui tient lieu d'instrument[16]. » À l'horizon du travail à la chaîne et du fordisme, du toyotisme et du ménage, à l'horizon de toute activité qui n'appelle pas la créativité, voilà la perte d'une partie au moins de son identité, voilà l'aliénation[17] dénoncée par Hegel. Dans le meilleur des cas, l'humain ressemble à l'artisan qui répond à un autre désir que le sien, celui du commanditaire[18]. Dans le pire, c'est un individu dont la valeur et l'utilité sont mesurées à celle de la machine.

Or, grâce à la croissance, l'aliénation disparaît. Aristote l'avait rêvé, les Temps contemporains le réalisent avec l'intelligence artificielle poussée jusqu'à l'apprentissage profond (*deep learning*), de la robotique et des nouvelles technologies : « Si, disait-il, en effet, chaque instrument était capable, sur une simple injonction, ou même pressentant ce qu'on va lui demander, d'accomplir le travail qui lui est propre [...], si, de la même manière, les navettes des métiers à tisser tissaient d'elles-mêmes, [...], alors, ni les chefs d'artisans n'auraient besoin d'ouvriers, ni les maîtres d'esclaves[19]. »

L'étymologie du mot « robot », inventé en 1920 par le romancier Karel Čapek, vient de « *robota* » (*работа*), qui signifie « travail » ou « corvée » en tchèque. Il désigne des machines humanoïdes qui remplacent les humains dans les usines. Il révèle le transfert du travail servile de l'homme vers la machine. Le robot ? La machine qui libère des métiers serviles. Déjà, avec l'intelligence artificielle, il allège les charges.

Tâches ménagères ? Robots aspirateurs, nettoyeurs de vitres, repasseurs, cuisiniers, tondeurs de pelouse... Industrie ? 69 000 robots en 1978, 10 millions en 2020 : soudure, assemblage, emballage, nettoyage, extraction, manutention, ajustement de la maintenance, analyse informatique des data, optimisation des cycles de production. Commerce ? Organisation des ventes, optimisation de la gestion des stocks, développement stratégique, drones distributeurs. Finance ? Accorder un crédit, gérer un fonds, récupérer des créances... Pas un pan de la quotidienneté n'échappe à l'explosion des technologies, des systèmes autonomes de transport, à la gestion des bâtiments et des villes intelligentes, de l'ajustement des réseaux de distribution d'électricité aux demandes et aux contraintes (*smart grid*) de notre santé. Pharmacies, cabinets médicaux, hôpitaux : algorithme et robotique sont déjà à l'œuvre. Les capteurs pourront transmettre les informations à une application intelligente reliée à un central qui transmettra à son tour des ordres à une pompe dans le corps prête à injecter vitamines, insuline, glucagon. L'intelligence artificielle pourra surveiller la santé des individus, les aider à résister aux virus et bactéries. Les robots traitent déjà 60 % des cancers de la prostate aux États-Unis, mais aussi de la langue, du sein, des greffes du pancréas et des transplantations rénales sous le contrôle d'un chirurgien qui surveille les opérations. Interventions chirurgicales neurologiques à crâne ouvert, troubles cardiaques, oui, la croissance sauve la vie humaine. 66 % des tâches peuvent déjà être effectuées par des robots[20].

Sur sept cent deux types d'emplois répertoriés, 47 % sont menacés aux États-Unis avant 2034. Plus de 75 % pour trois cents d'entre eux. En Chine, Thaïlande, Éthiopie, les deux tiers seront abolis.

Moins de « travail » servile, mais plus d'activités créatrices libres. Donc, toujours plus de croissance. Car la grande erreur des écologistes rouges et verts, est de penser que le travail est indispensable pour produire de la richesse. Or, le travail humain n'est qu'un moyen qui peut être remplacé par un autre, une machine, un robot, un logiciel. La richesse ne vient pas du travail mais de l'innovation. Il n'y a pas moins de richesses grâce à la robotique et à l'intelligence artificielle, mais de plus en plus, quand bien même il y a moins d'ouvriers.

Ce qui est abandonné ? La déshumanisation. Ce qui est obtenu ? La possibilité de réaliser la nature humaine, créatrice et libre, de vivre pour soi-même et, ce faisant, de contribuer au bien-être général. Car l'intérêt de chacun est de favoriser la créativité chez les autres, créativité dont, en retour, il profite pour accélérer sa propre créativité. L'invention de l'électricité, de l'automobile ou de l'avion a permis, en retour, de libérer du temps et d'alléger la pénibilité pour d'autres individus qui ont pu produire d'autres innovations dont ils ont profité. « La vie n'est pas le travail : travailler sans cesse rend fou », disait Charles de Gaulle. Grâce à la croissance, la vie sans le travail permet de se réaliser par les rêves les plus fous.

Où l'on prouve que nous manquerons toujours de presque tout et que la société de consommation découle de la nature humaine

Les petits bonshommes verts exigent de moins consommer afin de pourchasser la « surproduction que nous connaissons, destructrice de la planète », pleine « d'objets et d'usages inutiles[21] ». Contre le vice, ces Talibans d'Occident traquent donc les « nuisibles ». Avec eux, apparaît la traque du plaisir et le refus de la recherche du bonheur au nom d'un prétendu Bien dont ils auraient le secret. Une vision du monde aux antipodes des avancées de l'Occident. Car si, dans les démocraties, les gouvernements souvent influencés par les utilitaristes ont parfois concocté des lois limitant les libertés, des impôts à la ceinture de sécurité, c'était toujours au nom de la majorité, pour obtenir le maximum de bonheur possible pour le plus grand nombre[22].

Avec les idolâtres de la planète, est inventé le sacrifice de la nature humaine au nom du bien de la nature. Ce qui est pour le moins déroutant. Car, au lieu de la surproduction, règnent sous-consommation et sous-production sur la majeure partie du globe. Ces Verts paraissent même incapables de comprendre que nous manquons de presque tout, quand bien même nous ne le savons pas. Car ce qu'ils jugent utile aujourd'hui était un luxe hier. Ainsi, dans les grottes et abris-sous-roche du Paléolithique archaïque, il y a 3,3 millions d'années, notre ancêtre ne savait pas qu'il manquait de domestication du feu. Mais quand, il y a 400 000 ans, le feu a été maîtrisé, il n'a plus été abandonné : tiens, se dirent nos ancêtres, voilà une bonne idée, consommons le bois, produisons du feu, nous aurons moins froid, nous cuirons des œufs.

Il en va du feu comme de toutes les innovations productives. Au XVIIIe siècle, nul ne connaissait l'électricité, ils ne savaient donc pas qu'ils en manquaient. Mais enlevez l'électricité au tartuffe vert, et vous allez l'entendre pester car il refuse curieusement de retourner au plus près de la nature, dans les grottes pour retrouver la douce quiétude d'une société où nul ne savait qu'il en avait besoin.

Si la société de consommation est toujours une société de sous-consommation, c'est parce que l'humanité n'est pas arrivée à l'état de complétude au niveau de ses besoins. Et elle n'y arrivera jamais car son désir est infini, donc ses besoins potentiels aussi et ils appellent la recherche de moyens infinis pour les combler. Les avancées scientifiques dépassent les romans de fiction les plus imaginatifs, et même un Jules Verne ne pouvait concevoir nos actuels médicaments, ordinateurs portables, *Big Data*, voitures autonomes, vêtements intelligents, drones, robots, avions, navettes spatiales, stations orbitales… Nous découvrons que cette impuissance humaine qui paraissait naturelle peut être levée par des artifices. En s'envolant dans le ciel, Icare s'est brûlé les ailes de cire et de plumes concoctées par son père, mais l'humanité a voulu réaliser ce désir, et elle en a trouvé le moyen en contruisant des avions.

Ainsi, ne peut être close la dynamique d'innovations qui répond à des besoins mais qui en produit aussi par ses offres qui crée de nouveaux besoins. Et comme la nature humaine est créative, cette course à la consommation n'aura pas de fin. Au fond, le petit bonhomme vert est un être sans imagination qui voudrait des humains à sa mesure. Comme le chef stalinien d'hier, il appelle « utile », ce dont il pense que les autres ont besoin. Et comme le seul critère possible, c'est lui, de la pénicilline au *smartphone*, du Wifi à Internet, des satellites jusqu'aux cornées biosynthétiques en collagène qui lui permettraient de voir plus clair, son « utile » varie selon ses besoins à lui.

Mais les Temps contemporains saluent l'« inutile », le futile, le superficiel, le luxe même. Car le luxe sera demain le quotidien, comme ce tricycle de Karl Benz, de 1886, qui fonctionnait au pétrole. Cet ancêtre de l'automobile était inaccessible au commun des mortels. Il est, aujourd'hui, mille fois dépassé par le plus simple des véhicules à moteur.

Contre les Don Quichotte à la Triste Figure verte, les humanistes conquérants célèbrent le « en plus », et le « en trop », tous ces « petits riens » qui permettent d'ajouter de la joie dans la vie à la façon des bulles de champagne qui s'envolent dans les fêtes « pour rien ». Une façon de rappeler que l'utile est le monde des objets, non celui des humains. Et que notre nature est créative, et donc aussi récréative. Sois artiste et réponds au désir à venir de tes contemporains », disait Steve Jobs[23], qui fonda Apple. Un désir infini, comme la joyeuse créativité humaine.

Où l'on démontre que toujours plus de croissance apporte le bien-être social et que les écologistes radicaux sont antisociaux

L'œuf vient-il avant la poule ou la poule avant l'œuf? Verts, rouge-verts, néo-marxistes, libertaires, fondamentalistes, partisans de la décroissance se déchirent pour savoir si c'est la crise écologique qui a produit la crise sociale, avec ses milliers de conflits annuels[24] et ses « injustices environnementales[25] » ou si c'est le contraire. En tout cas, la poule aux œufs d'or est bien là: socialement, cela irait de mal en pis. Et l'humanité aurait donc besoin des petits bonshommes verts pour « reconstruire la solidarité entre les humains et la nature[26] », et sortir des dominations, dont celle des femmes par les hommes disent les « écoféministes[27] », dues au modèle occidental de croissance.

Hélas! Pour les multiples courants qui vendent de l'apocalypse sociale, l'humanité ne s'est jamais mieux portée. Le PIB mondial? 44, 92 milliards de dollars en 1400, 99,8 en 1700, 1 102 en 1900, 12 100 milliards en 1970, 18 818 en 1980, 41 000 en 2000, 62 220 en 2010, 87 752 en 2019[28].

La cause ? Domination de la nature, donc innovations, innovations donc croissance, croissance donc amélioration de la condition humaine.

On proteste du côté des rouge-verts et des disciples de Murray Boockhin[29], fondateur de l'écologie sociale : améliorer les richesses d'un pays ne serait pas améliorer la condition humaine. Les pauvres seraient de plus en plus pauvres et les premières victimes de la crise écologique. Allons donc ! La population disposant de moins de 1,90 $ par jour à valeur constante[30] était de 42,7 % en 1981, de 36,2 % en 1990, de 27,8 % en 2000, de 16 % en 2010, de 9,2 % en 2017. Et comment s'étonner si plus de 80 % de la population disposant de moins de 1,90 $ par jour se trouve dans les pays où la croissance est la moins forte, en particulier dans les zones rurales, où dominent les cultures traditionnelles, loin des moissonneuses-batteuses, semoirs, tracteurs, fertiliseurs offerts par la croissance ? Partout où les nations peuvent choisir la voie de la croissance, le niveau de vie augmente, les classes moyennes se développent, les classes populaires sortent de la détresse matérielle. Ainsi, sur les 10 premières puissances mondiales en 2019, 10 jouent cette course. Sur les 20 premiers pays selon l'indice de qualité de vie, tous la jouent aussi.

À l'inverse, le refus de ce modèle ou l'impossibilité de le mettre en œuvre caractérise les populations les plus déshéritées de la planète. Certes, on vit plus proches de la nature à Tuvalu, en Micronésie, dans les Tonga ou aux Comores, mais les indices de développement humain sont parmi les plus faibles sur la planète. Et il suffit d'enfourcher le cheval de la croissance pour aller vers plus de bien-être social. Ainsi la Chine, l'un des pays où sévissait la plus grande misère, a connu un développement foudroyant grâce à ce choix. 100 millions d'habitants au XIIe siècle, 70 au XIVe, 130 en 1650, 330 en 1800, 415 en 1900, 583 en 1953, 1,265 milliard en 2000, 1,4 milliard en 2020. Et, pourtant, elle n'a jamais été aussi riche, avec un PIB de 16,4 milliards de dollars en 2021, une croissance de 11 % et un niveau de vie par habitant qui dépasse à présent la moyenne mondiale.

De l'Inde au Mexique, de l'Indonésie à la Corée du Sud, partout où la croissance passe, le bien-être augmente, les classes populaires se portent mieux, les classes moyennes prolifèrent. Et partout où elle ne passe pas, de la République centrafricaine au Burundi, du Niger à l'Érythrée, le bien-être stagne ou baisse, les classes populaires restent interdites d'ascenseur social, l'indigence règne.

Et la libération des femmes ? De l'égalité des droits civiques à l'égalité des droits politiques, ce sont les pays qui ont joué la croissance qui l'ont portée, et non les pays les moins développés. Aujourd'hui encore, les pays qui veulent toujours plus de croissance parient sur la créativité naturelle des femmes indispensable pour survivre et mieux vivre face à la nature.

Et il est aussi « social » d'éradiquer les maladies virales, bactériennes, parasitaires, génétiques, de fournir les moyens de résister aux éruptions volcaniques, tsunamis, cyclones, tornades, séismes… d'abolir la mortalité infantile qui touche surtout les plus défavorisés, de façonner des aliments à faible prix voire gratuits, de produire de l'eau jusqu'au Sahel, de partager savoirs et technologies… Or, cela ne se peut sans croissance.

Des problèmes sociaux ? Il y en a, et il y en aura longtemps. Comme il y aura aussi longtemps encore des démagogues qui en profiteront pour vendre leurs chimères. Poser la question de la compassion, de la répartition, de la fraternité ? D'accord, tout se discute pour le bien commun. Mais l'humanité a déjà payé un lourd tribut aux maîtres de vérité qui prétendaient contrôler, limiter voire empêcher la créativité individuelle au nom de la Sociale. La croissance n'est pas un choix, pas plus que la « société de consommation », mais seulement l'expression de la nature humaine elle-même. Et c'est pourquoi, cela marche.

Où l'on ne craint pas d'évoquer le meilleur des mondes possibles contre le point de vue du valet de chambre obscurantiste et des déterministes

Voltaire se moquait, dans son *Candide*, de ces optimistes persuadés de vivre dans le meilleur des mondes possibles, optimistes incarnés alors par le philosophe Leibniz. Mais lui qui croyait en la liberté et célébrait la croissance, lui qui voyait les drames humains dus à la nature, aurait moins encore apprécié l'idolâtrie de la planète et son pessimisme. Il ne se serait jamais laissé prendre au piège du point de vue des obscurantistes, celui du « valet de chambre » dénoncé par Hegel[31]. Car il est facile de proclamer l'apocalypse en mettant en avant ce qui ne va pas dans l'histoire héroïque de l'humanité, ici quelques pollutions, là une erreur d'inattention. Mais la vision haute qui permet de voir le chemin parcouru, de distinguer l'essentiel de l'accessoire, dit le courage et la gloire de l'humanité.

Et Leibniz avait raison. Il y avait plus de sagesse chez ce philosophe qui affirmait l'existence du meilleur des mondes possibles que chez Voltaire qui le raillait, prétextant, dans son

Candide, le tremblement de terre de Lisbonne, en 1755. Certes, on pourrait imaginer un monde où les humains auraient plus de connaissances, plus de puissance, et où la planète serait une sorte de Gaïa généreuse et protectrice comme le croient les petits bonshommes verts. Un monde où la Terre serait verte au lieu d'être bleue. Et si l'on peut admettre, comme le disait Leibniz, qu'il y a une quantité de mondes possibles, nous n'en connaissons qu'un, celui-là qui est ici et maintenant[32].

Or, ce monde est bien le meilleur des mondes possibles. Non qu'il soit parfait, il ne le sera jamais. Non que nous devions nous satisfaire de ce qui est ; les drames humains l'interdisent. Non même parce qu'il serait harmonieux, adhérant à une sorte de quiétisme taoïste ou fataliste, sans nous soucier d'agir pour améliorer l'avenir, sans tenter « de tout notre pouvoir de contribuer au bien général[33] ». Il est le meilleur possible précisément parce qu'il est plein de failles et de plis, de secrets et d'accidents du point de vue humain. Parce qu'il permet la liberté et sa créativité.

La grande erreur des déterministes est d'évacuer ce point de vue.

D'abord parce que le hasard n'est pas seulement le mot que nous mettons sur des phénomènes que nous ne comprenons pas, par ignorance d'informations. Il existe dans la nature, comme le démontre la théorie quantique, et c'est même la clef de la seconde révolution quantique qui a donné naissance, par exemple, aux ordinateurs quantiques, les plus puissants du monde. Ensuite, parce que les déterministes évacuent l'action humaine, sa créativité. Nous expérimentons ce jeu humain avec les lois de l'univers, du feu de bois à la création du graphène. L'humanité ajoute dans l'Être ce qui n'y était pas.

Ainsi, ce monde qui permet à l'humanité d'exercer sa liberté créatrice, est meilleur que celui où il serait le rouage d'une horloge ou l'« écosystème » d'un amas moléculaire appelé « Planète », comme le voudraient les petits bonshommes verts. Grâce aux failles même, au hasard, l'humanité peut construire sa vie en cherchant le « meilleur possible », et cela malgré ses limites intellectuelles. Il est donc « le meilleur possible ».

Et chaque individu composant cette humanité cherche, avec ses propres limites, ce meilleur possible. Montaigne pensait que la vie est pour chacun un chemin de traverse, mais cela est vrai aussi de l'espèce. Un chemin plein de diagonales où chacun tâtonne, se trompe, avance par essais et erreurs, doute, découvre, relie ce qui paraissait épars, disperse aussi ce qui devrait être uni. Et, à la fin, l'humanité éclairée peut voir l'immense chemin tracé depuis la grotte et l'abri-sous-roche jusqu'à aujourd'hui. Elle se découvre elle-même dans le miroir de ses œuvres et elle peut rire de ces valets de ferme verts qui montrent les crottes sous les sabots de son cheval et de ces valets de chambre verts qui lui reprochent les taches de ses braies.

Et puisqu'il est dans la nature de l'humanité de continuer sa quête indéfinie d'amélioration de la condition humaine, il est tout aussi vrai d'ajouter que ce meilleur des mondes possibles sera, demain, encore meilleur qu'aujourd'hui. Et ainsi de suite, tant que vivra l'humanité.

Où l'on voit Winston Churchill et Aristote chanter, avec les grandes spiritualités, l'hymne à la joie d'une humanité mise au centre de la Cité

Écarter chamanes, maîtres de vérité, adorateurs des divinités tutélaires de la planète et démagogues même, pour placer l'humanité au centre de la Cité, voilà qui prit des millénaires. Il fallut attendre Aristote pour écrire les premières notes de cet air joyeux qui allait ensemencer le monde. Et Winston Churchill pour nous apprendre qu'aucune puissance ne pourrait plus jamais interdire de chanter cet air. Certes, sur ce chemin de lumière, bien d'autres ont posé leur pierre, illustres ou quidam ordinaire, qui méritent l'estime, souvent l'admiration. Et que dire de ces grandes spiritualités qui ont ouvert et ensemencé ce chemin ? Certes l'on pourrait, sur ces deux illustres, poser un regard critique pour certains aspects de leur œuvre, de leur vie même. Mais il faut beaucoup d'ignorance pour ne pas discerner l'essentiel de l'accessoire.

Alors oui, Aristote et Winston Churchill. Celui-ci avait d'ailleurs emporté en Inde, en 1896, les ouvrages de celui-là. Au moins les ouvrages moraux et politiques. Et il le cite dans deux de ses romans, quand il défend ces gouvernements qui ont à cœur de protéger les citoyens et d'élever leur esprit[34]. Aristote donne au monde une vision de la Cité inédite, qui sera le cœur du modèle politique des sociétés ouvertes dont héritera Winston Churchill. Contre Socrate et Platon, contre les sages de l'antiquité, contre cet univers magico-religieux d'un théâtre d'ombres dont des puissances tutélaires ou des particules élémentaires tireraient les ficelles, lui affirme la valeur de la Cité et la prééminence humaine.

Il constate, en étudiant une centaine de constitutions, que l'humain est par nature un être culturel, un constructeur d'artifices, un bâtisseur de Cité. Il est « par nature, un animal politique », du mot « *polis* », qui signifie Cité. Et non, un animal « social » : les fourmis sont « sociales » mais elles ne sont pas « politiques ». Seule l'humanité est capable de délibérations et de choix. De choix de gouvernement, de régime, de civilisation. Seule elle est capable d'action, au sens fort : de construire un monde d'artifices, de le détruire aussi. Et puisqu'elle est capable de choix, seule elle est naturellement libre.

Or, pourquoi construit-on des Cités ? Chacune est « formée au début pour satisfaire les seuls besoins vitaux », ensuite « pour permettre de bien-vivre »[35]. Si la « maison » de la famille[36], l'« éco » (« *oïkos* ») sert à protéger l'humain de la nature, il est aussi le lieu artificiel à partir duquel l'humanité part à la conquête du monde pour satisfaire ses besoins.

Comment est-ce possible ? Parce que l'humanité n'est pas un écosystème de la nature. Si dans l'environnement, il y a des processus nécessaires, tout ne l'est pas. Demain l'élève d'Aristote, Alexandre le Grand, ira, ou non, à la bataille contre les Perses. Tel est le choix. Il est possible que demain une tempête s'oppose à ce choix de la veille. Il peut y aller quand même et même décider de mourir, ou reporter son attaque. C'est encore un choix. L'exceptionnalité humaine est dans cette possibilité de jouer des lois naturelles pour choisir et même élargir ses choix. Comme d'utiliser des arbres en coupant leurs branches pour en faire des bateaux légers qui affronteront les tempêtes et les forces navales perses. Il n'était pas dans la nature de l'arbre de produire des embarcations, ni dans celle de la mer de les recevoir. Mais dans celle de l'humanité d'aller ou non se battre.

Que recherche finalement l'humanité par ses Cités? Si la Cité existe, si elle n'est pas déréglée par quelque tyrannie, si elle est conforme à la nature humaine, alors « cette vie heureuse est la fin principale d'une société, à la fois pour tous ses membres pris collectivement, et pour chacun d'eux, en particulier[37] ». Oui, pour chacun d'eux, individuellement. Contre l'idée qu'il n'y a rien à en attendre de ce monde illusoire, contre l'utilitarisme qui cherche le bonheur pour le plus grand nombre, prêt à sacrifier des citoyens, contre le système totalitaire qui veut le bonheur pour la « collectivité » ou la « planète » : la philosophie des Temps contemporains met l'individu et sa nature créatrice au centre.

Certes, si chacun cherche le bonheur, il est raté le plus souvent. Cela tient à cette planète qui n'est ni harmonieuse ni stable, mais contingente et souvent imprévisible[38]. Cela tient aux humains, limités dans leurs connaissances. Voilà pourquoi, à l'horizon d'une Cité juste, seul le « meilleur possible » peut être espéré. Voilà pourquoi, tous les citoyens sont appelés à délibérer, à choisir et à agir plutôt que de laisser la Cité aux mains de maîtres de vérité rouges, bruns ou verts.

Ici se trouvent les racines de l'idéal démocratique de Winston Churchill. Car si les pires régimes naissent des démagogues en vendant peurs et catastrophes pour jouer aux « curateurs[39] », comme on le voit aujourd'hui avec les obscurantistes verts, les meilleurs sont ceux qui adoptent la république, cette « *politeia* » (*πολιτεία*) qui se définit par la constitution, la liberté individuelle, le contrôle des pouvoirs, la libre recherche du « meilleur possible », la « république véritable[40] », celle qui permet à chacun de réaliser sa nature libre.

Tel est bien l'idéal politique défendu par Winston Churchill, qui le façonne aux avancées du progrès moral, celui des droits de l'Homme qui sont aussi ceux de la femme. Il l'appelle « démocratie ». S'il la dit avec humour « la pire forme de gouvernement à l'exception de toutes celles qui ont été essayées au fil du temps », il poursuit, pour les malentendants : dans ce type de régime « l'opinion publique, exprimée par tous les moyens constitutionnels, devrait façonner, guider et contrôler les actions de ministres qui en sont les serviteurs et non les maîtres[41] ». Des « serviteurs ». Voilà le citoyen avant l'État, les droits individuels supérieurs à la loi. Voilà la liberté, clef de la recherche du « meilleur possible ». Voilà le lien entre Aristote, qui rêvait de cette république modérée et Winston Churchill qui sauva les démocraties libres des maîtres de vérité des totalitarismes rouges et bruns, dont les chamanes verts sont une résurgence animiste.

La Cité juste ? Elle est cette « maison » commune artificielle créée pour la protéger des défis naturels et avancer vers toujours plus de croissance, toujours plus de bien-être et de liberté. Elle est cette « maison » où les humains célèbrent la vraie spiritualité, celle qui met l'humanité au centre de la Cité et, comme le pensaient Aristote et Churchill, au centre de l'univers.

D'où ce qui suit.

CINQUIÈME PARTIE

L'HUMANITÉ AU CENTRE DE L'UNIVERS

Où l'on dévoile, derrière l'écocide, la résurgence du spiritisme et de l'animisme

« Écocide » ? Le crime contre la planète et ses innocents écosystèmes. Pire que l'homicide, le fongicide et l'insecticide, paraît-il. Chacun doit se soumettre à un « impératif moral vis-à-vis des générations actuelles et futures, des êtres humains et des autres formes de vie », disait le sinistre Dennis Meadows[1]. Face à un changement climatique « jamais vu », aux taux de CO_2 « jamais connus », les talibans verts exigent de donner aux tribunaux de la promotion de la vertu et de la répression du vice, les moyens juridiques de condamner sévèrement les coupables. « Érosion climatique », « changement climatique », « acidification des océans », le crime serait partout mais les criminels courraient le guilledou. Une solution, outre la délation et la guillotine médiatique qui effraye entreprises et pouvoirs publics, introduire l'interdiction de ce crime dans le préambule des constitutions et « auprès de la Cour pénale internationale, au même niveau que les crimes de guerre et les crimes contre l'humanité[2] ».

Emprisonnement, réclusion à perpétuité ? Oui, l'heure serait venue de châtier les coupables, comme l'exige End

Ecocide on Earth qui réclame la « justice pour l'environnement[3] », en particulier auprès de la Cour Pénale Internationale pour châtier le « génocide » des gentils thons. Sur le modèle du mouvement Eradicating Ecocide, les « initiatives citoyennes » et les tribunaux « moraux » des groupuscules verts se multiplient en Occident. La France a même connu, en 2020, son heure de gloire par l'organisation d'une « Convention citoyenne sur le climat » à l'expertise indiscutable : 150 personnes tirées au sort dans la population ont conclu à l'existence du crime d'« écocide » après avoir minutieusement étudié, durant plusieurs heures, climatologie et paléoclimatologie, physique des particules et théorie des cordes, histoire et économie, géologie et botanique, la grammaire même pour ceux qui n'avaient pas le bac, aidés par des militants verts qui avaient eux aussi évité le Charybde des sciences et le Scylla des nouvelles technologies. Admirable.

Mais où est le crime ? Pas de crime, sans victime, et pas de victime sans être vivant. Voilà donc, par l'« écocide », planète, mers, fleuves, forêts, nappes phréatiques, montagnes, transformés en êtres vivants. Et l'animisme au centre du droit. Au moins, la charia des Talibans ne condamne pas au nom de l'esprit des forêts.

À l'arrivée, le spiritisme devient l'art majeur de plaider. Les petits bonshommes verts exigent ainsi la mise en accusation de l'Ouzbékistan et du Kazakhstan au nom de la mer d'Aral et la condamnation du Président brésilien, au nom de l'Amazonie. Ils font tourner les tables des prétoires : « Esprit de la mer d'Aral es-tu là ? » Et hop ! il serait là, avec eux, tout près d'eux, en eux. Et, en pérorant, le procureur vert lui prêterait sa voix.

Le chamane vert s'autoproclame ainsi maître de vérité, réceptacle des forces naturelles, celles de la planète et de ses écosystèmes, à la façon des rois de justice, devins et aèdes des âges des métaux. Or, puisqu'ils réduisent l'humanité à un « écosystème » de la planète, toute activité humaine, du lever au coucher, en est une partie. Donc aucune ne peut échapper à la surveillance de la planète et, en conséquence, les obscurantistes verts se donnent ainsi le droit de s'ingérer dans la totalité de la vie des individus. Leur totalitarisme est ainsi consubstantiel à leur vision animiste du monde.

Et leur terreur est une nécessité. « Avant-garde » porteuse d'une « alternative écologique », ils prétendent mettre au pas l'humanité pour la réconcilier avec la nature. Ils retrouvent ainsi le projet des nationaux-socialistes allemands qui avaient adopté, au congrès de fondation du parti nazi, à la demande de Hitler, sur fond rouge, l'emblème du svastika à la place de la faucille et du marteau des communistes. Ils voulaient non seulement l'alliance de la paysannerie et des ouvriers, mais la régénération de l'homme nouveau dans l'ordre nouveau qui réconcilierait l'humanité élue avec la nature.

En exigeant de mettre l'« écocide » dans les préambules des constitutions, les petits bonshommes verts veulent imposer le « droit » de la planète au centre des Cités. Non pas à côté des droits de l'Homme, mais avant. Un droit de la planète opposable à la liberté humaine. Or, puisque la créativité est dans la nature humaine, des sciences aux arts, des babillages d'enfants à ses châteaux de sable, l'« écocide » est la promesse de la violence contre les libertés.

La terreur est déjà là en Occident. Vie privée, vie publique ? Comme tous les partisans du totalitarisme, les obscurantistes verts ne distinguent pas. Lois, décrets, règlements, circulaires, il n'est déjà pas un pan de la vie humaine où ces obscurantistes n'essayent de venir bottés, knout à la main. Le tout-État devient le prêt-à-porter de l'écologie punitive. Les parlements doivent célébrer la « transition verte », les églises devenir « vertes », les médias interdire les « sceptiques », les universités diffuser la parole des maîtres de vérité, les laboratoires chercher du bon côté, aliments, vêtements, appareils ménagers, tout doit être estampillé « *ecofriendly* ». Traqués par les Polly Higgins[4] et autres Greta Thunberg, dirigeants des multinationales, gouvernements, progressistes, défenseurs de la libre créativité, artistes et artisans, croyants et non-croyants, sont publiquement dénoncés, médiatiquement guillotinés, prêts à être embastillés. Et, peu à peu, parlant déjà le langage de ces maîtres, les citoyens candides de l'Occident, comme ils le firent hier avec les forces brunes et rouges, ouvrent les portes de l'enfer vert. L'antidote à ce sursaut de l'animisme venu du fond des âges ? Remettre l'humanité à sa place, au centre de l'univers.

Où l'on voit aux sources de l'animisme écologique, une résurgence de l'animisme paléolithique mais en plus obscurantiste

Entre l'animisme vert qui transforme la Terre en être vivant et celui de nos ancêtres du Paléolithique qui croyaient aux esprits de la nature, la différence n'est pas à l'avantage du premier. Si nos ancêtres nomades croyaient aux esprits de la nature, ils ne les imaginaient pas nécessairement bons. Quant à devoir sauver la planète, ils auraient ri d'un pareil orgueil.

Leur quotidien ne permettait guère d'illusions. Leur espérance de vie ? Faible, comme celle des Yanomamis ou des Guayakis restés nomades, qui vivent en moyenne 40 ans et dont 35 % meurent avant 15 ans. Mortalité infantile ? Effroyable. Maladies virales, bactériennes, parasitaires ? Innombrables[5]. D'où leur mortalité. Leur urgence quotidienne ? Séduire ou écarter les mauvais esprits. Esprits des animaux, des végétaux, des minéraux, des cours d'eau, des morts, vents, astres, esprits innombrables et toujours potentiellement menaçants.

Certes, en animistes, ils imaginent que les humains troublent l'ordre naturel par leurs activités. Ils chassent, pêchent, cueillent, ingurgitent de petites charognes, ce qu'ils interprètent comme des actes contre les esprits ; un poisson pêché, un puma tué, une banane enlevée, une feuille de palmier ôtée, voilà à chaque fois un esprit agressé, celui du poisson, du puma, de la banane, du palmier. Et, comme les animistes verts, ils s'attribuent donc, en retour, la responsabilité de la réaction vengeresse des esprits comme ces noyades ou ces inondations de l'Orénoque ou de l'Amazone produites par les esprits des fleuves mécontents des tribus.

Et puisqu'ils sont contraints pour survivre de continuer, au lendemain de leurs offenses, à arracher à la nature des biens pour se loger, se nourrir, se vêtir, construire des outils, donc de pêcher, chasser, prendre des végétaux, de l'eau, donc de s'emparer, du même coup, d'esprits animaux, végétaux, minéraux, alors ils savent que l'agression de la nature va durer. À ce stade, leur supériorité sur le militant vert est donc déjà avérée.

Certes, pour éviter les réactions les plus violentes des esprits, ils imaginent, eux aussi, de freiner la croissance et la démographie. Ainsi, les filles à la naissance et les enfants handicapés peuvent être sacrifiés chez les Yanomamis qui veulent préserver l'équilibre démographique[6]. Car plus d'humains signifie plus de bouches à nourrir, plus de gens à vêtir, à loger, donc une course au pillage de la nature, par exemple par la chasse, donc plus d'esprits contrariés, donc plus de déséquilibres, donc plus de vengeance de ces esprits. Une dynamique dangereuse. Et puisque les filles sont moins utiles pour la pêche, la chasse, les activités qui demandent de la force, elles sont logiquement les premières sacrifiées avec les handicapés.

Néanmoins, nos ancêtres ne s'imaginaient pas satisfaire ainsi les esprits. La réalité le leur démontrait par les maux qui les assaillaient malgré les rituels. Nos ancêtres ont tenté de percer le mystère de leurs propres malheurs en imaginant l'action d'une foultitude d'esprits. Les uns bons, d'autres mauvais, chacun d'entre eux pouvant varier. Il devient ainsi possible d'agir : de séduire les uns par prières et offrandes, de jouer les uns contre les autres, de sacrifier pour se faire pardonner. Inconsciemment, ils affirmaient leur liberté.

Rien de tel chez les animistes verts. Leur déesse Gaïa est une totalité, une prétendue belle totalité. Il n'y a pas aussi, à côté d'elle, ou en elle, de mauvais esprits. Rien en elle n'est mauvais, tout y est bon, comme le bon pain. D'où viennent alors les malheurs ? De l'humanité. L'humanité est responsable et coupable de ses malheurs, des inondations aux maladies, des variations climatiques aux accidents. C'est pourquoi, pour beaucoup de courants de l'écologie verte, la solution est punitive, la décroissance économique et démographique, plus qu'une option. Et la détestation de l'humanité est l'horizon le plus certain puisqu'il est impossible de survivre sans piller la nature.

Notons d'ailleurs que la Gaïa des obscurantistes verts est bien inférieure à la Gaïa de la mythologie archaïque grecque. Celle-ci n'est jamais seule, elle a enfanté des dieux qui se déchirent, dont certains sont favorables aux humains, comme Prométhée, d'autres non, comme Zeus, la plupart étant imprévisibles. Donc, l'humanité peut jouer des uns contre les autres, comme on le voit dans *L'Iliade* et *L'Odyssée* d'Homère.

De même, nos ancêtres nomades tentaient de neutraliser les esprits ou de les séduire par des rituels. Par exemple, chez les Guayakis du nord, le chasseur ne peut pas consommer le gibier qu'il a tué sous peine de voir l'esprit de la bête le tuer à son tour mais les autres membres de la tribu le peuvent : la nuit tombée, ils le cuisent et l'ingurgitent en restant silencieux et couchés pour n'être ni entendus, ni vus des esprits malfaisants. Sinon ? Les esprits mauvais voient leurs potes avalés et ils se vengent ; la tribu pourrait être décimée.

La supériorité de cet animisme des nomades se révèle dans l'objectif de tous les rites religieux : il ne s'agit jamais de sauver les esprits de la nature ou une Gaïa fantasmée mais la tribu des humains. Ainsi les chamanes œuvrent, prient, offrent des sacrifices, préparent des potions hallucinogènes aux malades pour leur permettre de résister aux esprits mauvais, responsables de leurs maux. Un objectif qui se retrouve jusque dans l'anthropophagie de nos ancêtres, supérieure éthiquement au sacrifice symbolique de l'humanité par l'écologie punitive. Car pour les Indiens Guayupes, Schirianas ou Yanomamis, l'esprit du mort disparu viendrait affaiblir la communauté, voire la détruire, si on ne réagissait pas. La solution ? Ingurgiter le cadavre. Jusqu'en 1963, chez les Guayakis de la tribu des Ache Kwera, du Paraguay oriental[7], quand un individu mourait, toute la tribu devait ainsi participer au repas anthropophagique de viande grillée pour éviter que l'esprit du mort ne devienne furieux et ne produise maladies et morts. Les morceaux du corps devaient être bouillis seulement lorsqu'il s'agissait d'ingurgiter un bébé : faute de chair suffisante, cela permettait de partager le bouillon pour protéger tous les convives. Les os étaient réservés à la famille directe et aux conjoints qui ne devaient pas, eux, toucher à la chair. Le principe vital spirituel positif (*Owé*) du défunt pouvait ainsi aller vers le ciel et renforcer ceux qui l'avaient dégusté, tandis que l'esprit mauvais (*Ianwê*) irait sur terre, rendu incapable d'agir. Ainsi sont sauvés les humains.

Il y a enfin une nette supériorité politique de l'animisme ancien. Si les chamanes communiquent avec les esprits, s'ils cherchent les moyens de compenser les offenses humaines, ils ne cherchent pas à punir leurs congénères et ils peuvent même se sacrifier pour apaiser les dieux dans le souci du bien de la communauté. Quelle supériorité sur l'animisme vert où punir les humains est la règle, où les chamanes verts ne songent jamais à se sacrifier eux-mêmes, où l'on vend de la culpabilité humaine et une possible harmonie avec la nature, comme si cela se pouvait. Du côté vert, une spiritualité misérable, liberticide et totalitaire. Du côté de nos ancêtres, l'annonce de la liberté humaine.

Et puisque de spiritualité conforme à la nature humaine, il s'agit, passons à ce qui suit.

Où l'on découvre que l'animisme vert est incompatible avec le Dieu de la Bible et qu'il ne peut y avoir d'Église verte

Hier, les staliniens avaient inventé un Christ, « premier communiste du monde », aujourd'hui, certains petits bonshommes verts tentent de transformer la Bible en premier écrit vert, et les lieux de culte, en « églises vertes ». Indéniablement, les écologistes antichrétiens qui rejettent le Dieu de la Bible au nom de la planète ont plus de bon sens. Pour eux, aucun compromis n'est possible avec le judéo-christianisme qui a nourri l'anthropocentrisme en célébrant la « prééminence » de l'humain, racine, selon eux, de la « crise écologique[8] » et de tous les crimes contre la Terre. Ils y voient logiquement une des origines du productivisme et de la course et à la croissance[9]. Et toute tentative de réconciliation leur paraît le signe de cette « écologie superficielle[10] » environnementaliste qui se contente de réformer le mode de vie capitaliste et consumériste, d'en diminuer les effets négatifs, de propulser même un « *business* vert » honteux, dont le label « Église verte[11] » serait une nouvelle preuve.

D'une certaine façon, ces derniers n'ont pas tort. Car aucune spiritualité issue de la Bible ne peut être compatible avec le rejet de l'anthropocentrisme et de sa morale humaniste. Aucune ne peut transformer la Terre en être vivant. « Église verte » ? L'habit ne fait pas le moine.

Dès son premier verset, la Bible s'oppose à l'idolâtrie des petits bonshommes verts. Dès le début, la Bible distingue clairement Dieu et la Nature, le créateur de sa création. Et elle indique que si le Dieu créateur de Max Planck existe, il ne crée pas à partir de rien, « *ex nihilo* ». Car créer à partir de rien ne se peut. *Au commencement* (*Bereshit*, תישארב) dit la Genèse, *Dieu créa les cieux et la terre*. Mais jamais il n'est dit que ce commencement serait le premier moment de l'existence de Dieu, pas plus que la table n'est le premier moment de l'existence de l'artisan ou les enfants le premier moment de l'existence des parents.

Et la Bible commence par le « B » de ce *Bereshit*, la lettre *beth* (ב) qui n'est pas la première lettre de l'alphabet, mais la seconde, après *aleph* (א). Précisément, avant ce monde, il n'y avait pas rien, mais *aleph*, le souffle divin, l'énergie divine elle-même comme le remarquera Max Planck. Voltaire lui-même en convenait en imaginant un horloger. Le monde vient après, en second, créé par le « souffle », par l'énergie première. Et on retrouve *aleph*, pour désigner Dieu, et dans les plus célèbres noms de Dieu, comme *Elohim*, (םיהולא) mais aussi au début des Tables de la Loi, et comme première lettre d'Abraham ou Adam (םדא) qui signifie « humanité », « homme et femme ».

Ainsi est écartée toute interprétation qui réduirait l'humanité à un produit de la Terre-Mère, à un de ses « écosystèmes ». Le corps humain est bien composé de terre, de la poussière du sol de la planète (*adamah*), comme tout ce qui est, de quarks et de leptons, mais il ne devient humanité que par le souffle divin. Son corps est l'union indissoluble de cette poussière et de cette forme spirituelle humaine. Et ce Dieu de la Genèse interdit de réduire l'humanité à une autre espèce vivante dans une sorte de « biosphère » dont elle serait un maillon de la chaîne.

Ce qu'est la condition humaine ? *Faisons l'humanité à notre image, selon notre ressemblance, et qu'elle domine sur les poissons de la mer, sur les oiseaux du ciel, sur les animaux domestiques et sur toute la terre, et sur les reptiles qui rampent sur la terre*[12]. Ainsi, l'humanité n'est pas même une partie de la nature puisqu'elle doit la dominer et tout ce qui s'y trouve.

Mais que signifie donc cette « image » de Dieu ? Longtemps, la tradition s'est trompée. Emportée par son souci légitime de rompre avec l'animisme, avec cette croyance aux esprits de la nature, avec l'idée que l'humanité ne serait qu'un réceptacle de forces tutélaires ou un amas d'atomes, elle a voulu séparer radicalement le corps de l'âme, elle a voulu croire qu'être humain serait avoir une pensée, un intellect, une intelligence. C'est pourquoi Carl von Linné, appela l'espèce du genre *Homo* qui avait survécu aux holocaustes de la nature, « Homo sapiens », le terme latin « *sapiens* » signifiant « intelligent », « raisonnable ». Mais la raison montre que beaucoup d'espèces pensent, y compris ces animaux qui chassaient l'humain depuis 7 millions d'années. Ce qui différencie l'humanité des autres, ce n'est donc pas l'intelligence.

Et dire l'humanité « plus intelligente » que les autres espèces revient à croire seulement quantitative la différence entre l'humanité et les autres vivants. C'est d'ailleurs cette illusion qui est cause de l'erreur des transhumanistes radicaux[13], étudiée en détail dans un précédent ouvrage[14]. En voyant les progrès de l'informatique, ils ont conclu possible le surgissement, un jour, d'une « super intelligence » qui rivaliserait avec l'humanité, puis la dépasserait et l'ingérerait. Ce qui suppose non seulement de réduire l'intelligence à quatre fonctions mais, surtout, de réduire l'humanité a son intelligence.

Or, la Bible ne dit pas que l'humanité serait « plus à l'image » de Dieu que d'autres vivants mais qu'elle est la seule à être à son image. Une différence qualitative. Et, à ce moment du récit de la Genèse, nul ne connaît les pensées de Dieu, seulement qu'il crée, et qu'il crée l'humanité « à son image ». C'est donc l'image du Dieu créateur qui s'impose, confortée par le fait que lorsque Dieu définit la condition humaine, il lui demande de « dominer » la nature, donc d'être créatrice.

Ainsi, selon la Bible, le Créateur crée des humains à son image : créateurs. Et le propre de la nature humaine, ce qui fait que l'humanité n'est pas une espèce animale parmi d'autres, sa « quiddité », aurait dit Aristote, c'est qu'il est créateur, *Homo creator* et non Homo sapiens.

Dans la Bible, il ne s'agit évidemment pas d'une égalité entre l'humanité et le Dieu à la puissance infinie. L'humanité ne va pas créer demain galaxies et trous noirs. Il s'agit seulement d'une « analogie », aurait dit Thomas d'Aquin, entre l'humanité créatrice, donc libre, et son modèle. D'ailleurs, un peu plus loin, la suite du texte le confirme : *Soyez féconds, multipliez, remplissez la terre et soumettez-la, et dominez sur les poissons de la mer, sur les oiseaux du ciel et sur tout animal qui se meut sur la terre* [...] *Voici je vous donne toute herbe portant de la semence et qui est à la surface de la terre, et tout arbre ayant en lui du fruit d'arbre et portant de la semence, et ce sera votre nourriture*[15].

Et alors, après avoir créé l'humanité, *Dieu vit tout ce qu'il avait fait, et voici cela était très bon.* Or, avant, Dieu avait seulement trouvé « bon » (ou « bien ») les créations de la planète et des autres espèces vivantes. Et voilà que la création de l'humain, femme et homme, c'est « très bon » ou, plus exactement, « éminemment bien » (רֶשֲׁא-לָּכ-תֶא םיִהֹלֱא אְרַּיַו עָשְׁהָ, וֹהְנִּהֵ-טוב מאְ)[16]. Oui, « éminemment » : il n'y a aucun « égalitarisme biosphérique » possible, aucune équivalence des « sous-systèmes » de la nature, aucune idolâtrie de la planète. Si le Dieu de la Bible existe, l'humanité a un corps créatif, une prééminence dans l'univers et doit partir à l'assaut de la nature.

Dieu aurait-il changé d'avis ensuite ? Étonnant. Une sorte d'équivalent du « changement climatique » de la planète ? Non. Après la Chute et le Déluge, à la sortie de l'arche de Noé, Dieu répète : *Soyez féconds, multipliez et remplissez la terre. Vous serez craints et redoutés de toute bête de la terre, de tout oiseau du ciel, de tout ce qui se meut sur la terre et de tous les poissons de la mer : ils sont livrés entre vos mains*[17]. Oui, il insiste. D'ailleurs, le voilà qui incite Abraham à refuser de sacrifier des humains, son fils Isaac, comme toutes les tribus le pratiquaient depuis des milliers d'années. Et, à la place, de lui sacrifier un bélier, un vivant, un animal, car tous les vivants ne se valent pas pour ce Dieu d'Abraham, d'Isaac et de Jacob.

Toute la Bible célèbre l'« anthropomorphisme » qui conduit Dieu à passer une alliance avec Moïse, au lieu d'avec les animaux et des végétaux ; jusqu'à donner à la nation juive une terre « en possession » (Genèse, Exode, Deutéronome, Josué, Nombres, Ézéchiel, etc.), leur demandant sur ce royaume d'Israël de croître et de se développer autant que possible, sans souci autre que la moralité et son Salut. Non seulement le Salut de l'humanité ne passe pas par la Terre-Mère, mais toute croyance en l'existence d'esprits de la nature, en Gaïa ou en ses ersatz, doit être combattue sans concession. Il faut se garder des faux prophètes[18], surtout quand ils sont habillés de vert, qui prétendent parler au nom de la Bible et combattre leurs idolâtries car *vous ne vous tournerez point vers les idoles*[19].

La moralité ? Elle passe par l'« anthropocentrisme ». Car non seulement l'humanité doit dominer la nature mais aussi chaque humain doit aimer son prochain comme lui-même, au lieu des esprits naturels et des mottes de terre[20]. Et le christianisme, plus particulièrement visé par les prophètes verts, suit ce même chemin ouvert par le judaïsme avec Jésus-Christ qui célèbre pêcheurs et artisans, ouvriers et cultivateurs, et qui met l'humanité au centre de l'univers créé par Dieu : *Tu aimeras le Seigneur, ton Dieu, de tout ton cœur, de toute ton âme, et de toute ta pensée. C'est le premier et le plus grand commandement. Et voici le second, qui lui est semblable : Tu aimeras ton prochain comme toi-même*[21], jusqu'au pardon, au don sans contre-don, au sacrifice de soi, *comme je vous ai aimé*[22].

Et le Salut ? Il n'appartient qu'aux humains, et non aux minéraux, végétaux et animaux. Ainsi est-il prouvé que pour la Bible l'humanité est bien au centre de cette création que l'on appelle l'univers.

Où l'on confirme, contre l'Église verte, que la Bible interdit aux humains d'être « gardiens » de la planète, même dans l'Éden

Les partisans de l'« Église verte » prétendent avoir trouvé un texte de la Bible qui contredirait le reste. Dieu aurait un jour demandé à Adam et Ève de « garder » la Terre[23]. Et voilà l'humanité qui devrait donc passer d'un statut de créatrice et dominatrice, à celui de gardienne de la planète et de son zoo. Un traficotage de la Bible qui ressemble à celui des partisans néomarxistes de la théologie de la libération, qui prétendaient que la défense christique des pauvres pouvait justifier la guerre des classes, la révolution violente et la dictature d'un parti.

La perle rare, ils l'auraient trouvée dans un texte qui évoque le paradis, l'Éden. La manipulation commence par faire croire que la condition humaine au paradis serait semblable à celle que nous connaissons aujourd'hui. Ils effacent ainsi tout ce qui suit la sortie du fameux jardin, ce qui se passe après la Chute. Sans doute parce que Dieu indique lors de la sortie que l'humanité n'est intendante de rien, sinon d'elle-même, qu'elle est condamnée pour survivre, à la peine et à l'effort, au travail même, pour dominer la nature qui ne donne plus rien facilement[24]. Ce qui exige, après la sortie de l'Éden, de lancer une course à la survie par la croissance et l'exercice de la libre créativité.

Revenons à ce qui se passe avant, dans le paradis. La Bible ne dit pas que l'humanité (Adam et Ève) doit « garder » le paradis pour le conserver mais, comme le montre le texte en hébreu, qu'elle doit le « soigner[25] ». Or, pourquoi le « soigner » s'il était tout harmonie ? Et soigner n'est pas garder. Cela signifie que l'humanité doit agir pour éviter la maladie, la disharmonie, le chaos même qui finirait par régner si elle ne soignait pas l'Éden. Donc, même dans cet endroit, l'humanité doit être dominatrice.

Pour enfoncer le clou, la Bible ajoute que dans cet Éden, il faut « soigner et cultiver » la terre. Or, « cultiver » est une action de transformation proprement humaine qui ne laisse pas la planète en l'état. Et pour bien montrer qu'il ne faut en aucun cas protéger les autres vivants sous prétexte d'une équivalence des pseudos « écosystèmes », Dieu précise : *tous les arbres du jardin tu peux t'en nourrir*[26], sans aucune considération pour les végétaux. Un seul critère : la satisfaction humaine.

L'élevage existe aussi puisqu'à côté des animaux sauvages, il y a du *bétail*[27]. Or, qu'est-ce que le « bétail » ? Des « animaux des champs », des bêtes domestiquées. Donc, Adam et Ève ont le droit d'asservir des animaux pour leur usage. Difficile d'être plus clair sur la prééminence humaine, sur la disharmonie naturelle, sur la nécessité d'une intervention, sur le droit de dominer la nature, dont la planète est une partie, et tout ce qui s'y trouve.

Il y a encore plus ennuyeux pour les militants de l'« Église verte ». Car il y a bien un gardien, en effet, mais ce n'est pas l'humanité. La Bible dit que Dieu a *planté*[28] l'Éden qui doit tout à son énergie créatrice. Il s'agit donc d'un artifice créé par l'art divin. Et Dieu veille sur le contrat passé avec les humains. L'humanité rompt-elle le contrat ? Elle peut être bannie. *A contrario*, si elle était gardienne, comment pourrait-elle se bannir elle-même ? Dès lors, qui est le gardien, l'intendant de l'Éden ? C'est Dieu lui-même. Il veille sur l'Éden et chasse l'humanité, comme le doit un gardien qui remarque que des utilisateurs ou des visiteurs peu scrupuleux violent les règles. Ainsi apparaît la vraie raison de la Chute, de la punition : non pour avoir désobéi à une fantasmatique Gaïa mais pour voir violé le contrat moral avec Dieu.

Et pour que tout soit bien clair aux yeux des humains, le Dieu de la Bible ne ferme pas le paradis, mais il appelle les anges chérubins pour préserver le chemin qui y mène. Finalement, s'il chasse l'humanité du paradis, il ne lui retire pas sa prééminence, ni, moins encore, sa nature qui est sa libre créativité, ni son sens du bien et du mal ni la possibilité d'accéder au paradis. Lui-même se met en retrait du monde, pour que puisse s'exercer cette libre créativité, tout en lui conservant son énergie et sa capacité de s'orienter selon la moralité. En quelque sorte, ce gardien de l'Éden reste ainsi le gardien du monde où vit l'humanité et de l'humanité elle-même.

Ainsi se trouve confirmé par l'Éden le contraire de ce que prétendaient y lire les obscurantistes verts : il n'est, dans la Bible, aucun culte dû à la planète. Le seul culte autorisé ? Envers Dieu. Et donc, l'amour de l'humanité dans son essence humaine. Ainsi est-il confirmé que l'humanité est bien au centre de l'univers créé.

Où, l'on prouve, contre l'Église verte que la Bible s'oppose à l'« intendance » de la planète et à la limitation de la croissance

Au nom de la Bible, les partisans de l'« Église verte », prétendent vouloir imposer une décroissance ou une croissance limitée pour sauver la planète. Quand bien même nous ne serions pas ses gardiens, nous aurions en charge son intendance. À l'appui de cette vision païenne, ils ont trouvé un seul texte. Dieu aurait dit à la nation juive qui vient juste d'arriver en Israël : *Les terres ne se vendront pas à perpétuité, car le pays est à moi ; vous, vous êtes chez moi comme des étrangers et comme habitants*[29]. Donc les terres seraient à Dieu et, hop ! nous en serions les intendants, condamnés à rendre des comptes sur nos activités de métayers.

On pourrait remarquer que si les terres appartenaient à Dieu, il n'y aurait donc aucun compte à rendre à la planète mais seulement au propriétaire. Donc à Dieu. Et, on pourrait ajouter que ces militants sont bien présomptueux d'appeler l'humanité à l'humilité devant la nature alors qu'ils prétendent parler au nom de Dieu, voire de la planète.

Mais il est plus amusant de signaler que ce prétendu texte de référence du Lévitique dit exactement le contraire de ce que lui font dire les affabulateurs verts. Car il ne concerne pas le rapport de l'humanité à la planète mais seulement la gestion juridique des seules 49 premières années d'installation de la nation juive sur les terres inhabitées d'Israël; la cinquantième année étant appelée le « jubilé ». Et après la 51e année ? Dieu n'étant pas incohérent, la Bible réaffirme la course nécessaire à la domination de la planète. Ainsi, après 50 ans : *Chacun d'entre vous rentrera dans son bien*[30]. Ce qui est confirmé ensuite : *En cette année jubilaire (la cinquantième) vous rentrerez chacun dans votre possession*[31]. Chacun devient alors le seul intendant de ses biens et n'a de comptes à rendre qu'à lui-même et à sa conscience. Et les humains pourront se nourrir *abondamment*[32] des produits de la transformation de la nature, avec le souci de la croissance et du bien-être. Après 50 ans : *je vous ferai croître et multiplier*, dit Dieu, *je vous donnerai les pluies en leur saison, et la terre livrera son produit, et l'arbre du champ donnera son fruit*[33]. Et, même : *Je ferai disparaître du pays les animaux nuisibles*. Dominer la nature autant que possible et assujettir tout ce qui s'y trouve, tel est le devoir qui répond à la nature humaine. Les limites ? Non pas la vénération de la planète mais l'obéissance aux lois divines, dont celle de s'aimer les uns les autres.

Avant ces 50 ans ? Avouons que cela n'a guère d'importance puisque nous vivons après, contrairement aux affabulations des partisans de l'« Église verte ». Néanmoins, Dieu n'évoque aucune intendance sur cette courte période. Seulement un problème moral et juridique. Les Juifs viennent d'arriver sur la Terre promise et Dieu a donné à chacun une parcelle. Hélas, par malchance ou faute de travail, certains ont des difficultés, ils s'endettent par exemple. Par générosité, Dieu décide de donner à tous une seconde chance. Il suspend, pour 50 ans, le droit de propriété. C'est pourquoi il dit *car le pays est à moi*, mais seulement pour ces 50 premières années. Et si, durant cette période, un Juif éprouve des difficultés et doit vendre sa terre, Dieu interdit qu'elle soit achetée *irrévocablement.* Il précise : *Dans tout le pays que vous posséderez, vous accorderez le droit de rachat sur les terres.* Rien à voir avec un culte de la planète mais seulement le souci de préserver des humains. Et donc, ce n'est pas l'humain qui est intendant, mais Dieu. D'où aussi ces exceptions au droit de propriété des Lévites dans la banlieue des villes qui serait *inaliénable.*

Et, peut-être faut-il attribuer à une sorte de prévision de la façon dont des idolâtres de la nature vont interpréter un texte fort clair pour le transformer en écrit animiste, ce qui suit. Car, après 50 ans, la Bible indique ce que serait la pire des dérives humaines : *Ne vous faites point de faux dieux ; n'érigez point, chez vous, image ni monument, et ne mettez point de pierre symbolique dans votre pays pour vous y prosterner : car c'est moi, Éternel, qui suis votre Dieu*[34].

Sauver la planète ? La pire des errances obscurantistes. Aimer Dieu, donc sauver l'humanité, voilà l'esprit de la Bible.

Où l'on voit que la « seconde révolution copernicienne » verte est un mythe comme la première

Au nom de la science, les militants radicaux verts dénoncent l'anthropocentrisme. À cause de lui, la Terre « s'émeut », disait Michel Serres, elle meurt. Pour en finir, il faudrait d'urgence une « seconde révolution copernicienne[35] ». Car si la première, engagée par Nicolas Copernic (1473-1543), avait porté un premier coup à l'orgueil humain, en mettant le Soleil au centre de l'univers à la place de la Terre, la seconde permettrait de sauver la planète en mettant clairement la planète au centre de la Cité. Elle se caractériserait par « un nouveau modèle de société » qui brisera la folle course à la croissance et changera « l'aménagement territorial, l'urbanisme, l'habitat, les transports, l'agriculture, l'industrie, le commerce international[36] », finalement, qui changera tout. Embarquer sur le radeau de l'écologie politique et sociale, sinon sur celui de l'« écosophie », serait la voie du salut humain[37].

Je crains que ce radeau ne soit plus proche du Radeau de la Méduse, que d'une Arche de Noé. Et il est difficile de ne pas sourire devant cette injonction à mettre la planète au centre de l'univers au nom d'une prétendue « révolution copernicienne » qui aurait précisément démontré qu'elle ne l'était pas. Nos petits bonshommes verts n'ont pas seulement des difficultés avec la physique mais aussi avec la logique.

« Révolution copernicienne » ? La formule vient d'Alexandre Koyré. Elle fit florès à une époque où l'extrême gauche voyait des révolutions partout et où elle pourchassait déjà l'humanisme. Il prétendait qu'en mettant le Soleil au centre de l'univers (héliocentrisme) au lieu de la Terre, « l'homme [...] a perdu sa place dans le monde même qui formait le cadre de son existence et l'objet de son savoir »[38]. Il suivait d'ailleurs Sigmund Freud qui s'imaginait que les humains avaient ainsi subi, à cause de Copernic, une terrible « blessure narcissique » qui avait été la première défaite de l'anthropocentrisme avant que Darwin et lui-même ne le mettent à terre[39].

L'idée que l'humanité ait été meurtrie parce que le Soleil aurait remplacé la Terre au « centre » du système solaire, est curieuse. C'est un peu comme si des enfants d'un immeuble, découvrant dans leur sous-sol la chaudière qui donne la chaleur dans leur appartement, alors qu'ils pensaient qu'elle surgissait de leurs radiateurs, se mettaient à gémir en disant : « Notre appartement n'est pas la source la chaleur, donc nous sommes abandonnés. » En vérité, depuis le Moyen Âge, à l'exception des alchimistes et des astrologues, nul n'avait le culte de la Terre. Et nos ancêtres avaient abandonné depuis longtemps celui du Soleil, célébré auparavant par de nombreuses populations, dont les Romains qui avaient donné son nom au premier jour de la semaine, le dimanche, appelé « *solis* ». On trouve d'ailleurs une trace de cette croyance dans la langue anglaise, où le dimanche est le jour du Soleil, « *Sunday* », mais aussi dans la langue allemande, «*Sonntag*», suédoise, «*Söntag*», chinoise («*Xīngqīrì*») ou japonaise («*Nichiyōbi*»). Mais, dès le Moyen Âge, les populations latines appellent ce même jour «dimanche» (français), «*domingo*» (espagnol), «*domigo*», (portugais), du latin «*dies dominicus*», c'est-à-dire jour consacré au Seigneur, au Christ, donc à Dieu. L'idolâtrie des éléments de la nature était bannie.

Donc, si Copernic avait prouvé l'inexistence de Dieu, voilà qui aurait peiné, mais pour la Terre, il n'y avait plus d'abonnés. Et le savant, au lieu de s'opposer à l'anthropocentrisme en est un défenseur acharné.

L'idée qu'il aurait fait une «révolution» l'aurait déjà choqué. Héritier d'Aristarque de Samos (–310, –230) et d'Héraclide du Pont (–388, –315) qui avaient déjà émis l'hypothèse de l'héliocentrisme, et élève de Domenico Maria (1454-1504), qui la défendait sans être d'ailleurs inquiété, il affirme, au contraire, sa continuité. Il les cite même dans son célèbre ouvrage de 1543, le *De revolutionibus orbium coelestium*, comme d'ailleurs Aristote et Ptolémée. La seule révolution, est celle de la Terre autour du Soleil.

L'humanité? Elle est pour lui au centre de l'univers, là où, d'après lui, Dieu l'a créée. Il pense que le Soleil donne la lumière aux humains depuis son «trône», à l'image de Dieu qui donne la lumière à sa plus formidable création, l'humanité. Chanoine, profondément chrétien, il avait étudié la Bible et le droit canonique et même participé au cinquième Concile du Latran. Il dédicace son livre au Pape Paul III, financier de son observatoire de Frombork (Pologne) et sa tombe se trouve dans la cathédrale de Frombork où l'on chante, comme hier, la prééminence humaine avec les remerciements à Dieu, et non l'hymne à la Terre.

Et il n'y a pas eu plus de « révolution copernicienne » de la part de Galilée (1564-1642) qui remercie Aristote, Archimède, Copernic et les disciples de Thomas d'Aquin de lui avoir appris à donner « à la raison le pas sur les sens[40] » et il écrit son grand ouvrage, *De Motu*, en les remerciant. Son arrivée à Padou, en 1599, est due aux jésuites, et, en 1611, il est appelé au Collège pontifical. Le *Dialogue sur les deux grands systèmes du monde* qui lui vaudra ses ennuis ? Il est commandé par le Pape Urbain VIII, élu en 1623, favorable lui aussi à l'héliocentrisme. Et sa condamnation, en 1633, est due aux jalousies, à ses propres maladresses et aux oppositions de conservateurs dogmatiques et aigris. Ce qui ne le conduira pourtant pas à faire varier d'un iota sa conviction que l'humanité est l'espèce supérieure à toutes les autres, créée par Dieu, mise par lui au centre de l'univers. Et qu'elle a la prééminence sur la Terre, au lieu des chaudières ou d'un Soleil. Il fut enterré en chrétien dans la chapelle des novices de la basilique de Santa Croce de Florence.

Il en alla de même pour Kepler (1571-1630), Descartes (1596-1650) et Isaac Newton (1642-1727) qui, malgré les différends soulevés par leurs élèves, célébrèrent toujours Dieu, l'héliocentrisme et l'anthropocentrisme. Mais jamais la planète. Car mettre la Terre au centre de l'univers aurait été le plus fantasque des reculs. Pour aucun scientifique digne de ce nom, ce n'est un être qui s'émeut, souffre et pense. C'est un amas de molécules qui n'est pas même scientifiquement un système ou un « écosystème » mais une partie du système solaire.

L'astrophysique et l'astronomie peuvent se conjuguer avec les plus hautes spiritualités et les interrogations métaphysiques les plus diverses, mais jamais avec le culte animiste de Gaïa et l'obscurantisme.

Où l'on voit que la « révolution darwinienne » n'a pas eu lieu et que l'humanité n'est pas un écosystème de la « biosphère »

À en croire les écologistes radicaux, l'humanité serait une partie de la biosphère, un élément de la chaîne des vivants, un écosystème de la planète. Contre l'anthropocentrisme, ils auraient pour eux Charles Darwin[41] et la biologie moléculaire qui démontreraient que l'espèce humaine est issue d'autres espèces animales et le produit d'une sélection naturelle, une sorte de singe évolué qui aurait réussi.

Je pourrais me contenter de souligner l'incohérence de ces procureurs verts qui ne manquent pas une occasion de proclamer la nécessité d'une « rupture écologique », d'une « révolution verte », d'une « transition » pour atteindre la prétendue harmonie avec Gaïa. Car si cette espèce a pu, selon eux, rompre avec l'ordre naturel, jusqu'à détruire la planète, et si elle peut, par une autre rupture, la sauver, n'est-ce pas lui attribuer une puissance exceptionnelle, qualitativement différente des autres vivants ? Ainsi, leur idéologie récuse l'anthropocentrisme qu'en même temps elle proclame.

Or, cette rupture de l'humanité dans l'ordre du vivant existe. Quelle autre espèce crée des civilisations, change son environnement, transforme son corps jusqu'à ses gênes ? Pas une seule, hors les Garfield des bandes dessinées. « La créativité c'est inventer, expérimenter, grandir, prendre des risques, briser les règles, faire des erreurs et s'amuser », disait Einstein. Et cette créativité est le propre de la condition humaine. Et cette créativité était là, dès l'origine. Car il n'est pas un seul site archéologique où ne s'affirme cette triple créativité inouïe. Depuis notre premier ancêtre connu, Toumaï, il y a 7 millions d'années, jusqu'à nos jours. Oui, cette créativité était là, mais les humains ne l'ont pas reconnue. Ils l'attribuaient aux esprits, aux grigris, à Gaïa. Ils se crurent un sous-système de la planète et de ses puissances tutélaires. Et cette créativité permit à l'humanité de survivre.

Devant le seul fait spectaculaire que fut la création des outils par l'humanité, le philosophe Henri Bergson[42] a appelé l'humain, *Homo faber*, « fabricateur d'outils ». Il avait senti l'exceptionnalité humaine, son énergie créatrice. Car l'outil n'est pas un instrument utilisé puis jeté, comme peuvent le faire certains animaux, mais un objet pensé par rapport à son utilité, conservé, transmis, amélioré dans une dynamique de créativité continuée. C'est pourquoi tout outil est condamné non à être détruit mais remplacé, dépassé-conservé par un outil plus évolué, comme le silex biface d'il y a 1,7 million d'années dépasse les premiers galets taillés à une face utilisés près du lac Turkana, au Kenya, d'il y a 3,3 millions d'années. Comme les ordinateurs quantiques dépassent les ordinateurs classiques.

Mais la création des outils est un des modes seulement d'existence de la créativité humaine. Bergson prit l'effet pour la cause. L'humain fabrique des outils comme il crée des habitats, des habits, des armes, des pirogues, des rites, des idoles, comme il domine des territoires et part à la conquête spatiale. L'humain est *Homo faber* parce qu'il est *Homo creator*.

L'humanité n'est pas contrainte à la reproduction de ses ancêtres, de leurs mœurs, de leurs modes de vie, comme la fourmi d'aujourd'hui reproduit la fourmi d'hier. Elle n'est pas seulement l'effet de son environnement mais elle en change ou le transforme pour le forcer à s'adapter à elle. Un peu comme si la girafe à petit cou, imaginée par Darwin, au lieu de périr faute de pouvoir atteindre les feuilles des hauts arbres avait inventé le bâton ou l'échelle, pour récupérer les fruits des arbres.

Éviter la sélection naturelle, jouer avec les déterminations, affronter les menaces par son imagination créatrice, ainsi va l'humanité armée de sa nature créatrice. Il fait froid ? Elle change son mode d'habitat ou migre vers des régions plus hospitalières, elle crée le feu et fabrique des vêtements… Il fait chaud ? Elle construit d'autres types d'habitat, part vers les pôles, monte près des sources, aère ses habitats, allège ses vêtements… Elle a faim ? Elle invente de nouveaux outils, de nouvelles armes, comme la sagaie créée à partir de la branche arrachée à l'arbre qui a permis aux hominines de Didkika d'Éthiopie de tuer les fauves il y a 3,4 millions d'années, ou bien à l'*Homo heidelbergensis* de traquer les chevaux, il y a 700 000 ans, ou bien encore à l'Homme moderne et à l'Homo néandertalien de chasser les rennes et la mégafaune jusque dans les glaces, il y a 40 000 ans. Et au lieu de regarder croître l'avoine, elle la sépare de l'ivraie, détruit les mauvaises herbes, s'empare du grain, l'écrase et ne meurt plus de faim tels les habitants de la Grotta Paglicci, il y a 32 000 ans. Elle invente la cuisson, la céramique : oui, elle invente. Elle humanise son environnement.

D'où vient cette différence qualitative, cette rupture dans le règne des vivants, cette résistance à la sélection naturelle ? Hasard ? Dieu ? Je laisse à chacun ses hypothèses. Mais, cette exceptionnalité est un fait. Et quand, demain, aller dans l'espace sera devenu un jeu d'enfant, nous découvrirons peut-être d'autres espèces vivantes. Mais si nous en rencontrons une qui soit créatrice, c'est-à-dire qui ait la capacité de transformer la nature pour la mettre à son service, pour créer des civilisations, transformer son corps même, alors nous rencontrerons des frères en humanité et non des singes savants.

D'où ce qui suit.

Où l'on voit le sens caché de l'automobile qui annonce l'indépendance du corps au sol et pourquoi les obscurantistes la détestent

Depuis son apparition, par contrainte ou désir de mieux vivre, l'humanité cherche à déplacer son corps de plus en plus vite, de plus en plus sûrement, à le rendre indépendant de la Terre. Car la vitesse de la Terre n'est pas la sienne, et l'ancrage des autres vivants aux espaces de vie programmé par la nature, ne lui convient pas. La voiture le démontre, l'être humain n'est en aucune façon un animal de troupeau ni un membre d'un sous-système de la planète. Est-il terrien ? Seulement par accident. Il est né ici, il peut naître ailleurs. Dans un sous-marin, un avion ou une station spatiale. L'humain est terrien, maritime, aérien, par ce qu'il n'est, dans sa nature, ni terrien, ni maritime, ni aérien. Son seul habitat est son corps même. Ce corps animé créatif qui ne connaît aucune attache véritable, sinon occasionnelle et imaginaire, n'est certainement pas condamné à coller à la Terre. Décoller, coller, l'opposition est radicale. Et décoller dit la nature humaine.

Ignorant tout du réel, passant à la trappe, carburants de plus en plus « propres », véhicules électriques et bientôt voitures autonomes de niveau 5 à sustentation, fermant les yeux sur la conquête spatiale, l'obscurantiste vert pourchasse l'automobile et célèbre la Terre. L'individualisme est l'ennemi, la voiture son alibi. Nostalgique de la bétaillère, l'esprit du troupeau lui tient lieu d'esprit. « Collectif » et « traque du CO_2 » seraient les deux mamelles du transport. Pour sauver la planète, il faudrait patauger dans les miasmes de la solidarité, fraterniser avec bactéries, virus, champignons, respirer l'air naturel des odeurs de sueur, d'urine des métros et bus, wagons et cargos collecteurs. Et quand certains se plaignent, le chamane vert lui rit au nez : s'ils n'ont pas de pain, qu'ils mangent de la brioche, ce qui donne en termes très verts, « s'ils n'ont pas de voiture, qu'ils prennent le taxi ». Résultat : chaussées défoncées, places de stationnement réduites, voies interdites, vignettes de CO_2, limitation de vitesse à 30 km/h, avec l'objectif de 4 km/h, celle de la marche à pied, contrôles : l'ennemi individualiste sera occis.

Haro sur l'individualisme donc. Sinon, pourquoi traquer les automobiles au nom du CO_2, y compris les voitures électriques qui ont, tout autant que les autres, de plus en plus de difficultés à circuler ? Ignorent-ils que sous 30 km/h, roulant en première et en seconde, les véhicules à diesel ou à essence produisent plus de CO_2 et consomment plus d'énergie ? Que la diminution des axes routiers produit des embouteillages monstrueux et des gaz à effet de serre ? Ou, tout simplement, qu'il est possible de préférer voyager seul en écoutant Mozart ?

Pour l'obscurantiste, l'individu ne vaut rien en lui-même, seulement comme membre d'un « écosystème humain », partie de l'« écosystème planétaire ». Il est la roue métallique d'une horloge dotée d'un mouvement au service de la planète. La voiture est « inutile », puisqu'elle ne sert pas au fonctionnement de la planète, et nuisible, puisqu'elle favorise l'individualisme au lieu du bel équilibre horloger.

En vérité, l'engouement universel pour les voitures signale le désir des humains d'arracher leurs corps du sol, de les décrocher du champ terrestre. Toute l'histoire de l'humanité est marquée par cette recherche.

Le traîneau tiré par un animal, le travois, est connu dès la fin du Paléolithique. Il se généralise, il y a 11 000 ans. Il y a 5 500 ans environ, apparaît la roue utilisée pour les transports, à Sumer. 3 000 ans plus tard, la roue est évidée et sont inventés les rayons qui permettent de créer chars et charrettes en Égypte, puis en Chine et dans les pays celtes. L'accélération se poursuit, jusqu'aux chariots tractés par l'énergie issue des machines à vapeur, comme le « fardier » qui va à 4 km/h durant 15 minutes, en 1769, puis jusqu'aux « automobiles », des « mobiles » qui bougent de façon « autonome », avec des moteurs à explosion.

À l'automatisation des véhicules d'avant la Seconde Guerre mondiale, automobiles de niveau dit « 0 », succède, dans les années 1960, les automobiles de « niveau 1 », avec les premières assistances à la conduite, des systèmes d'antiblocage des roues et des régulateurs de vitesse. Puis, au début des années 2000, voilà les automobiles autonomes de « niveau 2 », avec l'automatisation combinée de certains contrôles de trajectoire et de vitesse. À la fin des années 2010, le « niveau 3 » permet de détecter l'environnement par lasers, capteurs et caméras, la voiture se conduisant toute seule quand la vitesse est inférieure à 60 km/h. Au « niveau 4 », le conducteur reste au pilotage mais il donne une destination et le véhicule y va, comme Hyundai l'a expérimenté sur 190 km jusqu'à 110 km/h, en Corée du Sud tandis que Baidu l'utilise sur 700 km en Chine avec son robot taxi. Au « niveau 5 », l'autonomie de la voiture électrique est totale, les passagers peuvent se préparer un thé pendant qu'intelligence artificielle et robotique conduisent comme le montrent les projets chez Google, Tesla et Baidu.

Un chemin qui ne s'arrête pas là. Déjà, la production de véhicules à sustentation magnétique et sans roue arrive. Système utilisé pour des trains, en Chine, en juillet 2021, avec des vitesses de 600 km/h, grâce à des aimants sur le véhicule et des bobines supraconductrices sur les rails[43]. Il n'est pas jusqu'aux batteries à bénéficier de ces avancées grâce aux batteries à lithium-ion, cinq fois plus puissantes que les batteries à nickel, avec aucune maintenance, pas d'effet mémoire, pas de décharge. Et l'on avance au pas de course vers les batteries solides qui n'utiliseront plus de lithium.

Et demain ? Des voitures volantes, à l'image de la SD-03, créée par la société japonaise Skydrive, soutenue par Toyota, qui a produit un aéronef aux rotors alimentés par des moteurs électriques, volant à 4 mètres au-dessus du sol à 100 km/h. En 2023, il entrera en service comme taxi volant dans les grandes villes, et, en 2028, il sera à la vente pour les particuliers. Boeing, avec Porsche et Uber[44], Airbus en solitaire, la NASA, Joby Aviation, Jet Racer : des dizaines de sociétés se lancent dans l'aventure. Des voitures volantes que l'on peut apprendre à conduire en une heure, comme la Kitty Hawk, financée par Larry Page, cofondateur de Google.

Demain ? Plus de problèmes de pollution, d'embouteillage, de parking (on pourra la garer sur son balcon ou son jardin), ni de fatigue avec les systèmes de conduite autonome. Et, surtout, un déracinement du sol, une indépendance par rapport à la Terre, une conjonction des véhicules spatiaux et terrestres. Un désir inscrit dans la nature humaine, produit de la raison mais aussi de l'instinct de survie. Car cette planète est condamnée mais non l'humanité qui n'est pas son écosystème.

D'où ce qui suit

Où l'on démontre que face à la prochaine glaciation et à la destruction inéluctable de la planète, sauver l'humanité est la seule urgence

« Sauver la planète » ? Nul ne le peut. Se persuader que le « réchauffement » est l'urgence ? La planète est condamnée. Condamnée aux glaciations, condamnée à la destruction. Sauver l'humanité : telle est la seule urgence. Comme hier. Sans course à la croissance et au pillage des richesses naturelles, nous allons retourner, sous peu, à un nomadisme de survie sous les glaces, et à des migrations massives pour y échapper, qui ne laisseront aucune chance de conserver les acquis liés aux territorialisations depuis 12 000 ans. Sans course à l'arrachement de la planète et à la conquête spatiale, l'humanité disparaîtra.

Dans 4 milliards d'années environ, temps plus court que celui de l'existence de la Terre, la Voie Lactée, où se situe notre actuelle planète, va fusionner avec une autre galaxie, celle d'Andromède (M31), à l'intérieur de ce groupe d'une soixantaine de galaxies appelé le « Groupe Local ». Tout cela va donner une galaxie immense, dite « elliptique », de milliards d'étoiles. Gaïa-la-Terre ? Pschitt ! fondue, touillée, avalée, disparue. Pour s'y opposer, un décret peut-être ?

Trop loin pour nos experts ? Dans moins de cinq cents millions d'années, l'hydrogène consommé par le Soleil viendra à manquer. Celui-ci se transformera en géante rouge, dix mille fois plus lumineuse qu'aujourd'hui. Le système solaire disparaîtra, la Terre avec lui. Pschitt ! Abracadabra, plus de Terre ! Un bon procès contre la consommation d'hydrogène peut-être ?

Trop loin encore ? Hélas ! La vie sur la planète disparaîtra bien avant. Sept cent mille astéroïdes de plus de vingt mètres de diamètre sont répertoriés dans le système solaire, et des centaines de millions ne le sont pas encore. Or, tous les cent millions d'années, au moins, une météorite de plus de dix kilomètres de diamètre, proche de la taille de celle qui tua les dinosaures, devrait statistiquement tomber sur nos têtes. Les dinosaures ayant disparu il y a 66 millions d'années, combien avant la prochaine ? Le Prince William parviendra-t-il avec son club de golf à renvoyer la météorite sur Mars ou Jupiter ?

Toujours trop loin ? Voilà alors le prochain refroidissement. Peut-être serait-il temps d'informer les petits bonshommes verts que, sur cette planète, nous vivons dans une époque appelée « holocène », une période interglaciaire ? Pourquoi « interglaciaire » ? Parce que depuis 2,8 millions d'années nous sommes dans l'ère des glaciations. Et, depuis huit cent mille ans, se succèdent de longues glaciations, de plus de cent dix mille ans, entrecoupées de courtes périodes plus chaudes, dites « interglaciaires », de moins de quinze mille ans, et de plus en plus courtes. Or, la dernière période de glaciation, dite « glaciation de Würm », s'est terminée il y a environ douze mille ans. Selon certains chercheurs de l'Earth and Life Institute de l'Université de Cambridge, la glaciation aurait donc déjà dû arriver. Stephen Hawking, plus optimiste, évoquait mille ans, d'autres croient que le « réchauffement » actuel pourrait la retarder de dix mille ans. Une certitude : elle arrivera.

Or, une glaciation signifie inlandsis, réduction des mers, salinité augmentée, effondrements de croûte terrestre, migrations vers l'équateur, vents glacés et déserts de sable, cyclones et tornades, famines, maladies, destructions. La dernière glaciation a recouvert l'hémisphère nord d'une glace épaisse de plus de mille mètres, détruisant la vie humaine de Leipzig aux pays nordiques, de Moscou à New York et à l'Asie du nord tandis que le sud de l'Himalaya devenait invivable. Pschitt ! la vie humaine !

Et la prochaine « petite glaciation », trop loin aussi ? Les hypothèses de la NASA, depuis 2014, et de la Royal Astronomical Society, depuis 2017[45], rappellent la probabilité d'une nouvelle petite période glaciaire vers 2030-2040, avec une baisse d'activité du Soleil de 60 % : Tamise, Seine, Rhin et Hudson seraient alors gelés, avec la fameuse décroissance souhaitée par les obscurantistes, désindustrialisation, famines. Je n'aurais pas la cruauté d'évoquer une nouvelle fois l'hiver 2020-2021, dans l'hémisphère nord, peut-être un signe avant-coureur avec, fin décembre 2020, en Sibérie, des températures de –10° sous les moyennes saisonnières… ni même l'été 2021 dans l'Ouest européen, jamais aussi froid depuis des dizaines d'années.

Il y a urgence ? Oui, de sauver l'humanité, qui n'est pas condamnée à disparaître à condition de la laisser exercer son intelligence pour comprendre la nature et sa libre créativité pour la dominer. Une course pour la vie d'une espèce qui se tient au centre de l'univers et part à sa conquête.

D'où ce qui suit.

Où l'on voit l'humanité partir à la conquête de l'univers au lieu d'applaudir le swing du petit prince vert

« Sauver la planète » ? Se sauver paraît plus pertinent. Cela se doit, à moins de tenir pour nécessaire de voir périr l'humanité lors des prochaines glaciations ou de disparaître avec elle. Et cela se peut car toutes les innovations convergent pour assurer à la vie humaine une indépendance de la Terre et partir à la conquête de l'univers.

Certes, sous les applaudissements des écologistes apocalyptiques, un « prince », prénommé William a pris la tête d'une croisade contre ceux qui veulent croissance et conquête spatiale. Stop au financement immoral des fusées, sondes et navettes dit-il, l'urgence serait de « réparer » le mal fait à la planète ! Ce petit prince vert a même créé le prix « Earthhotprize », doté de 50 millions de livres, le « prix environnemental mondial le plus prestigieux de l'histoire »[46], applaudi par son père Charles, « très fier » de voir son fils savoir utiliser avec générosité l'argent des citoyens britanniques. Le fiston avait d'ailleurs déjà montré une aptitude aux sciences jamais démentie puisqu'après son baccalauréat (*A-level*) et une note en biologie presque moyenne, il avait montré au water-polo et au tir aux pigeons les prédispositions qui le dispensaient d'étudier physique, chimie, astronomie, puisque se sentant proche de la nature, en particulier des pigeons. Épuisé après le bac, il avait pris une année de repos méritée avant de poursuivre en arts et lettres, picorer un peu de géographie et obtenir une bienheureuse maîtrise. Il s'inscrivit même, à Cambridge, en gestion agricole, presque dix semaines, ce qui en fit le plus diplômé de la savante dynastie.

Le temps est venu de dire aux petits bonshommes verts que chaque petit pas vers la conquête spatiale a été un grand pas pour l'humanité. D'abord, pour son bien-être. On lui doit la radiologie et l'image par résonance magnétique (IRM) qui a permis de diagnostiquer, notamment, les effets du coup de club de golf reçu sur le crâne du fameux William. Et aussi thermomètre auriculaire, pompes à insuline, prothèses, vêtements ignifugés pour les pompiers, lait maternisé, premiers ordinateurs à circuits intégrés, casques sans fil, photo numérique, isolants thermiques, fermes verticales, purificateurs d'eau, satellites de communication et de météo, systèmes de géolocalisation, etc.

Ensuite, la conquête spatiale n'est pas un choix mais une question de survie. Peut-être d'ailleurs, faut-il voir dans cet instinct de survie autant que dans la recherche du sens de la vie, cette façon pour l'humanité de regarder vers le ciel étoilé depuis des millions d'années. Connaître ce ciel étoilé et ses secrets fut toujours une aspiration. Y compris sous sa forme la plus primaire, et non scientifique, de l'astrologie.

Du télescope de Newton, en 1666, à la photographie, en avril 2019, d'un trou noir supermassif, celui de la galaxie elliptique géante M87*, situé à 55 millions d'années-lumière et équivalent à 6,5 milliards de masses solaires, il n'y a pas de révolution mais une formidable continuité. Oui, voir à 55 millions d'années-lumière, conformément aux prédictions de Stephen Hawking, grâce à un formidable réseau de télescopes (Event Horizon Telescope) construit par la solidarité humaine qui reliait États-Unis, Chine, Allemagne, Suède, Belgique, Mexique, Chili… tourné vers le même point de l'univers, a bien le même sens : connaître cet univers qui nous entoure. Pas seulement pour le comprendre mais pour maîtriser les lois naturelles, prévoir ce qui arrive et, finalement, sauver l'humanité par le savoir et les technologies.

Dans le même temps, après avoir rêvé de voler comme Icare, l'humanité a appris à maîtriser ses lois pour se décrocher de la Terre. De la voiture à l'avion, le désir est le même. De l'avion à la navette spatiale, il se poursuit. Et le tourisme spatial est devenu une réalité en 2021, avec les vaisseaux de Virgin Galactic de Richard Branson et de Blue Origin de Jeff Bezos.

Le nom de « sonde » lui-même dit l'inconscient humain. L'humanité « sonde » l'espace pour le connaître et y aller. Cela commença par l'amas moléculaire le plus proche, la Lune, qui fit tant rêver, puis ce fut Vénus, à 41,40 millions de km (en moyenne), où fut envoyé Venus Express. Puis Mars, à 78,34 millions de kilomètres, avec InSight. Puis Mercure, à 91,69 millions de kilomètres, avec BepiCombo (après Messenger). Puis Jupiter, à 628 millions de kilomètres, avec Juno. Puis Saturne, à 1 275 millions de kilomètres, avec Cassini-Huygens. Puis Uranus, à 2 723,95 millions de kilomètres, avec Voyager 2. Puis Neptune, à 4 351,40 millions de kilomètres avec Voyager 2.

Les astéroïdes eux-mêmes deviennent l'objet d'études par envoi de sondes. Comme Dawn qui a étudié Vesta et Cérès, de la « ceinture d'astéroïdes », située entre Mars et Jupiter, et, en octobre 2021, Lucy qui va sonder 6 des astéroïdes troyens de Jupiter. Comme Stardust qui collecta des échantillons de la comète 81P/Wild et des poussières galactiques. Comme Deep Impact pour la comète Tempel1… Les particules de vent solaire aussi sont examinées, comme le fit, pour la première fois, la sonde spatiale Génesis.

Système solaire ? Et pourquoi s'arrêter là ? L'exploration humaine va de plus en plus loin, à l'image de Voyager 1, entré dans la zone interstellaire. Elle était à 22745 millions de kilomètres de la Terre environ, fin 2021, encore capable de recevoir des commandes et de transmettre des données sur la force et la direction du champ magnétique et les caractéristiques du rayonnement cosmique grâce à l'antenne du Deep Space Network de Canberra. Avec sa vitesse de 16995 km/s, elle poursuit sa route. Cessera-t-elle de recevoir des ordres en 2025, après 25000 millions de kilomètres ? On verra. Ce n'est qu'un début, le combat pour la conquête spatiale continue !

Car, il s'agit bien d'un objectif de conquête. Avec des drames, comme ceux de Challenger et de Columbia, désintégrées en 1986 et en 2003, tuant les membres d'équipage. Et avec des succès aussi depuis Youri Gagarine qui a effectué le premier vol habité dans l'espace, en avril 1961, comme ceux de Discovery, qui mit sur orbite le fantastique télescope Hubble, qui confirma la présence de trous noirs, l'expansion de l'univers, de la matière noire, et qui effectua 39 missions dont celle de construire une station spatiale internationale avec la navette Endeavour. Russes, Européens, tous les pays profitent de la croissance pour multiplier les avancées.

Vivre dans l'espace est devenu un objectif. Avec, à la clef, la vie humaine au long cours hors de la planète. Ainsi est née la Station spatiale internationale, en coordination entre les États-Unis, le Japon, le Canada et la Russie. Déjà des cargos ravitailleurs permettent d'envoyer du fret et la relève des équipages, notamment par le véhicule spatial CST-100 de Boeing et Crew Dragon de la société d'Elon Musk, Space X. Une station de 110 mètres de long, 74 mètres de large, 30 mètres de hauteur, occupée par sept humains qui restent jusqu'à 6 mois.

« La terre est le berceau de l'humanité, mais on ne passe pas sa vie entière dans un berceau », disait le fondateur de l'astronautique, Constantin Tsiolkovski qui imaginait au début du siècle dernier, vols spatiaux, trains fusées, ascenseurs cosmiques, et accroissement exponentiel des vitesses[47]. L'avenir se dessine là, dans les « maisons » artificielles créés dans l'espace. Dans ces « *oïkos* » qui nous rappellent que la vraie écologie applaudit les constructions artificielles du génie humain.

Oui, nous sommes au cœur de l'univers et nous partons logiquement à sa conquête. Seuls parmi les vivants à avoir pareille destinée. Et tout fait sens. Biotechnologies, nanotechnologies, intelligence artificielle, robotique, ordinateurs quantiques, nucléaire : nous jouons avec les atomes et transportons nos corps de plus en plus vite, de plus en plus loin, malgré quelques vendeurs d'apocalypse qui voudraient nous voir circuler dans des wagons à bestiaux et sur des trottinettes. Vols spatiaux, navettes spatiales, stations spatiales… le Grand Départ s'annonce non plus comme un rêve mais comme un projet, fût-il lointain.

Où l'on prouve que l'humanité est au centre de l'univers

Si l'humanité est au centre de l'univers, ce n'est pas en raison du lieu physique où elle vit. Abandonner l'idée d'un centre physique et géométrique de l'univers prit près de 7 millions d'années. Aujourd'hui, aucune cosmologie scientifique n'y mettrait la planète Terre. Cela n'a même aucun sens, celle-ci étant un élément du système solaire qui a déterminé son apparition et son évolution jusqu'à aujourd'hui. Aucune ne mettrait même le Soleil ou quelque autre amas moléculaire comme cette « étoile polaire » qui fit le bonheur de l'ignorante astrologie. Car cette étoile tient sa place par sa façon d'apparaître, depuis la Terre, dans l'axe de rotation, ce qui a conduit l'humanité située dans l'hémisphère nord à la croire immobile, voire habitée par les Sept sages ou des dieux alors que cette étoile (*Alpha Ursae Minoris*) bouge et se situe à 431 années-lumière de la Terre, sans rapport avec les autres étoiles dites de la « Petite Ourse », comme l'étoile Merak (*Beta Ursae Majoris*) qui se situe à 79,4 années-lumière de la Terre, soit 354 milliards d'années-lumière plus près de la Terre que la fameuse « étoile polaire ».

Depuis Albert Einstein, l'idée d'un centre physique de l'univers comme la fumeuse Terre-Gaïa des idolâtres, a été rangée au musée des antiquités. À la place : un espace quadridimensionnel, un « espace-temps » qui est l'explication la plus plausible de l'univers courbé et déformé, selon leur masse, par les objets astraux (galaxies, trous noirs, étoiles, planètes...). Un espace en expansion qui ne peut avoir de centre géométrique et physique.

Cet univers a été produit par une énergie, il y a 13,8 milliards d'années, lors du Big Bang. La nature, « au sens absolu du terme[48] », existe et elle existe comme énergie, même dans ce que l'on a cru être le « vide », ces « particules fantômes » à l'énergie immense. Partout, de l'énergie et ses douze composants, quarks et de leptons. Pas d'énergie précédent ce Big Bang, alors pas de Big Bang, pas d'univers, pas d'humanité. Une énergie créatrice originaire qui s'est diffusée, depuis les premières fluctuations quantiques, puis les protons, puis les débuts de la fusion nucléaire puis la formation de l'hydrogène neutre 380 000 ans après, avant d'ensemencer cet univers et notre système solaire.

Et la thermodynamique prouve (second principe) que l'univers s'effondrerait de façon irréversible si l'énergie créatrice n'était plus fournie, comme le réfrigérateur cesserait de fonctionner s'il n'était alimenté par l'électricité. Or, non seulement il ne s'est pas effondré mais il est en expansion. Comme le disait Max Planck : « Il n'existe pas, à proprement parler, de matière ! Toute matière tire son origine et n'existe qu'en vertu d'une force qui fait vibrer les particules de l'atome et tient ce minuscule système solaire qu'est l'atome en un seul morceau[49]. »

Ce que nous savons encore, c'est que cette énergie impose un ordre puisqu'il existe des lois. Voilà pourquoi il y a un

« univers » au lieu d'un chaos d'atomes se rencontrant, s'agrégeant, se dispersant, au gré de vents stellaires capricieux comme le croyaient Démocrite, Épicure ou Karl Marx. Et, pourquoi il existe des vivants.

Or, je ne connais qu'une espèce de vivants qui soit non seulement de l'énergie, comme tout ce qui est, mais une énergie qui peut comprendre les lois et créer, à l'image de l'énergie première, fut-ce de manière « infinitésimale[50] », comme le notait Max Planck. Une seule actualise son énergie potentielle par ses artifices. Et ses artifices disparaîtraient si elle n'était plus là pour les soutenir, comme les pyramides incas devenues des ruines. Car Denis Diderot n'avait pas tort, la ruine elle-même prouve bel et bien l'existence de la nature créatrice de l'humanité qui ajoute dans l'Être ce qui, sans elle, n'y serait pas. Prouvant l'inanité du déterminisme intégral et la réalité de la liberté.

Dès lors, puisque cette humanité crée, c'est qu'au lieu d'être strictement déterminée, elle possède les capacités de délibérer, pour choisir et agir. Ni minéraux, ni végétaux, ni animaux, ni rien de ce que nous connaissons par les sciences dans l'univers ne possède une telle nature. Quand bien même nous aurions des ancêtres cousins avec les chimpanzés, il y eut un jour, il y eut un lieu, où se fit la rupture. De déterminés par la nature, nous sommes devenus déterminants, créés selon les lois nécessaires du cosmos, nous sommes devenus créateurs.

Cette humanité s'est-elle détachée un jour, par accident, des autres espèces animales ? Ou bien a-t-elle été créée, fût-ce à partir d'une autre espèce, par cette énergie première ? La première hypothèse attribue beaucoup au hasard, la seconde à la volonté de l'énergie créatrice ; la première pourrait nous faire croire que l'énergie qui soutient le monde joue aux dés, la seconde que cette énergie a voulu cette création à son image pour sa gloire, ce qui était la potion de Max Planck qui, évoquant cette énergie créatrice qui tient l'univers en vie, appelait à « une croisade contre le scepticisme et le dogmatisme, contre l'incrédulité et la superstition », et ajoutait : « Le cri de ralliement de cette croisade a toujours été, sera toujours, "jusqu'à Dieu !"[51]. »

Qu'importe la croyance en Dieu ou non, et ce qui est mis derrière ce nom de Dieu, une chose est certaine : l'humanité existe, elle est différente qualitativement de toutes les autres espèces vivantes, elle est à l'image de cette énergie qui a créé et soutient le monde, elle est créatrice, elle est *Homo creator*. Elle a donc une place exceptionnelle dans l'univers.

Et, puisqu'il y a encore de l'humanité plutôt que rien, l'énergie qui a créé le monde et le soutient est compatible avec elle. Donc, cette créativité humaine ne trouble pas l'ordre de l'univers mais y participe. Or, dans la mesure où, chaque jour, l'humanité réalise cette créativité naturelle, en dominant ce qui est en périphérie de sa vie, à partir de son centre de vie, par ses actions, en mettant son environnement à son image, en l'humanisant, en développant ses « maisons », elle existe bien comme une énergie centrale sur ce qui est à sa périphérie. Or, dans la mesure où l'humanité est la seule espèce dont la nature est de potentiellement dominer non pas seulement ce qui est perceptible à sa périphérie, mais toute la nature, et d'asservir tout ce qui s'y trouve, alors l'univers lui est, de fait, donné comme un monde de potentialités à dominer, comme le démontre, s'il en était besoin, nouvelles technologies et conquête spatiale. Et cela lui est donné à elle seule.

Tous les éléments de l'univers sont donc ainsi réellement des éléments en périphérie de sa vie. Elle est bien au centre de l'univers. Les seules limites étant celles de sa puissance qui s'accroît de jour en jour.

Dira-t-on qu'ainsi nous délogeons Dieu de sa place au centre de l'univers ? Soit Dieu n'existe pas, et la question n'a pas lieu d'être, soit Dieu existe, et il ne peut exister dans la nature, en son centre, sous peine de n'être qu'une partie de la nature, comme le point est un élément du cercle. Si Dieu est, il a une place centrale, en particulier dans la spiritualité humaine, mais il n'est pas au centre de cet univers en expansion donné à l'humanité pour croître, créer et prospérer. Si Dieu est, il est comme le point haut d'un cône, en retrait du monde pour laisser les humains à leur libre créativité, et donc à leur responsabilité.

Mais, puisqu'il est dans la nature de l'humanité de créer, il faut encore ajouter, contre l'obscurantisme vert, que l'anthropocentrisme et la défense de la libre créativité humaine ne sont pas seulement un droit mais un devoir puisqu'il est naturel de réaliser sa nature.

D'où ce qui suit.

Où l'on découvre que mettre l'humanité au centre de l'univers, et non la planète, est la voie de la moralité

Nous sommes arrivés au port, et la lumière écarte peu à peu les ombres qui tenaient l'humanité dans l'ignorance de sa nature, de sa destinée, de sa place au centre de l'univers. Ici, se rencontrent les bateaux partis des horizons les plus lointains, chacun suivant son propre chemin, pour arriver dans ce lieu où il trouve, par le savoir, l'accès à la vraie moralité.

Puisque la planète n'est pas un être, moralité et immoralité ne concernent pas cet amas moléculaire. Et cet appel venu du fond des âges à « sauver la planète », après 7 millions d'années de lutte pour la survie et tant de charniers humains, montre l'irrespect des vendeurs d'apocalypse pour l'humanité. Juger moralement une avalanche ou un tsunami, n'a pas de sens. Plaider pour eux non plus. Ce qui vaut pour un amas de terre, vaut aussi pour le gros amas moléculaire qu'est la planète. Seul l'être humain peut être jugé moralement quand il est susceptible de choix et d'action, et parce qu'il l'est. À condition que cela concerne d'autres humains, et parfois d'autres vivants qui en sont proches et pour lesquels les humains éprouvent quelque affection. Ce qui prouve que même dans ce dernier cas, le jugement moral est en rapport avec la seule humanité.

Le chemin vers la vraie moralité commence par un constat : l'humain est le seul sujet moral. Les procureurs de l'humanité eux-mêmes le reconnaissent puisqu'ils ne mettent jamais sur le banc que des humains. Or, chaque individu est une substance unique dont la nature est d'être libre et créatrice. Les idolâtres de la planète le reconnaissent eux-mêmes puisqu'ils prétendent condamner l'humanité au nom de ses mauvais choix. Si elle n'était pas libre, elle ne serait pas responsable, et ils devraient se taire. Donc, puisque chacun reconnaît que par nature, l'humanité est libre et créatrice, responsable de ses actes et en capacité de choisir, il en découle la nécessité de la respecter, surtout quand l'on prétend organiser des procès à l'humanité au nom de la nature.

La moralité célèbre donc ce qui permet, de la naissance à la mort, de rendre réelle la potentialité créatrice naturelle qui est en chacun. De permettre à ce corps, union indissociable d'énergie matérielle et d'énergie spirituelle, de se réaliser dans l'Être[52]. Or, si la réalisation de cette créativité individuelle est moralement un bien, puisqu'elle répond à la nature humaine, alors ce qui s'oppose à cette créativité naturelle est moralement un mal. Il faut, à cet égard, écarter le sophisme qui consiste à condamner le libre jeu des libertés sous prétexte que certains en usent pour détruire. Car la créativité s'oppose par nature à la destruction de soi comme elle s'oppose à la destruction des autres. En effet, appeler « créativité », l'invention de moyens d'extermination ou de torture, est une tartufferie et un abus de langage : création n'est pas destruction. Détruire des individus c'est retirer de l'Être ce qui devrait être. Or s'opposer à ce qui « doit » être, est, par définition, immoral.

Dès lors, prétendre freiner ou interdire la libre créativité des femmes et des hommes, celle des enfants ou d'une nation, leur opposer des puissances tutélaires comme celle d'une classe sociale ou celle de la planète, c'est aller contre la nature humaine en chacun, enlever dans l'Être ce qui devrait y être.

Il n'est pas anodin de constater que l'écologie des idolâtres de la planète est triste, toujours culpabilisatrice et punitive tandis que la véritable écologie, qui met l'humanité au cœur de sa réflexion, est joyeuse. Car la joie arrive nécessairement quand l'individu se reconnaît dans ses œuvres, aussi humbles qu'elles puissent être. Le sourire de l'enfant qui a créé son château de sable et qui est applaudi par ses parents, ou de celui qui a réussi à envoyer dans l'espace un vaisseau spatial et qui est salué par l'humanité éclairée, sont les signes d'une réalisation de soi.

Or, chacun, se reconnaissant dans ses œuvres et trouvant autour de lui la reconnaissance de soi, peut aimer les autres. Car comment aimer autrui quand on ne s'aime pas d'abord soi-même ? Et, en aimant les autres, il diffuse une dynamique de joie. Car chacun, bénéficiant des œuvres des autres, des innovations, des savoirs, n'a pas seulement intérêt à affirmer le respect de la créativité humaine et la nécessité de la protéger, mais il y trouve aussi le chemin de la conscience de soi et de l'augmentation de sa propre puissance d'être. La découverte de l'électricité hier, profite à toute l'humanité et permet à chacun de se libérer un peu plus de la nature et de dynamiser sa propre créativité en balayant l'obscurité. S'aimer soi-même en laissant à la créativité son libre droit de dominer la nature, fût-ce momentanément avec le sable de la plage, voilà l'antidote aux idolâtries qui vivent toutes sur l'aliénation de soi.

Ainsi, contrairement à ce que pensait Nietzche, être du côté de la créativité n'est pas s'opposer à l'humanisme, mais, au contraire, affirmer l'humanisation du monde, se mettre soi, et donc son prochain, au centre de l'univers. Et puisque l'humanisme conséquent de la philosophie de la créativité, conduit à libérer tous les humains, il est universel. Non pas le surhomme mais l'humain simple, toujours exceptionnel dans son individualité.

Il retrouve le message des grandes spiritualités. Ainsi, la Bible et les trois religions du Livre disent à leur manière ce que la raison découvre de son côté : l'individu humain au centre moral de l'univers. *Aime ton prochain comme toi-même*[53] résonne dans les écrits. Toutes les spiritualités d'Orient disent cette même centralité quand bien même aucune n'est parvenue à découvrir, au cœur de la nature humaine, cette créativité. Oui, « prends l'habitude d'agir sans motif égoïste… de voir toutes les créatures humaines comme Moi-même en pensées, en paroles et en actions ; et incline-toi devant elles », dit le dieu Krishna au prince Ajurna, dans le livre sacré de l'hindouisme, la *Bhâgavad Gita*[54]. C'est aussi le grand message d'amour des sages rishis, des élèves de Lao Tseu et du Sage des monts enneigés[55]. Oui, qu'« il est bon d'habiter là où règne le sens de l'humanité. Pourrait-on appeler sage un homme qui choisirait de n'y point habiter ? [56] », rappelle Confucius. Et quand son disciple Fan Tch'eu demande en quoi consiste la vertu d'humanité, il répond :

« Elle consiste à aimer les hommes. » Et, cela jusqu'aux « Quatre Incommensurables » du bouddhisme, qui prônent à côté de la recherche de la tranquillité, la bienveillance, la compassion, la joie avec autrui.

Peut-être est-ce là le signe d'une intelligence créatrice qui a mis partout les mêmes ferments moraux d'amour de l'humanité. Si divers et si convergents.

Mettre l'humanité au centre de l'univers : voilà la seule moralité. Pourchasser tout ce qui nuit à la joie de vivre, à la liberté et à la puissance humaine, voilà le chemin de la véritable écologie. Celle qui, demain, jusque dans les plus lointaines galaxies, quand la Terre aura disparu et son idolâtrie avec elle, sera portée par chaque individu, avec le grand message d'amour d'une humanité parvenue à la conscience d'elle-même, libérée du magico-religieux qui tenait sa nature créatrice dans les fers. Et cela quand bien même elle rencontrerait de nouveaux petits bonshommes verts. Une façon de rappeler que l'univers est notre jardin et la conquête spatiale notre destin. La preuve ultime que si science sans conscience est ruine de l'âme, une conscience sans science peut être perdue. Et que si un peu de science nous éloigne de la spiritualité, beaucoup de science nous y ramène.

Notes

PREMIÈRE PARTIE. SAUVER L'HUMANITÉ ET NON LA PLANÈTE

1. M.I. BUDYKO, « *The effect of solar radiation variations on the climate of the earth* », *Tellus*, Vol. 21, No. 5, 1969.
2. Déclaration à la COP26 de Mia MOTTLEY, Première ministre de la Barbade, 1er novembre 2021.
3. On doit à James LOVELOCK d'avoir donné ce nom à la Terre dans *Gaia: A New Look at Life on Earth*, Oxford, Oxford University Press, 1979.
4. BELL Elizabeth, BOEHNIKE Patrick, HARRISON Mark T., MAO Wendy L., « *Potentially biogenic carbon preserved in a 4.1 billion-year-old zircon* », *National Academy of Sciences*, vol. 112, Washington, D.C., 19 octobre 2015.
5. Terme utilisé par Joseph KIRSCHVINK dans son célèbre article « *Late Proterozoic low-latitude global glaciation : the Snowball Earth* », dans J. W. SCHOPF ; C. KLEIN (éd.), *The Proterozoic Biosphere: A Multidisciplinary Study*, Cambridge, Cambridge University Press, 1992. Voir aussi, HOFFMAN Paul, *et al.*, « *Snowball Earth climate dynamics and Cryogenian geology-geobiology* » dans *Science Advances*, 8 novembre 2017, vol. 3, no. 11.
6. Harvard University, « *Snowball Earth: New evidence hints at global glaciation 716.5 million years ago* », *Science daily*, Harvard, 5 mars 2010.
7. Gilles RAMSTEIN, « Quand la Terre était une boule de neige », *CNRS Le journal*. Consulté, le 12 septembre 2019.
8. « Le changement climatique : la règle en géologie… », *notre-planete.info*, consulté le 20 sept. 2021.
9. À l'exception d'une courte période. Guillaume LE HIR, *et al*, « *The climate change caused by the land invasion in the Devonian* », *Earth and Planetray Science Letters*, 310, 203-212.
10. Michael M. JOACHIMSKI, *et al.*, « *Devonian climate and reef evolution: Insights from oxygen isotopes in apatite* », *Earth and Planetary Science Letters*, consulté 20 sept. 2021

11. Munnecke A., Calner M., Harper D. A. T. ; Servais T., « *Ordovician and Silurian sea-water chemistry, sea level, and climate: A synopsis* », *Palaeogeography, Palaeoclimatology, Palaeoecology*, 296 (3 - 4), p. 389-413, 2010.

12. Bornemann André *et al.*, « *Isotopic Evidence of Glaciation During the Createaceous Supergreenhouse* », *Science*, vol. 319, n° 5860, 2008.

13. Car cette crise se situe au tournant du Paléocène et de l'Éocène. Voir Röhl Ursula, Westerhold Thomas, Bralower Timothy, Sachos James C., « *On the duration of the Paleocene-Eocene thermal maximum (PETM)* », dans *Geometry Geophysics, Geosystems*, vol. 8, 12, déc. 2017.

14. Gilles Ramstein, *ibid.*

15. Munnecke A., Calner M., Harper D. A. T., Servais T., *ibid.*

16. Car cette crise se situe au tournant du Paléocène et de l'Éocène. Voir Röhl Ursula, Westerhold Thomas, Bralower Timothy, Sachos James C., « *On the duration of the Paleocene-Eocene thermal maximum (PETM)* », dans *Geometry Geophysics, Geosystems*, vol. 8, 12, déc. 2017.

17. Glen William, *The Mass-extinction Debates. How Science Works in a Crisis*, Stanford University Press, 1994.

18. Sheehan Peter M., « *The late Ordovician mass extinction* », *Annual Review of Earth and Planetary Sciences*, vol. 29, 331-364, mai 2001.

19. Manfred Gereke et Eberhard Schindler, « *"Time-Specific Facies" and biological crises – The Kellwasser Event interval near the Frasnian/Famennian boundary (Late Devonian)* », dans *Palaeogeography, Palaeoclimatology, Palaeoecology*, vol. 367 –368, 15 décembre 2012, p. 19-29.

20. David M. Raup et J. John Sepkoski Jr, « *Mass extinctions in the marine fossil record* », *Science*, 215, 1982.

21. Fields Brian D. *et al*, « *Supernova triggers for end-Devonian extinctions* », *PNAS*, 1er septembre 2020, 117 (35).

22. Erwin Douglas H., *The great Paleozoic crisis; Life and death in the Permian*, Columbia University Press, 1993.

23. Sahney S., Benton M.J., « *Recovery from the most profound mass extinction of all time* », *Proceedings of the Royal Society B*, 275 (1636), 759-65, 2008.

24. Blackburn Terrence J. *et al.* « *Zircon U-Pb Geochronology Links the End-Triassic Extinction with the Central Atlantic Magmatic Province* », *Science*, vol, 340, n° 6135, 2013, p. 941 –945.

25. Sloan RE, Rigby K, Van Valen LM, Gabriel Diane, « *Gradual dinosaur extinction and simultaneous ungulate radiation in the Hell Creek formation* », *Science*, vol. 232, n° 4750, 1986, p. 629-633.

26. MacLeod N., Rawson P.F., Forey P.L., *et al*, « *The Cretaceous – Tertiary biotic transition* », *Journal of the Geological Society*, vol. 154, n° 2, 1997, p. 265-292.

27. Schoene Blair *et al.*, « *Correlating the end-Triassic mass extinction and flood basalt volcanism at the 100 ka level* », *Geology*, vol. 38, n° 5, mai 2010, p. 387-390.

28. Locke John, *Two Treatises of Civil Government*, Norwalk, Easton Press, 1991.

29. Rousseau Jean-Jacques, *Discours sur l'origine et les fondements de l'inégalité parmi les hommes*, Amsterdam, Marc Michel Rey, 1755.

30. La désignation « Australopithèque » a été inventée par le célèbre anthropologue australien Raymond Dart (1893-1988) qui a découvert l'« enfant de Taung ». Voir, « *Australopithecus africanus: The Man-Ape of South Africa* », *Nature*, vol. 115, n° 2884, 1925, p. 195-199.

31. Pour plus de détails sur la vie de l'humanité durant 7 millions d'années jusqu'au Néolithique, voir Roucaute Yves, *L'Homo creator face à une Planète impitoyable. 7 millions d'années contre l'idolâtrie de la nature*, Paris, Contemporary Bookstore, 2020.

32. Alemseged Z., Spoor F., Kimbel W.H., Bobe R., Geraads D., Reed D. et Wynn J.G., « *A juvenile early hominin skeleton from Dikika, Ethiopia* », Nature, vol. 443, 2006, p. 296-301.

33. Susman Randal, Ruiter Darryl, Brain Charles K., « *Recently identified postcranial remains of Paranthropus and Early Homo from Swartkrans Cave, South Africa* », *Journal of Evolution*, vol. 41, n° 6, 2001, p. 607 –629.

34. Green R.E., Krause J., Briggs A.W., *et al.*, « *A Draft Sequence of the Neandertal Genome* », dans *Science*, 2010, May 7, vol. 328, n° 5979, p. 710 –722.

35. Smith Fred, H., Ahern James C.M., Jankovic Igor *et al.*, *The Assimilation Model of modern human origins in light of current genetic and genomic knowledge*, dans *Quaternary International*, vol. 450, 2 sept. 2017, 126-136.

36. Caspari Rachel, Lee Sang-Lee, *Older age becomes common late in human evolution*, PNAS, 27 juillet 2004, 101 (30), 10895-10900.

37. Kontiakotis George *et al.*, « *Decoding Sea Surface and Paleoclimate Conditions in the Eastern Mediterranean over the Tortonian-Messinian*

Transition », *Palaeogeography, Palaeoclimatology, Palaeoecology*, vol. 534, nov. 2019.

38. Clauzon G., Suc J.-P., Gautier F., Berger A., Loutre M. F., « *Alternate interpretation of the Messinian salinity crisis: controversy resolved?* », *Geology*, 24, 4, 1996, 363-366.

39. Hippolyte, J.-C., Suc, J.-P., Gorini, C., et Rubino J.-L., 2020, « *La Méditerranée s'assèche à la fin du Messinien* », dans *Roches et paysages des Bouches-du-Rhône*. Éd. BRGM, chap. 2-8. p. 142-158.

40. Sun Jimin, Liu Tungsheng, « *The Age of Taklimakan Desert* », *Science*, 16 juin 2006, vol. 312, 5780, p. 1621.

41. Robinson M., Dowsett H. J.; Chandler M. A, « *Pliocene role in assessing future climate impacts* », EOS, vol. 89, n° 49, 2 déc. 2008, p. 501-502.

42. Vliet-Lanoe Brigitte van, « Le prélude au quaternaire : les modalités d'entrée en glaciation (65 Ma –2,2 Ma) » *Quaternaire*, 18, (2), 2007, p. 111-128.

43. Penck Albrecht Friedrich Karl et Brückner Eduard, *Die Alpen im Eiszeitalter*, Leipzig, Chr. Herm. Tauchnitz, 1909.

44. M. A. Maslin, X. S. Li, M.-F. Loutre, A. Berger, « *The Contribution Of Orbital Forcing To The Progressive Intensification Of Northern Hemisphere Glaciation* », *Quaternary Science Reviews*, vol. 17, 4-5, 1998, p. 411-426.

45. Événement dit « de Heinrich ».

46. Faure Martine, *Les hippopotames quaternaires non-insulaires d'Europe occidentale, Publications du musée des Confluences*, 23, 1985, p. 13-79.

47. Kaufman D.S., *et al*, « *Holocene thermal maximum in the western Arctic (0-180 W)* », *Quaternary Science Reviews*, vol. 23, n° 5-6, 2004, 529 –560.

48. Voir, *National Snow & Ice Data Center*. En ligne : *nsidc.org/arctic-seaicenews/faq/#summer_ice*, consulté le 10 mai 2021.

49. Berger J.-F., Guilaine J., « *The 8 200 cal BP abrupt environmental change and the Neolithic transition: A Mediterranean perspective* », *Quaternary International*, vol. 200, p. 31-49.

50. Berger J.-F., « Les changements climato-environnementaux de l'Holocène ancien et la néolithisation du bassin méditerranéen », dans Demoule J.-P., *La révolution néolithique dans le monde*, Paris, CNRS, 2010, p. 121-144.

51. Weiss Harvey « *The Genesis and Collapse of Third Millennium North Mesopotamian Civilization* », *Science*, vol. 261, n° 5124, 1993, p. 995-100.

52. Stanley Jean-Daniel, « *Nile flow failure at the end of the Old Kingdom, Egypt: Strontium isotopic and petrologic evidence* », *Geoarcheology*, vol. 18, n° 3, 2003, p. 395 –402.
53. Larsen L.B. *et al*, « *New ice core evidence for a volcanic cause of the A.D. 536 dust veil* », *Geophysical Research Letters*, vol. 35, 29 février 2008.
54. Adhikari D.P., Kumon F., « *Climatic changes during the past 1300 years as deduced from the sediments of Lake Nakatsuna, central Japan* », *Limnology*, vol. 2, n° 3, 2001, p. 157-168.
55. Davies Caroline, « *Part of River Thames freezes amid sub-zero temperatures* », *The Guardian*. 12 février 2021.
56. Lamb Hubert H. (1995), « *The little ice age* ». *Climate, history and the modern world*, Londres, Routledge, p. 211-241.
57. Fan Ka-wai, « *Climatic change and dynastic cycles in Chinese history: A review essay* », *Climatic Change*, 2010, 101 (3-4), 565-573.
58. Johnson Thomas C. *et al*, « *Decadal record of climate variability spanning the past 700 yr in the Southern Tropics of East Africa* », *Geology*, 29 (1), 83. 2001.
59. Martinez Adeline, « Le volcan Merapi au carrefour du naturalisme et de l'analogisme », *Moussons*, n° 32, 2018, 21-48.
60. Triyoga Lucas Sasongko, *Manusia jawa dan gunung Merapi. Persepsi dan system kepercayaannya*, Yogyakarta, GadjahMada University Press, 1991.
61. Guamán Poma d'Ayala Felipe, *Nueva Coronica y Buen Gobierno*, Éd. Siglo XXI, 1980, Mexico.
62. « Quel est l'impact des volcans sur les émissions de CO2 et le changement climatique ? », *notre-planete.info*, consulté le 21 juin 2021.
63. *Ibid.*
64. Deluzarche Céline, « La respiration humaine contribue-t-elle au réchauffement climatique ? », *Futura Sciences*, consulté le 10 octobre 2021.
65. Winchester Simon, *Krakatoa : « The Day the World Exploded : August 27, 1883 »*, Harper Collins, New York, 2003, p. 209-316.
66. Self Stephen *et al.*, « *The Atmospheric Impact of the 1991 Mount Pinatubo Eruption* », dans *Fire and Mud: Eruptions and Lahars of Mount Pinatubo*, Philippines, 1997.
67. Estelle Rose-Koga, Lucia Gurioli, Andrew J. L. Harris, Ludovic Leduc, « L'activité volcanique du Stromboli : un laboratoire naturel de choix à la base de la classification des projections », *Revue d'Auvergne*, Association des amis des universités de Clermont-Ferrand, 2014, 127, p. 622., consulté le 28 juin 2021.

68. Furnes Heradd, *et al*, «*A Vestige of Earth's Oldest Ophiolite*», *Science*, vol. 315, n° 5819, 2007, p. 1704-1707.

69. R. Cattin, L. Bollinger, Y. Klinger, « Un séisme de magnitude 9 est-il possible le long de l'arc himalayen ? », *Géochronique*, 144, 2017, consulté le 13 septembre 2021.

70. Fisher David, *et al*, « *Subduction zone earthquake as potential trigger of submarine hydrocarbon seepage* », juillet 2013, *Nature Geoscience*, 6 (8), p. 647-651.

71. Girault Frédéric, *et al*, « *Persistent CO_2 emissions and hydrothermal unrest following the 2015 earthquake in Nepal* », *Nature communication*, n° 9, 2018.

72. Un exemple : « *The strongest, most dangerous hurricanes are now far more likely because of climate change, study now* », *Washington Post*, 18 mai 2018.

73. Ruban Dimitry *et al*, « *Coastal Boulder Deposits of the Neogene World: A Synopsis* », *Journal of Marine Science and Engineering*, vol. 7, 12. Publié par MDPI.

74. Météo France, « *Ouragans, une saison 2020 record* », 20 novembre 2020.

75. « Les cyclones en Atlantique », *Météo tropicale*, consulté le 6 juin 2021.

76. *Ibid.*

77. Schwerdt Richard, « *Worst Cyclone of the Century Batters East Pakistan* », *Mariners Weather Log*, National Oceanic and Atmospheric Administration, 15 (1), 19 janvier 1971.

78. Infochrétienne.com, 30 août 2021. Consulté le 30 août 2021.

79. Mayer Nathalie, « Le trou dans la couche d'ozone se referme lentement mais sûrement », Futura Sciences, 7 novembre 2018, consulté le 1er octobre 2021.

80. Breteau Pierre, « Trente ans de (faible) résorption du trou dans la couche d'ozone en graphiques », consulté le 1er octobre 2021.

81. Leakey Louis, S. B., *Olduvai Gorge (Tanganyika) – A report on the evolution of the hand-axe culture in Beds I-IV*, Cambridge, Cambridge University Press, 1951. Et Leakey M. D., avec la collaboration de Roe D.A., *Olduvai Gorge : Excavations in Beds I and II, 1960-1963*, Cambridge, Cambridge University Press, 1971, même édition.

82. Kappelman John, Alçiçek Mehmet Cihat, Kazanci Nizamettin, Schultz Michael, Özkul Mehmet et Sen Sevket, « *Brief communication: First Homo erectus from Turkey and implications for migrations*

into temperate Eurasia», dans *American Journal of Physical Anthropology*, Janvier 2008 35 (1), 110-6.

83. Rothschild Bruce, Rothschild Christine : « *Treponematoses – origins and 1.5 million years of transition* », *Human Evolution*, 1996 ; 11, 225 –232.

84. Trueba Gabriel, Dunthorn Micah, « *Many Neglected Tropical Diseases May Have Originated in the Paleolithic or Before: New Insights from Genetics* », 27 mars 2021, [En ligne].

85. Hoberg E. P., Alkire N. L., de Queiroz A., Jones A., « *Out of Africa: origins of the Taenia tapeworms in humans* », *Proc Biol Sci*, 2001, 268, 781 –787.

86. Vergne Nathalie, *Histoire de la tuberculose et de ses traitements*, Thèse d'État, 28 juin 1994, Université de Limoges.

87. Simonti Corinne, *et al.*, « *The phenotypic legacy of admixture between modern humans and Neandertals* », *Science*, vol. 351, 6274, p. 737-741.

88. Le *De Hypothesibus Motuum Coelestium a se Contitutis Commentariolus* a en effet été écrit de 1511 à 1513.

89. Odes Edward, J. *et al.*, « *Earliest hominin cancer: 1.7-million-year-old osteosarcoma from Swartkrans Cave, South Africa* », *South African Journal of Science*, vol. 112, n° 7/8, 2016.

90. Stromberg Joseph, « *Evidence for the Oldest Ever Bone Tumor Was Just Found in a Neanderthal Fossil* », *Smithsonian Magazine*, 5 juin 2013.

91. Puech Jean-François, « *Enamel pits of the Lazaret man* », *Journal of Human Evolution*, 10 (6), p. 449-452, septembre 1981.

92. Neurofibromatose de type 1.

93. Lawrence, J. E. P, « *Appendix A.* », *Stone Age Races of Kenya*, Oxford University Press, London. 1935, p. 139.

94. Pratesa Carlos, Sousaa Sandra *et al*, « *Prostate metastatic bone cancer in an Egyptian Ptolemaic mummy, a proposed radiological diagnosis* », *International Journal of Paleopathology*, vol 1, 2, octobre 2011, p. 98-103.

95. Woodbury Sarah, « *Did Cancer Exist in the Middle Ages?* », 16 mai 2021.

96. Faith Tyler, Rowan John, Du Andrew, Koch Paul, « *Plio-Pleistocene decline of African megaherbivores: No evidence for ancient hominin impacts* », *Science*, vol. 362, 938-941. Publié le 23 novembre 2018.

97. Melott Adrian *et al.*, « *Hypothesis: Muon Radiation Dose and Marine Megafaunal Extinction at the End-Pliocene Supernova* », dans *Astrobiology* 19, 825-830, 2019.

98. Brain Charles Kimberlin, *The Hunters or the hunted? An introduction to African cave taphonomy*, Chicago, University of Chicago Press, 1981.

99. Susman Randal, Ruiter Darryl, Brain Charles, K., « *Recently identified postcranial remains of Paranthropus and Early Homo from Swartkrans Cave, South Africa* », *Journal of Human Evolution*, vol. 41, n° 6, 2001, p. 607-629.

100. Deluzarche Céline, « Extinction massive : il faudra jusqu'à 7 millions d'années pour s'en remettre ! », *Futura Sciences*, 19 octobre 2018, consulté le 21 mai 2021.

101. Lawrence Angel J., « *The bases of paleodemography* », *American Journal of Physical Anthropology*, 30 (3), mai 1969, 427–437.

102. Gilbert Thomas O. *et al.*, « *Intraspecific phylogenetic analysis of Siberian woolly mammoths using complete mitochondrial genomes* », *Proceedings of the National Academy of Sciences*, vol. 105, n° 4, 2008, p. 8327-8332.

103. Darwin Charles, *De l'Origine des espèces par la sélection naturelle ou des lois de transformation des êtres organisés*, Paris, Guillaumin et Cie, 1866.

Deuxième partie. Sauver l'humanité, dominer la nature

1. Philippart de Foy Guy, *Les Pygmées d'Afrique centrale*, Roquevaire, Éd. Parenthèses, 1984.

2. Leakey Louis, S. B., *Olduvai Gorge (Tanganyika). A report on the evolution of the hand-axe culture in Beds I-IV*, Cambridge University Press, 1951. Leakey M. D. avec la collaboration de Roe D. A., *Olduvai Gorge Excavations in Beds I and II*, 1960-1963, Cambridge University Press, 1971.

3. Næss Arne, « *The shallow and the dee: long-range ecology movements* », *Inquiry*, vol. 16, 1973, 1-4.

4. Næss Arne, *Ecology, Community and Lifestyle: Outline of an Ecosophy*, Cambridge, Cambridge University Presse, 1978.

5. Fan Lei, *et al*, « *Satellite-observed pantropical carbon dynamics* », *Nature Plants*, 29 juillet 2019.

6. Aristote, *Les météorologiques*, trad. et notes par J. Tricot, Vrin, 1941, Livre II, chap. VII et VIII.

7. McAllister Edward, « *Congo volcano leaves death and smoking wreckage, but major city spared* », Reuters, 23 mai 2021. Consulté le 28 juin 2021.

8. « Liste des derniers séismes au monde », *Volcano Discovery* [*volcanodiscovery.com*].

9. Pour l'histoire de la fabrication des outils durant le Paléolithique, Roucaute Yves, *L'Homo creator face à une planète impitoyable. 7 millions d'années contre l'idolâtrie de la nature*. Paris, Contemporary Bookstore, 2020.

10. Planck Max, « *Das Wesen der Materie* », Florence, 1944, *Archiv zur Geschbhichte der Max-Planck-Gesellschaft*, vol. 1797.

11. « Volume des réserves mondiales de pétrole de 1990 à 2018 », *Statista*, [*statista.com*]. Consulté le 1 sept. 2021.

12. Kallio Pauli, *et al*, « *An engineered pathway for the biosynthesis of renewable propane* », *Nature communication*, 5 (1), 1-8, 2014.

13. Ce que produit la société Riverside.

14. *TLVs® and BEIs®, Based on the Documentation of the Threshold Limit Values for Chemical Substances and Physical Agents & Biological Exposure Indices*, 2019. En ligne : riesgosygestion.com/wp-content/uploads/2019/06/tlv2019_entire-book.pdf. Consulté le 30 oct. 2021

15. Formule : $6\ CO_2 + 6\ H_2\ O + E$ (énergie-photons) ? $C_6H_{12}O_6 + 6O_2$.

16. Wu Yimin A., *et al*, « *Facet-dependent active sites of a single* CU_2O *particle photocatalyst for* CO_2 *reduction to methanol* », *Nature Energy*, 4, p. 957-968, 2019.

17. Par une chaîne de réactions cycliques catalysée par 17 enzymes modifiés.

18. Logan Matthew W., *et al*, « *Systematic variation of the optical bandgap in titanium based isoreticular metal-organic framework for photocatalytic reduction of* CO_2 *under blue light* », *Journal of Materials Chemistry A*, 23, 2017.

19. Dr Song Yang, *et al*, « *High-Selectivity Electrochemical Conversion of* CO_2 *to Ethanol using a copper Nanoparticules/N.Dopped Graphene electrode* », *ChemistrySelect*, vol. 1, 19, p. 6055-6061, 2016.

20. Wang Min, *et al*, « CO_2 *electrochemical catalytic reduction with a highly active cobalt phthalocyanine* », *Nature communication*, 10, 3602, 2019.

21. Zgonnik Viacheslav, « *The occurrence and geoscience of natural hydrogen: A comprehensive Review* », *Earth-Science Review*, vol. 203, avril 2020.

22. $CH_4 + 2 H_2O \rightarrow 4 H_2 + CO_2$.

23. Cécile Michaut, *L'hydrogène : un effet de mode contre l'effet de serre ?*, *Polytechnique insights*, 8 juillet 2021. Consulté le 19 oct. 2021

24. « FP7 Byefouling: Low-toxic cost-efficient environment-friendly antifouling materials », *Byefouling*. Consulté le 1er septembre 2021.

25. Zenati Billal, *Biodégradation des hydrocarbures par des bactéries marines*, Université Saad Blida, 1, 2018.

26. « Une startup anglaise développe une technologie qui dégrade le plastique en 2 ans », *Média Terre*.

27. « Enzyme qui dégrade le plastique : les Français de Carbios prêts à l'utiliser », *Sciences et Avenir*, 20 avril 2018. Consulté le 1er septembre 2021.

28. Beyrie Argitxu, *et al.*, « Une vaste exploitation minière du second Âge de fer. La mine de cuivre des Barrencs », Revue Archéologique Narbonnaise, 2011, t. 44, p. 39-55.

29. Feynmann Richard, « *There's Plenty of Room at the Bottom. An Invitation to Enter a New Field of Physics* », *Lecture*, *American Physical Society*, Caltech, 29 décembre 1959.

30. Un atome de potassium comprend en effet 19 protons et 21 neutrons, par radioactivité (béta-moins) il y aura un proton de plus et un neutron de moins, et voilà construit artificiellement, comme le fait la nature, dans 89 % des cas, par désintégration sur plus d'un milliard d'années, l'atome de calcium (20 protons, 20 neutrons), dégageant, au passage, 1 311 milliers d'électrovolts (KeV). Pour le lecteur qui veut une perception simplifiée mais juste de ce processus, voir : *laradioactivite.com*.

31. Deboyser Bernard, « Le démantèlement et le recyclage des éoliennes, Révolution énergétique », 18 février 2019. Consulté le 1er sept. 2021

32. « Trop de béton pour les éoliennes ? », *Montcel Durable*, 15 novembre 2019. Consulté le 12 juin 2021.

33. Hirano S., Suzuki K. T. « *Exposure, metabolism, and toxicity or rare earths and related compounds* ». *Environemental Health Perspectives*, 1996, 104, 185-95.

34. RTE, « RTE et l'AIE publient leur étude sur les conditions d'un système électrique à forte part d'énergies renouvelables en France à l'horizon 2050 », 27 janvier 2021. Consulté le 27 septembre 2021.

35. U.S. Fish and wildlife service, « *Threats to Birds* ». Consulté le 15 août 2021. En ligne : fws.gov/birds/bird-enthusiasts/threats-to-birds.php

36. Programme national éolien et biodiversité, « Impacts des éoliennes sur les oiseaux ». Consulté le 15 août 2021.

37. Allemand Nadine, « Estimation des émissions de polluants liées à la combustion du bois en France », Étude réalisée pour le Centre Technique du Bois et de l'Ameublement, mars 2003. Consulté le 3 septembre 2021.

38. Woodwell Climate Research Center, « *Letter Regarding Use of Forests for Bioenergy* ». Consulté le 5 septembre 2021.

39. Ocko Llissa *et al*, « *Climate Impacts of Hydropower: Enormous Differences among Facilities and over Time* », Environ. Sci. Technol. 14070-14082, 13 novembre 2019.

40. Lavoie Roxane, Malo Michel, Raymond Jasmin, « Impacts environnementaux potentiels liés à la géothermie profonde », INRS, 2015. Consulté le 5 septembre 2021.

41. Pour produire une tonne de silicium, il faut 2 900 kg de quartz et 12 000 kWh d'énergie.

42. Enoto Teruaki, *et al*, « *Photonuclear reactions triggered by lightning discharge* », *Nature*, vol. 551, p. 481-484, 2017.

43. Barré Bernard, Capus Georges, « L'uranium de l'eau de mer : véritable ressource énergétique ou mythe ? », *Revue des ingénieurs*, Janvier-février 2003, consulté le 1er septembre 2021.

44. *BP Statistical Review of World Energy*, 68e édition, 2019. Consulté le 7 septembre 2021.

45. United Nations Economic Commission for Europe, « *International climate objectives will not be met if nuclear power is excluded, according to UNECE report* », 11 août 2021. Consulté le 15 août 2021.

46. RGN, « Confusion sur les chiffres d'émissions de CO2 du nucléaire », 6 janvier 2020. Consulté le 7 septembre 2021.

47. Schlömer Steffen, *Technology-specific Cost and Performance Parameters*. Consulté le 8 septembre 2021. En ligne : ipcc.ch/site/assets/uploads/2018/02/ipcc_wg3_ar5_annex-iii.pdf

48. CEA, « Le coût du nucléaire », 5 février 2014. Consulté le 8 sept. 2021. En ligne : cea.fr/comprendre/Pages/energies/nucleaire/essentiel-sur-cout-du-nucleaire.aspx

49. UNSCEAR, « *The Fukushima-Daiichi Nuclear Power Station Accident: An overview* ». Consulté le 8 sept. 2021. En ligne : unscear.org/unscear/en/fukushima.html.

50. Rappelons que la cohésion de tout noyau d'atome résulte d'un équilibre entre la force nucléaire (dite « forte ») qui attire les nucléons entre eux, et la force qui repousse les protons (force électromagnétique).

51. Rappelons que la lumière solaire est la somme de toutes les longueurs d'onde entre 380 nanomètres et 780.

52. « Les biotechnologies bleues : l'insoupçonnable potentiel de l'invisible ». Consulté le 4 septembre 2021. En ligne : archimer.ifremer.fr/doc/00414/52540/53353.pdf

53. Voir, par exemple : « Culture hors sol » sur le site *potager.ooreka.fr*. Consulté le 30 juillet 2021.

54. Morard Philippe, *Les cultures végétales hors sol, Publications agricoles*, Agen, 1995. Exemple de maladies détruites grâce à ce type de culture, celle due au champignon corky root qui attaque la tomate.

Troisième partie. Sauver le corps humain

1. Caspari Rachel, Lee Sang-Lee, *Older age becomes common late in human evolution*, PNAS, 27 juillet 2004, 101 (30) 10895-10900.

2. Séguy Isabelle et Buchet Luc, *Manuel de paléodémographie*, Paris, Ined, 2011.

3. Corvisier Jean-Nicolas, « La vieillesse dans le monde antique : aspects démographiques et conséquences sociales », *Cahiers des études anciennes*. Consulté le 22 juin 2021.

4. « La Prolifération biologique », *Corps*, 2011/1 (n° 9), p. 165-171.

5. Banque mondiale. Consulté le 23 juin 2021.

6. Banque mondiale, « Espérance de vie à la naissance ». En ligne : donnees.banquemondiale.org/indicator/SP.DYN.LE00.IN

7. Pison Gilles, « L'espérance de vie peut-elle augmenter indéfiniment ? ». Consulté le 22 juin 2021.

8. UNPD, « *World Population Prospects: the 2019 Revision* ».

9. Meadows Dennis *et al.*, *The Limits to Growth*, Universe Books, New York, 1972.

10. Meadows Dennis, « *La croissance mondiale va s'arrêter* », Entretien dans *Le Monde*, 28 mai 2012.

11. Ripple William J., Wolf Christopher, Newsome Thomas M., Barnard Phoebe, Moomaw William R., « *World Scientists' Warning of a Climate Emergency* », *BioScience*, vol. 70, 1, janvier 2020, p. 8-12.

12. Malthus Thomas Robert, *Essai sur le principe des populations*, Paris, Flammarion, 1992.

13. Bricker Darrell et Ibbitson John, *Planète vide, Le choc de la décroissance démographique mondiale*, Paris, Éd. les Arènes, 2020.

14. « *Fertility, mortality, migration, and population scenarios for 195 countries and territories from 2017 to 2100: a forecasting analysis for the Global Burden of Disease Study* », *The Lancet*, vol. 396, 10258, p. 1285-1306, 17 octobre 2020. En ligne : thelancet.com/journals/lancet/article/PIIS0140-6736(20)30677-2/fulltext

15. Schellenberg Michael, *Apocalypse Never: Why Environmental Alarmism Hurts Us All*, Harper, 2020.

16. Mallory Walter H, *China: Land of Famine, New York American Geographical Society*, 1926.

17. Durand-Dastès François, *Famine et sous-alimentation en Inde.* Consulté le 21 juin 2021. En ligne : hal.archives-ouvertes.fr/hal-02449504/document

18. Programme de Yannick Jadot, candidat à l'élection présidentielle de 2022 pour Europe Écologie Les Verts. En ligne : 2022lecologie.fr/la_mutation_de_l_agriculture

19. Thomson R. L., *et al*, « *Acceleration of global N_2O emissions seen from two decades of atmospheric inversion* », *Nature Climate Change*, 9, p 993-998, 2019.

20. Smith-Spangler Crystal, *et al*, « *Are Organic Foods Safer or Healthier Than Conventional Alternatives?* », *Annals of Internal Medicine*, p. 348-366, 4 septembre 2012.

21. Bouzou Nicolas, « Innovations et agriculture : les biotechnologies vertes, un puissant levier de croissance », *Actuagri*, 26 juin 2015.

22. « Les biotechnologies vertes : un enjeu stratégique pour l'avenir de la filière semencière française », *Académie d'Agriculture de France*,13 juillet 2017.

23. Ariosto Ludovico, *Orlando Furiosio, canto quattordecesimo*, p. 124.

24. En ligne : snv.jussieu.fr/bmedia/blepain/1ble/12orig/origine.htm. Consulté le 12/11/2017.

25. Schilperhoord Peter, Plantes cultivées en Suisse - L'épeautre. Consulté le 10 septembre 2018. En ligne : researchgate.net/publication/272165357

26. Klaus F. *et al*, « *A physical, genetic and functional sequence assembly of the barley genome* », *Nature*, vol. 491, 29 novembre 2012, p. 711-716.

27. Shelbi Thomas, « *Iowa Biology Student Makes Ancient Egyptian Bread Using 4,500 year-old Yeast* », *UI Center for Advancement*, 17 décembre 2019. Consulté le 10 juin 2019.

28. Næss Arne, *Ecology, community and lifestyle*, Cambridge, Cambridge University Press, 1989. Ce qu'il appelle l'« égalitarisme biosphérique ». Warwick Fox dans *Toward of Transpersonal ecology*, précisera que les humains sont un « aspect » d'une « même réalité émergente ».

29. Edelman P.D., McFarland D.C., Mironov V.A., et Matheny J.G., « *In vitro cultured meat production* », *Tissue Engineering*, 11 (5-6), 2005, p. 659-662.

30. Roucaute Yves, *Le Bel Avenir de l'Humanité*, Paris, Calmann-Lévy, 2019.

31. Pour les avancées de ce laboratoire : biomech.media.mit.edu.

32. Par le CRISPR-Cas9, sur lequel nous reviendrons.

33. Habermas Jürgen, *The Future of Human Nature*, Londres, Polity Press, 2003.

34. Du grec *opos* (*ὀπός*), et *therapia* (*θεραπεία*).

35. Patel Minal K., *et al*, « *Progrès accomplis dans le monde en vue de l'élimination régionale de la rougeole, 2000-2018* », *Relevé épidémiologique hebdomadaire*, vol. 94, n° 49, 6 décembre 2019, p. 581-590.

36. Gaudillière Jean-Paul, *La médecine et les sciences : XIXe-XXe siècle*, Paris, La Découverte, 2006.

37. Thellier Marc, *et al*, « Épidémiologie du paludisme dans le monde : un véritable espoir de contrôle de la maladie, mais de nouvelles inquiétudes », *La Lettre de l'infectiologue*, n° 6, novembre 2012.

38. Mestre-Ferrandiz Jorge, *et al*, « *The R & D Cost of a New Medicine* », OHE, décembre 2012.

39. Roucaute Yves, *Le Bel Avenir de l'Humanité*, Paris, Calmann-Lévy, 2019.

40. Bray Freddie, *et al*, « *Global cancer statistics 2018: GLOBOCAN Estimates of Incidence and Mortality Worldwide for 36 cancers in 185 countries* », CA, vol. 68, 6, p. 394-424.

41. Wild C. P., Weiderpass E., Stewart B. W., *World Cancer Reports*, IARC publications, 2020.

42. Il s'agit d'un « transfert de cellules par adoption ».

43. Les lymphocytes T du patient modifiés génétiquement *in vitro* pour exprimer ce récepteur artificiel, chimérique, sont multipliés et réinjectés au patient : ce sont les *Chimeric Antigen Receptor-T cells*.

44. Voir : hcp.novartis.com/products/kymriah/diffuse-large-b-cell-lymphoma-adults/efficacy/

45. Acharya S., Dilnawaz F., et Sahoo S.K., « *Targeted epidermal growth factor receptor nanoparticle bioconjugates for breast cancer therapy* », *Biomaterials*, 30 (29), 2009, p. 5737-5750.

46. Par son gène TERT.

Quatrième partie. Sauver l'humanité, mettre la croissance au cœur de la cité

1. IDEA International, « État de la démocratie dans le monde en 2019 Faire face aux maux et raviver la promesse », 2019. Consulté le 10 mai 2020.

2. Voir leur tribune « *Why we strike again* », 29 novembre 2019. En ligne : commondreams.org/views/2019/11/29

3. Jones Terry, *Apartheid Ecology in America*, Black Word, mai 1975.

4. Delacampagne Christian, *Histoire de l'esclavage. De l'Antiquité à nos jours*, Paris, 2002.

5. Hopkins J. F. P., Levtzion Nehemia, *Corpus of Early Arabic Sources for West African History*, Cambridge, Cambridge University Press, 1981.

6. Dunn Ross E., *The Adventures of Ibn Battuta: A Muslim Traveler of the Fourteenth Century*, Universty of California Press, 2005.

7. Keeley Lawrence H., *War Before Civilization*, Oxford, Oxford Press, 1996.

8. Diamond Jared, *De l'inégalité parmi les sociétés. Essai sur l'homme et l'environnement dans l'histoire*, Paris, Gallimard, 2000.

9. Tylor Edward, B., *La civilisation primitive*, Éd. Reinwald, 1878.

10. Keightley David N., *Sources of Shang History : The Oracle-Bone Inscriptions of Bronze Age China*, Berkeley, 1978.

11. Mauss Marcel, « Les tribus de l'Afrique centrale et septentrionale », Année sociologique, 8, 1905, p. 243-251.

12. Adler Alfred, « Le totémisme en Afrique noire », 1998. Consulté le 12 septembre 2021.

13. Rifkin Jeremy, *The Third Industrial Revolution: How Lateral Power Is Transforming Energy, the Economy, and the World*, Basingstoke, Palgrave Macmillan, 2011.

14. Rousseau Sandrine, candidate à la primaire d'Europe Écologie Les Verts, Débat du 24 septembre. BFMTV et RMC. Programme disponible en ligne : eelv.fr/bienvivre/vers-une-societe-post-croissance/2-reinventer-le-travail-et-lutter-contre-le-chomage

15. Au IIIe millénaire av. J.-C., ce dieu acquiert ce statut de roi-dieu. Claus WILCKE, *Early Ancient Near Eastern Law. A History of Its Beginnings: The early Dynastic and Sargonic Periods*, Winona Lake, Eisenbrauns, 2007.

16. ARISTOTE, *Politique*, *ibid.*

17. HEGEL, *Phénoménologie de l'esprit*, Chap. VI, B, Paris, Aubier, 1977, p. 50-84.

18. *Ibid.*, Chap. VII, « *L'artisan* », p. 218-222.

19. ARISTOTE, *Politique,* Livre I, 4, 1253 b, § 5, Paris, Vrin, 1970, p. 35.

20. Carl B. FREY et Michael A. OSBORNE, *The Future of Employment: How Susceptible are Jobs to Computerisation*, Department of Engineering Science, University of Oxford, 2013.

21. « Automatisation, intelligence artificielle, transhumanisme : Quels rapports à la technique au 21e siècle ? », disponible sur le site d'EELV : eelv.fr/files/2018/03/Contribution-Automatisation-intelligence-artificielle-transhumanisme.pdf, consulté le 25 octobre 2021

22. BENTHAM Jeremy, *An Introduction to the Principles of Morals and Legislation*, Londres, Burns and Hart, 1982. Voir, plus particulièrement, chapitre I.

23. ISAACSON Walter, *Steve Jobs*, New York, Simon & Schuster, 2011.

24. Voir : *ejatlas.org*. Consulté le 1er novembre 2021

25. TAYLOR Dorceta E., « *The Rise of Environmental Justice Paradigm. Injustice Framing and the Social Construction of Environmental Discourse* », *American Behavioural Scientist*, vol. 43, n° 4, 2000, p. 508-580.

26. Voir : france.attac.org/nos-idees/agir-pour-la-justice-sociale-et-ecologique. Consulté le 20 septembre 2021.

27. PLUMWOOD Val, *Feminism and the Mastery of Nature*, Routledge, 1993.

28. Banque mondiale, PIB ($ US courants). Consulté en juin 2021. En ligne : donnees.banquemondiale.org/indicator/NY.GDP.MKTP.CD.

29. BOOCKHIN Murray, *The Philosophy of Social Ecology: Essays on Dialectical Naturalism*, Montréal, 1990.

30. Sur la base des taux de conversion 2011 en parité de pouvoir d'achat (PPA).

31. HEGEL G.W.F., *Phénoménologie de l'esprit*, Paris, Aubier, 1977, t. II, p. 195.

32. Leibniz G.W., *Lettre à Magnus Wedderkopf*, mai 1671, dans *Œuvres*, Paris, Aubier Montaigne, 1972.

33. Leibniz G.W, *Discours de Métaphysique*, § 4 Paris, Vrin, 1970.

34. Churchill Winston, *A Far Country*, Macmillan, 1915, chap. III. Et *Lord Randford Churchill*, chap. XIX.

35. Aristote, *Politique*, I, 2, 1252 b 25, Paris, Vrin, 1970.

36. Aristote, *Les Économiques*, Paris, Vrin, 1958. Livres I et II, le troisième étant apocryphe.

37. Aristote, *Éthique à Nicomaque* III, 6, 1578, 20, Paris, Vrin, 1972.

38. Aristote, *Éthique à Nicomaque*, VI, Paris, Vrin, 1972.

39. Aristote, *Politique*, IV, chap. 9, 1315 a 31- b 10. Paris, Vrin, 1970.

40. Aristote, *Politique*, III, 1279 b 30-35.

41. Churchill Winston, « *Speech in the House of Commons* », 11 novembre 1947, dans *The Official Report, House of Commons* (5th Series), 11 November 1947, vol. 444.

Cinquième partie.
L'humanité au centre de l'univers

1. Meadows Dennis, *et al*, 1972, *ibid.*

2. Blind Kempinski Françoise, « Un crime d'écocide, pour quoi faire ? », *Les Échos*. Consulté le 10 septembre 2021.

3. Voir : *endecocide.org/fr*. Consulté 1er septembre 2021.

4. Voir : *stopecocide.earth/polly-higgins*. Consulté le 25 septembre 2021.

5. Roucaute Yves, *L'Homo creator face à une Planète impitoyable. 7 millions d'années face à l'idolâtrie de la nature*, Contemporary-Bookstore, Paris, 2019, chap. 2 et 7.

6. Lizot Jacques, « Sang et statut des homicides chez les Yanomami centraux (Venezuela) », Systèmes de pensée en Afrique noire, n° 14, 1996, p. 105-126.

7. Clastres Pierre, Sebag Lucien, d'Onofrio Salvatore, « Cannibalisme et mort chez les Guayaki » (Achéen), *Gradhiva*, 2005/2, n° 2.

8. White Lynn, « *The Historical Roots of Our Ecological Crisis* », *Science*, 155, 1203-1207, 1967.

9. Leopold Aldo, *Almanach d'un comté de sable*, Paris, Garnier-Flammarion, 2000, p. 14-15.

10. Næss Arne, « *The Shallow and the Deep : Long-Range Ecology Movements: A summary* », *Inquiry*, 16 (1-4) ; 95-100, 1973.

11. Voir : egliseverte.org. Consulté le 1er septembre 2021.

12. *Gn*, 1.26. Nous utiliserons indifféremment les traductions de Louis Segond de la *Bible de Jérusalem*, qui ne diffèrent pas qualitativement dans ce qui suit.

13. Kurzweil Ray, *The Singularity Is Near: When Humans Transcend Biology*, New York : Viking Books, 2006.

14. Roucaute Yves, *Le Bel Avenir de l'Humanité*, Paris, Calmann-Lévy, 2019.

15. *Gn*, 1.29-30.

16. אָמ בוֹט-הֵנִהְו ,הָשֶׁע רֶשֶׁא-לָכ-תֶא םיִהֹלֱא אְרַיַּו dit le texte en hébreu, traduction sous la direction du Grand-Rabbin Zadoc Kahn.

17. *Gn*. 9.2-3.

18. *Mt*. 24, 4-5.

19. *Lv*. 19.4.

20. *Lv*. 19.18.

21. *Mt*.37-39.

22. *Jn*, 13.

23. *Gn*, 2, 15.

24. Gn, 3, 16-20.

25. *Gn*, 2,15, Traduction, Grand-Rabbin Zadoc Kahn : הָוהְי חַקִּיַו וט .הָרְמָשְׁל הָדְבָעְל ,ןֶדֵע-ןַגְב וּהֵחִנַּיַו ;םָדאָה-תֶא ,םיִהֹלֱא

26. *Gn*, 2,16.

27. *Gn*. 2. 18-21.

28. *Gn*, 2,8.

29. *Lv*. 25, 23-24.

30. *Lv*.25, 10.

31. *Lv*, 25, 13.

32. *Lv*. 25,19.

33. *Lv* 26-4.

34. *Lv*, 26,1.

35. Latour Bruno, *Leçon inaugurale*, août 2019. En ligne : sciencespo.fr/actualites/actualités/«ce-n'est-plus-une-question-d'écologie-mais-de-civilisation»/4306. Consulté le 1er septembre 2021.

36. Geoffron Patrice, « Transition écologique », *Le Monde*, 6 février 2019.

37. Terme que l'on trouve chez Arne Naess, repris par nombre de courants, en particulier par Félix Guattari.

38. Koyré Alexandre, *Du monde clos à l'Univers infini*, Paris, PUF, 1962, p. 2.

39. Freud Sigmund, *Introduction à la psychanalyse*, Paris, Payot, 1922.

40. Galilée, *Dialogo sopra i due massimi sistemi del mondo*, Fiorenza, 1632.

41. Darwin Charles, *De l'Origine des espèces par la sélection naturelle ou des lois de transformation des êtres organisés*, Paris, Guillaumin et Cie, 1866.

42. Bergson Henri, *L'Évolution créatrice*, Paris, Felix Alcan, 1907, chap. II.

43. Voir : french.xinhuanet.com/2021-07/20/c_1310072707.htm. Consulté le 12 septembre 2021.

44. Hawkins Andrew J., « *Porsche teams up with Boeing to build flying cars for rich people* », *The Verge*, 11 octobre 2019. Consulté le 12 septembre 2021.

45. Voir le site de la Royal Astronomical Society.

46. « Le Prince William annonce le lancement du prix environnemental le plus prestigieux de l'histoire », *The Earthshotprize*, 31 décembre 2019. Consulté le 15 octobre 2021.

47. Tsiolkovski Constant, *Investigations of Outer Space by Rocket Devices*, Mashinotroyenlye Press, Moscou, 1967.

48. Planck Max, *Signification et limites de la science*, 1941, dans *Autobiographie scientifique et derniers* écrits, Paris, Flammarion, 2010, p. 146-147.

49. Planck Max, « *La Nature de la matière* », conférence donnée à Florence, Italie (1944). *Archiv zur Geschichte der Max-Planck-Gesellschaft*, Abt. Va, Rep. 11 Planck, p. 362.

50. Planck Max, *Autobiographie scientifique et derniers écrits*, *ibid.*, part. III.

51. Planck Max, *Religion and Natural Science*, conférence donnée en 1937, *Scientific Autobiography and Other Papers*, New York, 1949.

52. Thomas d'Aquin, *Somme Théologique*, I, question 75, article 2 et article 7.

53. *Bible*. *Lv*. xix, 18 ; repris dans *Mt* xix, 19 et dans *Gal*. v, 14.

54. *Bhâgavad Gita*, chap. 2, verset 3. « Chant de Dieu », inclus dans le 6e livre du *Mahâbhârata*. Pour plus de détails sur les grandes spiritualités,

voir Roucaute Yves, *Vers la Paix des Civilisations*, 2008, et *Histoire de la créativité*, à paraître.

55. Ou Sesen Daïshi, incarnation du Bouddha Shakyamuni dans le *Sutra du Nirvana*.

56. Confucius, *Entretiens*, Chap IV, 1, Paris, Contemporary Bookstore, 2019.

Table

Troisième partie

Sauver le corps humain

Cinquième partie

L'humanité au centre de l'univers

Achevé d'imprimer en juillet 2022
sur les presses de la Nouvelle Imprimerie Laballery
58500 Clamecy
Dépôt légal : mai 2022
Numéro d'impression : 207263

Imprimé en France

La Nouvelle Imprimerie Laballery est titulaire de la marque Imprim'Vert®